Sabine Wollnik, Brigitte Ziob (Hg.)
Trauma im Film

AF611839

IMAGO
Psychosozial-Verlag

Sabine Wollnik, Brigitte Ziob (Hg.)

Trauma im Film

Psychoanalytische Erkundungen

Mit Beiträgen von Thomas Auchter, Isolde Böhme, Rupert Martin, Ingrid Prassel, Angelika Voigt-Kempe, Sabine Wollnik und Brigitte Ziob

Psychosozial-Verlag

Bibliografische Information der Deutschen Nationalbibliothek
Die Deutsche Nationalbibliothek verzeichnet diese Publikation
in der Deutschen Nationalbibliografie; detaillierte bibliografische Daten
sind im Internet über http://dnb.d-nb.de abrufbar.

Originalausgabe
© 2010 Psychosozial-Verlag
E-Mail: info@psychosozial-verlag.de
www.psychosozial-verlag.de
Alle Rechte vorbehalten. Kein Teil des Werkes darf in irgendeiner Form
(durch Fotografie, Mikrofilm oder andere Verfahren)
ohne schriftliche Genehmigung des Verlages reproduziert
oder unter Verwendung elektronischer Systeme
verarbeitet, vervielfältigt oder verbreitet werden.
Umschlagabbildung: Leben ist schön, Das (Vita è bella, La). 1997.
Dir.: Benigni, Roberto. Von links nach rechts: Benigni, Roberto; Durano, Giustino;
Braschi, Nicoletta. Copyright: Melampo Cinematografica S.r.l.
© ullstein bild - AISA 2010
Umschlaggestaltung & Satz: Hanspeter Ludwig, Wetzlar
www.imaginary-world.net
Printed in Germany
ISBN 978-3-89806-862-8

Inhalt

Trauma im Film

Sabine Wollnik und Brigitte Ziob

Einführung

Zwischen dem Film und der Psychoanalyse gibt es eine große Gemeinsamkeit, die vor allem aus der Zeitgleichheit ihrer Anfänge Ende des 19. Jahrhunderts resultiert, auch wenn von Freud bekannt ist, dass er nicht gerne ins Kino ging. Film und Psychoanalyse entstammen wie uneheliche Geschwister einem gemeinsamen, historischen, sozialen und kulturellen Hintergrund. Auf dem langen Weg des Kinos vom Jahrmarktvergnügen zum kulturellen Leitmedium und der Psychoanalyse von der belächelten Theorie eines kleinen Kreises zur weltweit anerkannten Behandlungsform gibt es immer wieder erstaunliche Berührungspunkte. Wenn es zum Beispiel um die Konstruktion eines Charakters ging, der, von der traditionell linearen Logik des klassischen Kinos geprägt, vor einer Aufgabe stand oder eine Entwicklung zu durchlaufen hatte, griffen Filmautoren gerne auf psychoanalytische Theorien zurück. Auch heute ist das in den modernen Inszenierungen, in denen oft zirkuläre Strukturen des Films tief in ein Thema hineinführen, nicht anders. Umgekehrt hat das Kino schon immer das Interesse von Psychoanalytikern, die Filme zu deuten, geweckt.

Gute Filme befassen sich, ob bewusst oder unbewusst, immer mit Themen, die einen genauen Blick auf Zeitströmungen, aktuelle Ängste, die Struktur von Beziehungen, Veränderungen der Lebensbedingungen und der damit verbundenen Lebensgewohnheiten ermöglichen. Dabei fällt auf, dass Filmemacher sich in den letzten Jahren immer häufiger in ihren Filmen mit Extremerfahrungen und immer wiederkehrenden seelischen Verletzungen auseinandersetzen, während sich die Psychoanalyse in einer Phase intensiver Erforschung psychischer Traumata befindet. Damit scheinen beide das Interesse des Kinopublikums zu treffen, das ebenfalls an der Meisterung von Extremerfahrungen interessiert ist. Denn wenn wir als Zuschauer im Kino gespannt die Reise des Helden verfolgen, dessen Leben durch ein Ereignis aus der Bahn geworfen wurde, können wir Rückschlüsse auf unser eigenes Leben ziehen.

Aber woher kommt aufseiten der Filmemacher das große Interesse, sich vor allem in den letzten Jahren in ihren Filmen mit traumatischen Erfahrungen auseinanderzusetzen?

Es mag eine ganze Reihe Faktoren dafür geben: die Unübersichtlichkeit und zunehmende Komplexität des Lebens durch den fortschreitenden Prozess der Globalisierung und der damit verbundenen Verunsicherung des Einzelnen; ebenso die Aufarbeitung von Extremtraumatisierungen aus Kriegserfahrungen, die Angst vor ökologischen und ökonomischen Katastrophen und die Herausforderung an den Einzelnen, extreme innere und äußere Konfliktsituationen in zunehmend individualisierten Gesellschaften zu meistern. Außerdem konfrontiert die moderne Medienwirklichkeit uns von allen Enden der Welt ständig mit Bildern, die traumatisieren und in uns weiterwirken, selbst wenn wir, wie an den Ereignissen des 11. Septembers, gar nicht unmittelbar beteiligt sind. Auf uns prasselt eine ständige Bilderflut von Kriegen und Naturkatastrophen nieder, ohne Verarbeitungsmöglichkeiten bereit zu stellen. Diese Bilder wirken als kulturelle und gesellschaftliche Einflüsse von außen auf den Einzelnen ein und fordern ihn, sie in seine innere Realität zu integrieren. Damit drängt traumatisierendes Geschehen in das Leben des Einzelnen, was verunsichernd und angsterzeugend wirkt, insbesondere, wenn an eigene unverarbeitete, teilweise unbewusste Erlebnisse angeknüpft wird. Und hier gibt der Film als ein gestaltetes kulturelles Produkt dem Einzelnen die Möglichkeit, etwas zu durchleben und damit seinen Handlungsspielraum zu erweitern. Dies korrespondiert auf der gesellschaftlichen Ebene mit den Anforderungen, die an den modernen Menschen gestellt werden: Er muss sich die sich ständig verändernde Realität immer wieder aneignen, was eine hohe Integrationsleistung fordert. Dazu braucht er soziale Erfahrungen, wofür die moderne, komplexe und effektiv strukturierte Gesellschaft immer weniger Raum bietet.

Richard Sennett beschrieb dies in den 90er Jahren als »Verfall des öffentlichen Raumes«. Hier übernimmt der Film eine wichtige Aufgabe, indem er die Möglichkeit schafft, in fremdes Leben hineinzuschauen, oder wie Neal

Gabler in seinem Buch *Das Leben, ein Film* schreibt: »Leute gucken anderen Leuten beim Leben zu.«

Im Film ist das »Leben der Anderen« gestaltet, ästhetisch aufbereitet, durch Verdichtung und Verschiebung bearbeitet, und gibt damit dem Zuschauer die Möglichkeit, eine Krise oder eine traumatische Erfahrung zu durchleben und zu einer Katharsis zu gelangen. Um zu verdeutlichen, was unter einem psychischen Trauma verstanden wird, werden wir im folgenden Kapitel die Geschichte des psychoanalytischen Traumabegriffs darstellen. Zunächst bezog sich der Begriff *Trauma*, der aus dem Griechischen stammt und übersetzt *Verletzung* bedeutet, nur auf den Körper.

Die Geschichte des Traumabegriffs in der Psychoanalyse und die heutige Definition

Sigmund Freud war der erste, der sich mit der Konzeption eines Traumabegriffs beschäftigte. In seiner Verführungstheorie ging er zunächst davon aus, dass sexuelle Traumatisierung während der Kindheit die Ursache der Hysterie sei. Diese theoretischen Vorstellungen entstanden aus Erfahrungen, die er an der Salpetriere in Paris bei dem Psychiater Charcot machte und aus der Erkenntnis, die er aus der Hypnose von Patienten zog. Er ging also schon früh von einem Traumamodell aus, das die Akzente auf die offensichtlichen Faktoren der Realität setzte. Im Jahr 1896 schrieb Freud unter dem Titel *Zur Ätiologie der Hysterie*:

> »Ich stelle also die Behauptung auf, zugrunde jedes Falles von Hysterie befinden sich – durch die analytische Arbeit reproduzierbar, trotz des Dezennien umfassenden Zeitintervalles – *ein oder mehrere Erlebnisse von vorzeitiger sexueller Erfahrung*, die der frühesten Jugend angehören. Ich halte dies für eine wichtige Enthüllung, für die Auffindung eines *caput Nili* der Neuropathologie« (Freud 1896, S. 439).

Schon ein Jahr später distanzierte er sich aber von der Verführungstheorie. Die Schlussfolgerungen, die seine Überlegungen nahelegten, beunruhigten ihn zunehmend. Hysterie war zu dieser Zeit eine weit verbreitete Erkrankung. Sollten seine Behauptungen richtig sein, so fänden sexuelle Übergriffe auf Kinder nicht nur im französischen Proletariat statt, sondern in weiten Teilen der bürgerlichen Wiener Gesellschaft, aus der seine Patienten stammten. Das war für ihn zu dieser Zeit nicht denkbar.

Verunsichert war er auch dadurch, dass er keine sicheren Hinweise für den Realitätscharakter der Erzählungen seiner Patienten fand. Zudem erzielte er nicht die erwünschten therapeutischen Resultate mit seiner Methode der Aufdeckung.

Freud gab sein Traumamodell zugunsten eines Konfliktmodells auf: Nun stand der Ödipuskomplex im Zentrum des Interesses, und die Erzählungen der Hysterikerinnen wurden als Fantasien betrachtet.

Die Kriegsneurosen des Ersten Weltkrieges zwangen die Psychoanalytiker, den Traumabegriff neu zu überdenken. Freud hob darauf ab, dass im Trauma ein hilfloses Ich überflutet wird von einem Zuviel an Erregung, die seelisch nicht gebunden werden kann. In seiner neuen Definition verfolgte er eine psycho-ökonomische Sichtweise, die das Seelische als ein Energiesystem auffasste. In seinen Vorlesungen zur Einführung in die Psychoanalyse schrieb er (1915–1918): »Wir nennen so [traumatisch] ein Erlebnis, welches dem Seelenleben innerhalb kurzer Zeit einen so starken Reizzuwachs bringt, dass die Erledigung oder Aufarbeitung desselben in normal-gewohnter Weise missglückt, woraus dauernde Störungen im Energiebetrieb resultieren müssen« (Freud 1916–17a, S. 284). Ein weiterer wichtiger Begriff ist die Nachträglichkeit. Freud ging von einem zweizeitigen Traumabegriff aus. Dieser besagt, dass dem traumatisierenden Ereignis ein früheres vorausgegangen ist, das dann nachträglich mit dem aktuellen Ereignis in einen Zusammenhang gebracht wird. So bekommen sexuelle Übergriffe in der Kindheit erst durch die erwachende Sexualität in der Pubertät eine neue Bedeutung.

Der zweizeitige Traumabegriff erwies sich aber als schwierig bei der Behandlung von Holocaust-Überlebenden. Die Therapeuten versuchten hinter das Trauma zurückzugehen, um mit der prätraumatischen Persönlichkeit in Kontakt zu kommen, in der Hoffnung, dass sich das Ausmaß der Traumatisierung dann verringern würde. Die Überlebenden, deren innerer Motor es war, Zeitzeuge zu sein, wollten ihre Erlebnisse in ein Narrativ überführen, für das die auf Deutung zielenden Analytiker zunächst kein Verständnis hatten, was oft zu Therapieabbrüchen führte (vgl. Bergmann 1998, S. 117). Dennoch gab es von psychoanalytischer Seite weiterhin eine intensive Beschäftigung mit Holocaust-Überlebenden und den Auswirkungen von Extremtraumatisierungen auf deren seelische Struktur und die ihrer Kinder und Kindeskinder. So entwickelten sich Vorstellungen vom Traumageschehen aus Untersuchungen von Holocaust-Überlebenden, also Extremtraumatisierten. Wichtige Erkenntnisse ergaben sich aus dem objektbeziehungstheoretischen Ansatz: Im Trauma werde das gute innere Objekt zerstört, der empathische innere Andere, weshalb das Trauma nicht mehr kommuniziert werden könne (vgl. Laub/Auerhahn 1993, S. 287).

In den USA formierten sich die Vietnam-Veteranen und forderten eine systematische psychiatrische Forschung zu den Kriegsfolgestörungen ein. »Eine fünfbändige Studie zu den Folgen des Vietnamkriegs beschrieb das posttraumatische Syndrom und bewies schlüssig den direkten Zusammenhang zu Kampferlebnissen« (Herman 2003, S. 44).

Die Frauenbewegung in den USA trieb die Forschung zu sexuellen Missbrauchserfahrungen in Kindheit und Erwachsenenalter und deren Folgen weiter voran.

Aus diesen vielfältigen Erkenntnissen entstanden die modernen Konzepte zu Traumatisierungen.

»Das Trauma bezeichnet in der Psychoanalyse ein Erlebnis, das von solcher Intensität ist, daß es die psychischen Verarbeitungsmöglichkeiten des Betreffenden überschreitet« (Ehlert-Balzer 2002, S. 727). Diese Definition ermöglicht es, den Traumabegriff zugleich von der äußeren Seite des objektiven Ereignisses als auch von den inneren, subjektiven Verarbeitungskapazitäten zu verstehen. Einige Autoren verwenden den Begriff Trauma nur im Fall von Extremtraumatisierung verbunden mit Erlebnissen intensiver Angst, häufig Todesangst, sowie mit Gefühlen extremer Hilf- und Hoffnungslosigkeit, die zum Zusammenbruch der zentralen Ich-Funktionen führen. In einem Versuch, das traumatische Ereignis nachträglich zu bewältigen, kommt es zu verschiedenen Restitutionsversuchen des seelischen Apparates. Diese zeigen sich in Symptomen der Posttraumatischen Belastungsstörung, wie in wiederkehrenden Flashbacks und Wiederholungszwängen als Tendenz, traumatische Situationen immer wieder aufsuchen zu müssen. Mit der Betonung der Intensität werden allerdings die kumulativen Traumatisierungen nicht berücksichtigt. Darunter versteht man die lang andauernden chronischen Traumatisierungen, die in Beziehungen entstehen, wobei ein Einzelereignis noch keine Folgen zeitigt, wohl aber eine Fülle von Erlebnissen zu seelischen Folgestörungen führt. Heute weiß man, welche Folgen für die seelische Gesundheit chronisches, grob unempathisches Verhalten der wichtigsten Beziehungspersonen, Objektverluste, chronischer seelischer und körperlicher Missbrauch oder Misshandlungen für die Betroffenen nach sich ziehen. Dabei sind die Auswirkungen auf den Einzelnen von dessen subjektiven Bewältigungsmöglichkeiten, heute unter dem Begriff *Resilienz* gefasst, abhängig.

In diesen Definitionen wird deutlich, dass der Begriff des Traumas immer subjektiv zu fassen ist. Trauma bezieht sich auf das Individuum und dessen Verarbeitungsmöglichkeiten, die zusätzlich noch kulturell bestimmt sind.

Trauma und Film

Der Film gibt dem Zuschauer die Möglichkeit, traumatisierendes Geschehen zu verarbeiten oder daraus zu lernen. Im Kino können wir die Kontrolle des Bewusstseins aufgeben, uns unseren Emotionen, die durch die Inszenierung ausgelöst werden, überlassen und in einen kreativen Austausch mit der Erzählung des Films eintauchen. Dies knüpft an eine Beobachtung aus unserer klinischen Erfahrung an, dass traumatisierte Patienten sich oft mit Filmen beschäftigen, die traumatische Ereignisse darstellen. Nach einem akuten Trauma steht oft in lange währenden Verläufen die Bewältigung des Geschehenen an. Filme können bei der Integration eines Traumas in die seelische Struktur des Einzelnen wie auch in die Matrix der Gesellschaft hilfreich sein.

Während die traumatische Situation durch Bedrohung und Unsicherheit gekennzeichnet ist, sitzen wir im Kinosessel in Sicherheit und Geborgenheit. Zum Trauma gehört das Gefühl, allein gelassen zu werden, im Kino sind wir nicht allein, zwar unter Umständen anonym, aber emotional verbunden mit den Mitschauern. Ein wesentliches Kriterium für ein erlittenes Trauma ist das Gefühl von Kontrollverlust. Die Kontrolle haben wir als Zuschauer aber in eigener Hand, wir können jederzeit das Kino verlassen. Gelungene Filme schaffen Verwirrung und Intransparenz in ihrer Struktur, zumindest am Ende Aufklärung und Transparenz.

Aber es kann auch anders gehen: Filme können den Betrachter traumatisieren und akute, überwältigende Überflutungen durch Emotionen bis hin zur Panik und körperlichen Reaktionen auslösen. Bei manchem Betrachter lösen Filme Flashbacks über Tage aus, wenn das traumatische Material unverarbeitet auf ihn einwirkt. Solche Filme haben wir nicht ausgewählt, bzw. waren wir bemüht, solche Filme nicht auszuwählen, denn das Trauma ist, wie oben beschrieben, ein subjektiver Begriff.

Die in diesem Buch kommentierten Filme haben alle etwas gemeinsam: Sie gehen von einem Ereignis aus, welches das Leben der Protagonisten plötzlich und unvorhergesehen aus der Bahn geraten lässt, damit stehen sie in Bezug zum psychischen Traumabegriff. Die Auslöser für psychische Traumata ähneln den Plots der Filme, die als einschneidendes Ereignis den Protagonisten auf eine Reise schicken, das Leben, das aus der Bahn geraten ist, neu zu ordnen. Wenn die Helden des Films mit solchen Extremsituationen konfrontiert werden, geht es um existenzielle Themen. Stellvertretend für den Zuschauer erfährt der Protagonist eine Traumatisierung. Der Zuschauer kann sich nun mit dem Protagonisten identifizieren und das Trauma mit durchschreiten, das an seine eigene seelische Struktur gekoppelt ist.

Die Reise des Helden und die Behandlungstechnik – zwei unvereinbare Gegensätze?

Die im Film dargestellten Inszenierungen schaffen eine Narration, die es ermöglicht, die eigenen Traumatisierungen zu organisieren. Traumatischen Erfahrungen sind Transformationen versperrt, sie existieren eingekapselt und undurchlässig in unserer psychischen Struktur. Dennoch drängen sie zur Inszenierung, und hier liegt dann die Möglichkeit zur Veränderung. Filme können therapeutische Wirkungen haben, insofern das traumatisierte Individuum an den Inszenierungen des Films, die einer Lösung zugeführt werden, teilhat. Es kann wieder ein spielerischer Modus entstehen, Veränderungen können möglich werden.

Für die Bewältigung des Traumas ist es wichtig, in Gegenwart empathischer Zeugen zu einem Narrativ zu finden, das bezeugt werden kann. Denn traumatische Erfahrungen wirken als Fremdkörper im Inneren der Betroffenen. Filme können die Funktion erfüllen, ein Narrativ zur Verfügung zu stellen; wir Zuschauer sind Zeugen desselben. Da die meisten Filme Entwicklungsfilme sind, geht es um die Überwindung der zum Stillstand gekommenen seelischen Entwicklung auf dem Hintergrund der Reise des Helden.

Das könnte folgendermaßen aussehen:

Im Film durchlebt der Protagonist eine Entwicklung, die etwas, was aus der Bahn geraten ist, wieder zusammensetzt. Die Ordnung wird wieder hergestellt. Vergleichbar ist dies mit der Traumatherapie, die versucht, innere Verbindungen wieder herzustellen, um die innere Entfremdung aufzuheben. Traumatherapeuten beachten in letzter Zeit zunehmend die Bedeutung der Ressourcen und arbeiten lösungsorientiert. Wir meinen, dass Filme Teil eines ressourcen- und lösungsorientierten Zugangs sein können. In Filmen werden Entwicklungen aufgezeigt, in denen die Protagonisten lernen, mit den Traumatisierungen umzugehen. Wir können, uns identifizierend, an diesen Lösungen teilhaben. Filme bieten einen symbolischen Raum an, einen Übergangs- und Spielraum, in dem das zum Trauma führende Ereignis neu verhandelt werden kann. Das Trauma als schwarzes Loch infolge fehlender Symbolisierung in der seelischen Struktur wird bearbeitbar und in die seelische Struktur integrierbar, wenn es symbolisiert, also in Sprache übersetzt werden kann. So kann die Zerstörung der seelischen Struktur eine Reparation erfahren.

Eine wichtige Funktion übernehmen Filme, die Extremtraumatisierung durch Krieg und politische Gewalt zum Thema machen. Hier übernehmen die Zuschauer die Funktion von Zeugen des traumatischen Geschehens und damit eine soziale Funktion, die durchaus politische Wirkung haben kann.

Die Autoren

Wir, eine Gruppe von Psychoanalytikern, Ärzten und Psychologen, die alle selbstständig klinisch mit Patienten arbeiten, haben uns zusammengeschlossen, um Filme miteinander zu betrachten und unter psychoanalytischen Gesichtspunkten zu verstehen. Unser Anliegen besteht nicht nur darin, psychoanalytisches Wissen auf Filme anzuwenden und darüber einen erweiterten Zugang zu den entsprechenden Filmen zu erreichen, sondern auch etwas über die gesellschaftliche Philosophie zu erfahren, die über Filme vermittelt wird, was wiederum Rückwirkungen auf unsere Arbeit hat. Entsprechend unserem psychoanalytischen Handwerkszeug versuchen wir dann, das Wahrgenommene zu transportieren.

Die Filme geben uns Psychoanalytikern die Möglichkeit, uns mit verschiedenen Erfahrungsaspekten zu beschäftigen, indem wir tief in die Handlung und den emotionalen Gehalt der Filme einsteigen und darüber andere Wirklichkeiten erleben, was fruchtbar in unsere Arbeit einfließt.

Die Filme

Die ausgewählten Filme haben alle gemeinsam, dass die Protagonisten eine traumatische Erfahrung machen. Diese ganz unterschiedlichen traumatischen

Erfahrungen lassen sich unterteilen in Beziehungstraumata, Extremtraumatisierungen und Traumata, die die körperliche Integrität angreifen.

Dennoch unterscheiden sich die Filme, die wir hier unter dem Oberbegriff des Traumas gesammelt haben, wesentlich in ihrer Struktur und rufen unterschiedliche Reaktionen bei den Zuschauern hervor. Dies knüpft an die psychoanalytische Vorstellung von dem Begriff des Traumas an, die davon ausgeht, dass das Trauma nicht absolut gedacht werden kann, sondern immer in einem Sinnzusammenhang zu der inneren Realität des Einzelnen steht. In diesem Zusammenhang ist das Trauma nur als Zusammenspiel von »Innen« und »Außen« zu denken. Hier findet sich ein Bezug zum Film: Das »Äußere« des Films vergegenwärtigt sich im Inneren des Zuschauers und umgekehrt (vgl. Elsaesser/Hagener 2007, S. 192).

I.1 Beziehungstraumata: Verlust

Um einen frühen Verlust geht es in *The Science of Sleep*, in dem die Trennung der Eltern für den Protagonisten den Verlust eines elterlichen Liebesobjekts nach sich zieht. Auch in *Wie im Himmel* ist der zentrale traumatische Punkt ein Verlust, nämlich der frühe Tod der Mutter des Protagonisten und dessen einsame Entwicklung zu einem anerkannten Künstler. Unter dieser leidet allerdings die Entwicklung von nahen Liebesbeziehungen. Denn der Held versucht, einer Wiederholung von Verlusterfahrungen vorzubeugen, indem er keine Bindung mehr eingeht. Den Verlust kultureller Identität thematisiert der Film *Auf der anderen Seite*. Die Zerrissenheit und Entwurzelung der Protagonisten findet ihren Ausdruck in einem Bild, auf dem die Särge von einem Land ins andere transportiert werden. Auch in den drei weiteren Filmen *Catch me if you can, Das Mädchen, das die Seiten umblättert* und *Wolke 9* geht es um Verluste, die unterschiedlich verarbeitet werden.

I.2 Beziehungstraumata: sexuelle und aggressive Übergriffe

Wir haben auch Filme ausgewählt, die traumatische Erfahrungen mit den frühen Bezugspersonen thematisieren, die das Selbst in seiner Entwicklung nachhaltig schädigen. Beispielhaft sind sexuelle Übergriffe in *Adams Äpfel* oder der Film *Brokeback Mountain*, in dem es um die Konfrontation mit der Leiche eines durch den Vater gelynchten Homosexuellen geht, die das noch unreife Ich des Jungen überwältigt. In *Lemming* geht es um die sexuelle Versuchung, in die der junge Ehemann schlittert und die ihn in einen passageren psychotischen Zustand stürzt.

II Angriff auf die körperliche Integrität

Weitere Filme beschreiben den schnellen, gesellschaftlichen Wandel und die zunehmende Unüberschaubarkeit des modernen Lebens wie in *21 Gramm* und *Amores Perros*, die davon handeln, wie der Einzelne durch einen plötzlichen Unfall aus der Bahn geworfen wird. Auch in dem Film *Schmetterling und Taucherglocke* geht es um den Verlust von körperlicher Intaktheit durch eine plötzliche Krankheit und um das Erleben von absoluter Hilflosigkeit und Ohnmacht gegenüber der neuen Situation.

III Traumatisierung durch politische/kriegerische Gewalt

Die einschneidenden Folgen von extremer Gewalt wie Mord und Vergewaltigung im Krieg werden in *Lost Children*, *Esmas Geheimnis*, *Das Leben ist schön* und *Paradise Now* dargestellt und zeigen, wie schwer es ist, nach Erfahrungen von Dehumanisierung und Ohnmacht aus dem Zustand von innerer Zerstörung wieder zu einem eigenen Leben zu finden. In *Hiroshima mon Amour* geht es um das Durchleben einer Kriegserfahrung auf dem Hintergrund einer Liebesbeziehung. Der Film *Geheime Staatsaffären* zeigt auf, welche Abwehrbewegungen entstehen, wenn politische Gewaltstrukturen aufgedeckt werden.

IV Kumulative Traumatisierung

Im Film *Nichts als Gespenster* geht es um die Anhäufung kleiner, wiederkehrender Traumata durch mehrmals erlebten Abbruch und Scheitern von Liebesbeziehungen, was bei den Protagonisten zu immer neuen Enttäuschungen führt. Die vielen Lebensenttäuschungen und deren Folgen für die Seele zeigt auch der Film *Man muss mich nicht lieben* auf.

Schluss

Wir möchten uns bei all denjenigen bedanken, die unsere Arbeit ermöglicht und uns immer unterstützt haben: zuallererst bei Christian Schmalz, dem Betreiber des OFF Broadway Kinos in Köln. Wir haben unsere Vorträge mit einem engagierten Publikum diskutieren können. Herr Klinkertz vom Kulturzentrum Brotfabrik eröffnete uns die Möglichkeit, das Bonner Publikum zu erreichen.

Nicht zuletzt bedanken möchten wir uns beim Psychosozial-Verlag, der uns die Möglichkeit eröffnet, unsere Vorträge in überarbeiteter Form in diesem Buch noch einmal einem breiteren Publikum zugänglich zu machen.

Literatur

Bergmann, Martin (1998): Die Interaktion zwischen Trauma und intrapsychischem Konflikt in der Gegenwart der Psychoanalyse. In: Schlösser, Anne-Marie & Höhfeld, Kurt (Hg.): Trauma und Konflikt. Gießen (Psychosozial-Verlag).

Ehlert-Balzer, Martin (2002): Trauma. In: Mertens, Wolfgang & Waldvogel, Bruno: Handbuch psychoanalytischer Grundbegriffe. Stuttgart, Berlin, Köln (Kohlhammer).

Elsaesser, Thomas & Hagener, Malte (2007): Filmtheorie – zur Einführung. Hamburg (Junius Verlag).

Freud, Sigmund (1896): Zur Ätiologie der Hysterie. In: GW I, S. 423–459.

Freud, Sigmund (1916/1917a): Vorlesungen zur Einführung in die Psychoanalyse. In: GW XI.

Gabler, Neal (1999): Das Leben, ein Film. Berlin (Berlin Verlag).

Herman, Judith (2003): Die Narben der Gewalt. Paderborn (Junfermann).

Laub, D. & Auerhahn, N. (1993): Knowing and not knowing massive psychic trauma: forms of traumatic memory. I.J. Psycho-Anal. 74, 287–302.

I.1
Beziehungstraumata: Verlust

The Science of Sleep

FRANKREICH 2005, 105 MIN.
REGIE UND DREHBUCH: MICHEL GONDRY
HAUPTDARSTELLER: GAEL GARCIA BERNAL, CHARLOTTE GAINSBOURG, MIOU-MIOU U.A.

Sabine Wollnik

Einleitung

The Science of Sleep ist ein ganz ungewöhnlicher Film, ein Märchen gestaltet mit Pappe, Zellophan und wirklichen Schauspielern, verspielt, verträumt, Stoff für eine psychoanalytische Interpretation.

Drehbuchautor, Regisseur und Produzent des Filmes ist Michel Gondry, ein vielseitiger Künstler, der für Marken wie *Smirnoff*, *Diet Coke* und *Levis* unzählige Werbespots gedreht hat. Sein *Levis*-Werbefilm steht im *Guinness-Buch der Rekorde* als der am häufigsten prämierte Werbefilm aller Zeiten. Für Stars wie Björk oder die Rolling Stones stellte er Musikvideos her.

Auch als Autor war er erfolgreich. Zusammen mit Charlie Kaufmann gewann er einen Oscar im Jahr 2005 für das Drehbuch zu dem Film *Eternal Sunshine of the Spotless Mind.*

Seinem visuellen Erfindungsreichtum scheinen kaum Grenzen gesetzt. Er kennt sich einerseits aus in der Welt des Computers und gestaltet auf der anderen Seite immer wieder kleine, poetische, unperfekte Welten aus Pappe und plätscherndem Zellophan.

In *The Science of Sleep* verarbeitet Gondry eigene Erlebnisse, wie er freimütig in Interviews erzählt. 1963 in Versailles geboren, studierte er Werbe- und Gebrauchsgrafik und spielte nebenher Schlagzeug in einer Popgruppe. Für diese Gruppe drehte er 1987 das erste Video.

An dem Drehbuch für *The Science of Sleep* hat er sieben Jahre lang gearbeitet und dabei eigene Träume verwendet. Der Film wurde in einem Haus gedreht, in dem der Regisseur selbst gelebt hat, noch heute wohnen dort sein Sohn und dessen Mutter. Die geschilderten Erfahrungen in dem Grafikbüro beruhen auf eigenen Erlebnissen. Denn trotz der vielen autobiografischen Elemente kann man den Film nicht als Autobiografie betrachten. Gondry schildert die seelische Entwicklung eines jungen Mannes nach einem Ereignis in dessen Lebensgeschichte, das traumatische Qualität hat. Er stellt dabei eigene innere Bilder zur Verfügung, schafft darüber einen Assoziationsraum, an dem der Zuschauer teilhaben kann. Als spielerisch-ironischen Untertitel könnte man auch den Titel eines Kurzfilmes von Gondry wählen: *I've been 12 Forever* (Ich bin immer 12 Jahre alt geblieben) oder eben doch nicht, denn der Film stellt eine Entwicklung dar.

Der Film

Der Film *The Science of Sleep*, also die Wissenschaft vom Schlaf, handelt vielleicht doch eher vom Träumen. Lassen Sie mich den Vorstellungen Gondrys meine psychoanalytischen Ideen zu träumerischen Verfassungen gegenüberstellen.

Im Film gehen die verschiedenen Zustände ineinander über, sodass man die Orientierung verliert wie der Protagonist Stephane: Nachttraum, Tagträume, Fantasien, das Filmemachen überhaupt und das Spiel zwischen Stephane und Stephanie.

Zum Nachttraum gibt es in der Psychoanalyse verschiedene Konzepte. Freud betrachtete den Traum als den Hüter des Schlafes. Indem der Traum die im Laufe des Tages und die im Schlafzustand entstandenen inneren oder äußeren Reize in Bilder überführe und zudem die Wünsche als erfüllt darstelle, die über die Reize entstehen, verhindere der Traum, dass der Träumer aufwachen müsse, um nach der Erfüllung der entstandenen Wünsche zu suchen.

Heute geht man zunehmend davon aus, dass im Traum die Erlebnisse des Tages verarbeitet werden, dass es also zu einer Umstrukturierung und Anpassung der seelischen Strukturen kommt.

Wenn ich die Anfangsszene nehme und Michel Gondry bzw. Stephane zitiere, der zu Beginn einen Traum kocht wie eine Spaghettisauce mit den Inhalten: »Gedanken, Nachklang vom Tag, Erinnerungen an die Vergangenheit, Liebe … Freundschaften … Partnerschaften … und all die anderen ›Schaften‹,

Lieder vom Tage, Dinge die Sie gesehen haben, und ein Spritzer Persönliches«, so kann ich dem nur zustimmen, möchte vielleicht noch ergänzen, dass im Traum auch schon der Verdauungsvorgang der am Tage genossenen Speisen, sprich Erlebnisse, einsetzt. Der Regisseur und Drehbuchautor zeigt schon in dieser kleinen Szene den Zusammenhang zwischen Traum, Fantasie, der Kinderwelt des Spiels und seinen kreativen Filmproduktionen. Schließlich kocht Stephane seinen Traum als eigener Drehbuchautor, Kameramann und Regisseur in seinem eigenen Eierkarton-Fernsehstudio.

Träume scheinen nach den heutigen Erkenntnissen existenziell notwendig zu sein und sichern unsere seelische und körperliche Gesundheit. Wir träumen übrigens nicht nur in den REM-Phasen (im Film gibt es eine kleine Szene, in der Stephane versucht, seine Träume zu kontrollieren, indem er die Augenbewegungen über eine Apparatur verfolgt), sondern nach heutigen Erkenntnissen träumen wir in etwa 70% unserer Schlafenszeit und erinnern uns an das meiste Geträumte am Tage nicht mehr. Der Traumprozess beginnt – wie es auch der Film darstellt – bereits am Tag mit den im Nachtschlaf zu verarbeitenden Themen.

Stephane muss traumatische Verluste, Zurückweisungen, Enttäuschungen und die daraus folgenden Schwierigkeiten in der Liebe verarbeiten.

Stephane ist ein junger Mann, der aus Mexiko nach Paris zu seiner Mutter zurückkehrt, nachdem sein Vater an Krebs gestorben ist. Um die Trauer zu bewältigen und mit seinem verstorbenen Vater und Mexiko verbunden zu bleiben, trägt er eine mexikanische Indiomütze über weite Strecken des Filmes – vielleicht auch, um sich zu wärmen, denn Verluste lassen uns frieren. Mit seinen geschiedenen Eltern aus zwei Kulturen, seiner Wanderung zwischen den Kontinenten und dem Wechsel zwischen drei Sprachen, dem Spanischen, dem Französischen und der »Universalsprache«, dem Englischen, ist er vielleicht gar nicht untypisch für andere junge Leute seiner Generation. Neben den autobiografischen Themen spricht Gondry damit sicher Probleme an, die viele Menschen heute betreffen, was vielleicht teilweise den Erfolg des Filmes ausmacht.

Heimgekehrt in das Paris, das er offensichtlich nach der Scheidung seiner Eltern zusammen mit seinem mexikanischen Vater verlassen hat, erlebt er zusätzlich zu dem Verlust durch den Tod seines Vaters eine Fülle von Zurückweisung und Enttäuschung. Er kehrt in die Wohnung seiner Kindheit, sogar in sein altes Kinderzimmer zurück. Die Mutter ist bei ihrem Lebensgefährten, er hört ihre Stimme nur über den Anrufbeantworter, die Nachbarin begrüßt ihn zwar freundlich, hat aber keine Zeit, seine kreativen Kalenderbilder zu betrachten. Im Grafikbüro, wo er den neuen Job annehmen soll, erlebt er große Enttäuschungen. Das Team ist mit der Planung für einen Betriebsausflug, eine Skireise, beschäftigt, keiner hat Interesse an seinem Kalender, und der erwartete kreative Job entpuppt sich als fade Routinearbeit. Auf den Kalenderblättern hat er übrigens die Katastrophen des Jahres 1996 kreativ gestaltet. Versteckt sich dahinter seine eigene Lebenskatastrophe? Ich wage einmal zu spekulieren: War es im Jahr 1996, dass die Eltern sich haben scheiden lassen und er zusammen mit seinem Vater seine Mutter, sein Zuhause und Frankreich verließ? Stellt Gondry kreative Bewältigungen von Verlust- und Zurückweisungskatastrophen mittels Träume, Fantasien und dem Spiel mit Stephanie dar? Dabei werden dem Zuschauer über die Bilder Assoziationsketten angeboten, in die er sich einhaken kann.

Es bleibt unklar, inwieweit der erste Traum ein wirklicher Nachttraum ist oder eher ein kreativer Versuch, die Enttäuschungen des Tages über Größenfantasien zu bewältigen: Mit seinen riesigen Händen wird er mit allen Kollegen fertig, der Chef altert unter Zuhilfenahme eines magischen Rasierapparates, wird aus dem Fenster geworfen und endet als Clochard. Anstelle des Chefs vögelt Stephane Martine auf dem Kopierer, pflastert die Wände mit seinen Kalenderblättern und kann zum Schluss auch noch fliegen. Das Ganze findet in einer Welt statt, die eine Mischung aus der realen Welt und der Kinderwelt des Spiels ist, das offensichtlich mit beiden Eltern in der Kindheit des dargestellten Protagonisten gestaltet wurde. In dem grandiosen Versuch, mit einer schmerzlichen Realität fertig zu werden, bleibt er gleichwohl recht einsam.

Tagträume sind Rettungsversuche in eine erträglichere Welt. Sie sind häufig recht stereotyp, in ihnen findet keine Entwicklung statt. Auch Stephanes Tagtraum zeigt keine wirkliche Entwicklung oder Lösung für seine Probleme auf. Lediglich in der formalen Gestaltung zeigen sich kreative Elemente, die im Film weiter ausgebaut werden. Diese stammen aus dem kindlichen Spiel mit beiden Eltern: Es werden Spielszenen mit dem Vater eingeblendet. Die Affinität von Stephanes Mutter zu Pappe oder Zellophan zeigt sich in der reichen Sammlung dieser Materialien in ihrer Wohnung. Hier gibt der Regisseur einen Hinweis darauf, wie Spielfähigkeit und Kreativität fürs ganze Leben erworben werden können. Stephane kann sich später dieser Elemente im Spiel mit Stephanie bedienen.

Die äußere Wirklichkeit holt ihn in die Gegenwart zurück. Der narzisstische, einsame Kokon, in den er sich geflüchtet hat, wird durchbrochen. Der Kontakt zu seiner neuen Nachbarin Stephanie kommt einer direkten Konfrontation gleich, ist sinnlich, anfangs schmerzhaft. Eine Grenze wird überschritten. Der Bohrer aus der Nachbarwohnung durchdringt die Wand zu seinem Kinderzimmer, ihr Klavier fällt beim Transport durchs Treppenhaus und verletzt seine Haut an der Hand. Ich schrecke davor zurück, hier die Bildsprache im Übermaß und Detail zu deuten. Diesen Umstand teile ich mit den meisten Filmrezensenten, als würde ich den Bilderreichtum und das tastend-zarte Spiel mit meinen Worten stören.

Die Auseinandersetzung mit einem Menschen, der bis in das Innerste eindringt, nicht an einer Oberfläche haften bleibt, in Konventionalität erstarrt, bietet die Chance zu einer seelischen Entwicklung.

Man kann den Film als eine Darstellung des Endes der Kindheit sehen. Mit dem Ende der Adoleszenz sollten einige Entwicklungsaufgaben gelöst sein: die Ablösung von den Eltern, die Festigung der geschlechtlichen Identität, die Partnerwahl, die Berufsfindung. Es sterben in dieser Lebensphase – allerdings im übertragenen Sinne – der Vater und die Mutter der Kindheit, damit erwachsene Umgangsformen Platz finden. Die inneren seelischen Strukturen erfahren eine Umorganisierung mit der Chance, dass alte Verletzungen, sogar Traumatisierungen und Konflikte neu bearbeitet und einer Neuorientierung zugeführt werden können. Dies kann nicht in Tagträumen gelingen, sondern nur im immer wieder auch schmerzlichen, realen Austausch mit der Außenwelt. Stephane und Stephanie sprechen von Anfang an in einer Sprache miteinander – englisch –, die weder die Mutter- noch die Vatersprache eines der Protagonisten ist. Es ist, als müsse eine dritte Sprache gefunden werden, als Darstellung einer neuen Ebene des Umgangs, fern der der Ursprungsfamilie. Nebenbei spricht auch keiner der Schauspieler englisch als seine Muttersprache. Gondry ließ den Schauspielern bei den Dreharbeiten viel Freiheit, sodass sich auch zwischen ihnen die seelische Dynamik der dargestellten Personen im Spiel entfalten konnte.

In der Auseinandersetzung mit Stephanie brechen alte Konflikte und Verletzungen auf, die im spielerischen Miteinander verhandelt und einer Lösung zugeführt werden. Dabei braucht es – wie im wirklichen Leben – äußere Helfer, die die Entwicklung unterstützen: den väterlichen Freund Guy auf Stephanes Seite, Zoe als Freundin von Stephanie.

Die Frage der Geschlechtsidentität wird zunächst verhandelt: Wer hat hier den Penis?

Die körperliche Beziehung ist tastend, aufseiten Stephanes bricht gelegentlich ungestüm und unmoduliert, wie in der Pubertät, die Sexualität durch. Man kann doch nicht immer zwölf Jahre alt bleiben, wenn innere Wünsche und Bedürfnisse entstehen, die weiter führen. Dieser tastenden, die Beziehung in aller Innerlichkeit suchenden, aufblühenden Sexualität werden immer wieder grobe sexuelle Szenen gegenüber gestellt, z. B. in den Wortspielen von Guy.

Über das Wortspiel Stephane/Stephanie wird das Thema von Abgrenzung und Identität benannt. Wo fängt der andere an, wo höre ich auf. Zu Beginn des Kennenlernens entsteht ein Spiel zwischen beiden, als sie ihre Hände aneinander legen und über das Berühren der Zeigefinger eine Konfusion über die eigenen Körpergrenzen entsteht. Welche seelischen und realen Räume sind zu respektieren? Stephane dringt in Stephanies Wohnung ein, später stürmt er auf ihr Hochbett. Stephanie erlebt dies als Übergriffe, die sie anfangs verärgert abwehrt, bis sie das spielerische Moment darin entdeckt. Das Spiel, wenn es gelingt, findet im Zwischenraum zwischen zwei Personen statt. Hier können Grenzen ausgetestet werden, Verletzungen angespielt und Lösungen spielerisch ausprobiert werden. Wenn das Spiel kippt, weil es zu real und ernst wird, findet im Film jeweils einer der Protagonisten zurück in den spielerischen Modus.

Natürlich spielt auch der Film mit uns, den Zuschauern, und unseren Erwartungen. Das Klavier ist natürlich aus Kunststoff, sonst könnte es nicht so elegant durchs Treppenhaus bis auf die Straße segeln. Von den Polizisten, die es freundlicherweise wieder die Treppe hinauf tragen und gleich ausprobieren, ist einer der Filmkomponist. Damit wird eine bestimmte Atmosphäre als Stimmungshintergrund hergestellt: Sogar die Polizei scheint dem Treffen von Stephanie und Stephane wohlgesinnt, mildert den Zusammenstoß und spielt auch noch die passende Musik, als sei die innere Objektwelt positiv eingestimmt.

Ein weiteres Thema zu Beginn des Kennenlernens: Werde ich angenommen, wie ich bin, als kleine Verkäuferin in einem Geschäft, das Artikel für Künstler verkauft, als Handlanger in einem Copy-Shop? Beide Parteien haben Zweifel und geben eine Identität vor, die sie nicht ausfüllen. Sie haben das Gefühl, sich betrügerisch aufplustern zu müssen. Überhaupt scheinen die Themen »Zurückweisung« und »Angenommensein« in der Liebe besonders prekär auf beiden Seiten zu sein. Wie ein Refrain untermalt dies die immer wieder gestellte Frage: »Willst du Zoes Telefonnummer?« oder *bin etwa ich gemeint*? Die traumatischen Zurückweisungen, die Stephane erlitten hat, werden immer wieder in Szene gesetzt, aber auch Stephanie scheint tief verletzt zu sein.

Nun werden die Fragen, die sich an die Beziehung richten, angespielt. Welche Wünsche entstehen? Im Spiel, den Wald in einem Boot zu retten, das Erinnerungen an die Arche Noah weckt, hier jedoch weiß bemalt ist und dadurch unschuldig wirkt, symbolisieren sich die Wünsche beider zueinander nach Rettung und Geborgenheit.

Nach der Annäherung entsteht zunächst Angst bei Stephane. Mit jeder Entscheidung für eine Frau entsteht in der Vorstellung das Dilemma, alle anderen aufgeben zu müssen. In einer ambivalenten Abwehrbewegung taucht Stephane in einen Tagtraum ein und fantasiert von einer sexuellen Szene mit Martine, seiner Kollegin aus dem Grafikbüro, im Zellophanwasser der Badewanne. Er schreibt einen Brief an Stephanie, in dem er die Lüge über seine Identität zu Beginn ihrer Begegnung gesteht. Deswegen werde er eine Ablehnung erhalten, fantasiert er. Dieser begegnet er mit einer Abweisung Stephanies seinerseits über den Refrain: »Ach übrigens, hast du Zoes Telefonnummer?« So nimmt er die Zurückweisung nicht nur vorweg, sondern kehrt sie auch noch um.

In weiteren Tagträumen gelangt er an den Ursprung dieses Komplexes, der in seiner Beziehung zu seiner Mutter begründet liegt. Wir alle leiden an unseren Reminiszenzen. Ohne unseren inneren Erfahrungsschatz könnten wir einerseits nichts lernen und nicht vorankommen in unserer Entwicklung, andererseits jedoch werden wir durch diesen auch immer wieder behindert. Unser emotionales Unbewusstes vergisst wahrscheinlich nie. In jeder intimen Beziehung reinszenieren sich die emotionalen Themen und Traumen, die in unseren wichtigsten und frühesten Beziehungen prägend waren. In Stephanes Fall ist es das Thema, fallen gelassen, abgelegt, ausgesetzt und zurückgewiesen zu werden. Der Film stellt dies in einer Traumsequenz dar, die an den frühen Ursprung der seelischen Entwicklung führt: Serge und Guy schleppen ihn gegen seinen Willen in eine karge Landschaft, Ausdruck seines inneren Gefühls von Verlassenheit und Heimatlosigkeit. Dem Gefühl, betrogen worden zu sein, verleiht er durch sein Schreien heftigen Ausdruck. Gleich darauf gibt er dem Zuschauer in seinem TV-Studio Auskunft über die Herkunft dieses Gefühls. Seine Mutter, die ja bisher nur über ihre Stimme auf dem Anrufbeantworter präsent war, hat keine Zeit für ihn, weil sie bei ihrem Lebenspartner wohnt –

der einzigen Figur im Film, über die sich der Regisseur lustig macht. So wird der Ärger über die Zurückweisung und den Betrug untergebracht.

Hinter dieser einen Zurückweisung verbergen sich viele andere, die in kleinen Szenen angespielt werden. Beispielsweise kommt die für Stephane enttäuschende Tatsache, dass die Mutter nie etwas vollendet – so als gebe sie Versprechen, die sie nie einlöst – solch einem Betrug gleich.

Dieser Themenkomplex löst Gefühle aus, sich in einer hilflosen, katastrophal-bedrohlichen Lage zu befinden. In einer Abwehrbewegung erfolgt zuerst ein Versuch, die eigenen Träume über eine Apparatur zu kontrollieren, die die Augenbewegungen im Schlaf verfolgt. Als auch dies nicht gelingt, bahnt sich das katastrophale Gefühl in einem Alptraum seinen Weg, im Film dargestellt als Vulkanausbruch und Erdbeben im Büro. In bewährter Manier setzt Stephane erneut Größenfantasien dagegen. Im Filmtraum gelingt aber dann doch eine Einbindung und Darstellung seines Wunsches an Stephanie, die traumatische Beziehungskonstellation gerade nicht zu wiederholen und ihm zu helfen: Stephane spielt Schlagzeug in einer Band, alle Mitglieder in Katzenkostüme gekleidet:

> »Will you rescue me, I'll be your friend forever. Let me in your bed, I'll keep you warm in winter, all the kitties are playing, they are having such fun, I wish, it could happen to me. Let me into your world.« (»Wenn du mich errettest, werde ich für immer dein Freund sein. Wenn du mich in dein Bett lässt, werde ich dich im Winter wärmen […]. Lass mich in deine Welt hinein.«)

Er wünscht sich einen Austausch zweier verwandter Seelen, denn so bestände die Chance zur Wiedergutmachung und zu einer Entwicklungsmöglichkeit. Der Film stellt diesen Wunsch als erfüllt dar. Stephanie sieht in ihrer Wohnung auf einem Pappfernseher, gebastelt aus Toilettenpapierrollen, die spielende Katzenband auf allen Kanälen und sieht seine innere Not, es ist die eines kleinen Kindes. Stephanie bastelt einen kleinen Vogel aus Filz, den sie in Stephanes Papprollenwelt fliegen lässt. Mit den Tierwesen aus Plüsch und Filz kommt ein neues gestalterisches Element in den Film. Tiere, Kuscheltiere, Haustiere haben für Kinder eine hohe Bedeutung als gute Objekte, Helfer und Tröster in der Not. Sie symbolisieren auch schwierige oder ersehnte Selbstanteile. Der Regisseur weckt mit diesem Lied Assoziationen an ausgesetzte Katzen, die gerettet werden möchten und den Retter im Gegenzug warm halten. Hinter der ersten bereits dargestellten Zurückweisung durch die Mutter, da sie ihren

Lebensgefährten ihrem Sohn vorzieht, zeigt sich jetzt szenisch eine viel frühere, die das katastrophale Gefühl ausgelöst hat. Als werde ein frühes Weggeschobensein aus der Kindheit szenisch geweckt. Es geht um Ausgesetztsein in Kälte und Einsamkeit. Damit einher geht der Wunsch an Stephanie, diese frühe Traumatisierung aufzufangen und wieder gut zu machen. Die Tier- und Stoffwelt der Darstellung verheißen ein Auffangen.

In der dargestellten Realität erlebt er erst einmal eine Abfuhr durch Stephanie.

Die Unterstützung durch die Freunde scheint ihn innerlich zu versöhnen. Denn jetzt träumt er sich in Stephanies Welt, eine liebevoll gestaltete Welt voller wunderschöner Dinge, die er liebt. Dies erinnert an warme, weiche Oberflächen, in die Babys liebevoll eingehüllt werden, vielleicht auch an die warme, lebendige mütterliche Haut. Die sanfte Musik beruhigt ihn. Er kann entspannt einschlafen und Stephanie hält seine Hand, hat einen zarten, warmen Kontakt zu ihm. Die Internalisierung einer guten Objektwelt scheint zu gelingen.

Der weitere Verlauf ist gekennzeichnet durch ein Hin- und Herpendeln zwischen Abweisungs- und Annäherungsszenen von innen und außen. Immer wieder geschieht es, dass sich unsere inneren Muster durchsetzen wollen, die es dann durch reale Begegnungen in der Außenwelt, wie Freundschaften und Liebesbeziehungen, zu modulieren gilt.

Lassen sie uns noch einige Szenen anschauen. Auf jede Annäherung in der Außenwelt folgen Traumbilder von Kälte und Abweisung. Unsere inneren Muster setzen sich immer wieder durch. Nachdem Stephan Stephanie geküsst hat, fällt er innerlich wieder zurück in ein eiskaltes Beziehungsmuster, dargestellt im Film durch die Szene, in der Stephane aufwacht in seinem zu kleinen Kinderbett, die Füße im Tiefkühlschrank eingefroren.

Das Pferd »Golden the Pony Boy« ist ein im gemeinsamen Spiel gestaltetes Objekt. Stephanie hat es gefunden und Stephane setzt es in Bewegung. Man sieht, wie im gemeinsamen Spielen das Verlassenheitsthema und der Wunsch, angenommen zu werden, verhandelt werden.

Nachdem dies gelungen ist, kann er sich in einen entspannten Schlaf fallen lassen. Stephanie hält seine Hand, sodass er in dem katastrophalen Gefühl, wie in ein schwarzes Loch in die Einsamkeit zu stürzen, aufgefangen wird.

Nachdem diese Szene aus der Frühzeit integriert ist, kann der Film sich dem Thema reiferer Sexualität annähern. Als Stephanie auf der Party, auf der der erfolgreiche Verkauf des Kalenders gefeiert wird, mit einem Rivalen flirtet, flüchtet sich Stephane in die erwachsene Welt eines Thrillers. Die ungebremsten Größenvorstellungen, die zu Beginn des Filmes Schmerz und Zurückweisung abmilderten, sind jetzt differenzierteren Bewältigungsformen gewichen.

In einer späten Filmszene wird eine Begegnung durch ein schlechtes inneres Introjekt – eine Figur in unserer Innenwelt, die in unseren Träumen manches Mal in Persona auftreten kann – verhindert. Ein behaarter alter Mann rät Stephane ab, ins Cafe zu gehen, um Stephanie zu treffen.

Schließlich scheint eine Aussprache mit der Mutter, bei der es darum geht, dass der Sohn die Mutter verlassen hat und mit dem Vater nach Mexiko gegangen ist, die Situation innerlich soweit zu entspannen, dass er sich Stephanie wieder annähern kann.

In der Schlussszene schläft Stephane entspannt in Stephanies Bett ein. Eine Integration scheint gelungen zu sein, das ausgesetzte Kätzchen ist gerettet. Als beide auf »Golden the Pony Boy«, das ausgesetzte, aufgenommene und lebendig gemachte kleine Stoffpferd, durch eine Fantasielandschaft reiten und die Arche Noah mit dem geretteten Wald besteigen, tauchen gleichwohl dunkle Wolken am Himmel auf. Eine weitere Einbindung negativer Stimmungen wird ein Thema bleiben.

Stellt der Film nicht Probleme dar, denen sich heute viele Menschen ausgesetzt fühlen? Wanderer zwischen verschiedenen Kulturen, in mehreren Sprachen mehr oder weniger zu Hause; Kinder geschiedener Eltern, nicht ausreichend angenommen, nicht ausreichend anerkannt, da die Erwachsenen beschäftigt sind in ihrer eigenen Welt, ihre Freizeit planen, im Job oder um die neue Beziehung kämpfen. Flüchten nicht wenige junge Erwachsene nächtens in eine Kinderwelt, von der schon Jean Paul (1793, *Die unsichtbare Loge*) bemerkte: »Die Erinnerung ist das einzige Paradies, aus dem wir nicht vertrieben werden können.« Ist das der Grund für das Interesse an DVDs aus der Kinderzeit derjenigen, die heute junge Erwachsene sind, die ihr Zimmer mit Plüschtieren einrichten und nächtens an Tankstellen in Cliquen herumstehen, Überraschungseier und Gummibärchen neben anderen »erwachsenen« Drogen konsumieren. Eine andere Fluchtwelt ist die der Computer, der verschiedenen Internetspiele, des Fernsehens. Dem stellt Gondry eigene Lösungen und Konzepte gegenüber. Guy, Stephanes älterer Freund, wirft den Fernseher ins Wasser, der ihn daran hindert, eine Beziehung einzugehen. Stephane taucht auf aus einer kreativen Kinderwelt, in die er sich narzisstisch zurückgezogen hat vor lauter Kummer und lässt sich auf sein Gegenüber ein, sein Alter Ego und doch eine andere – Stephanie, und durch das Spiel mit ihr, das nicht ohne Risiken und Verletzungen zustande kommt, ist Entwicklung möglich. Über einen sinnlichen, spielerischen Austausch mit einem Gegenüber können die Traumatisierungen bearbeitet werden.

Stellt der Autor einer unsinnlichen, perfekten und sterilen Computerwelt nicht kreative Welten aus Pappe und Zellophan gegenüber, vor allem aber das kreative Spiel mit Stephanie, die mitspielt und ihn herausholt aus der Einsamkeit? Die vielen spielerischen Elemente des Filmes, das gerade nicht Perfekte im Gegensatz zu Hollywoodproduktionen, die in der Darstellung von Fantasiewelten immer perfekter werden, die gleichwohl steril wirken, laden uns ein mitzuspielen. Gerade das Nichtperfekte macht es möglich, dass diese spielerische Welt auch für uns erreichbar zu sein scheint.

Wie im Himmel

Schweden 2004, 127 Min.
Regie: Kay Pollak
Hauptdarsteller: Michael Nyqvist, Frida Hallgren, Helen Sjöholm

Thomas Auchter

Wie im Himmel (Originaltitel: *Så som i himmelen*) erzählt die Geschichte des traumatisierten Jungen Daniel Dareus, der ein berühmter Dirigent wird, sich bis zu einem Zusammenbruch in der Musik verausgabt, in das Dorf seiner Kindheit zurückkehrt und schließlich zu sich selbst und seiner Fähigkeit zu lieben (zurück-)findet.

Seit 1929 der erste Text des Psychoanalytikers Hans Sachs »Zur Psychologie des Films« erschienen ist, haben sich die Analytiker immer wieder und in jüngster Zeit noch verstärkt mit dem Thema *Film und Psychoanalyse* auseinandergesetzt (vgl. z.B. Wollnik 2008). An vielen Orten in Deutschland und in anderen Ländern finden mittlerweile regelmäßig Filmvorführungen mit Kommentierungen durch Psychoanalytiker statt. Wenn ich hier und im Folgenden aus sprachökonomischen Gründen in der Regel die männliche Sprachform benutze, sind immer die Frauen mitgedacht.

Der Fokus der Betrachtung eines Filmes liegt je nach Person des Psychoanalytikers und seiner theoretischen Orientierung im weiträumigen Haus der Psychoanalyse auf unterschiedlichen Ebenen. Damit möchte ich gleich anfangs auf die Grenzen und Beschränkungen meiner und jeder Interpretation – und nicht nur der von Filmen – aufmerksam machen.

Mein Fokus für diesen Film wird vor allem auf der Traumatisierung durch Gewalt und dem Weg hinaus liegen. Daneben wird das ödipale Thema und die Identitätsbildung des Protagonisten als Mann eine Rolle spielen.

Wie im Himmel ist ein Film über die Hölle auf Erden – die Hölle, die Menschen sich und anderen bereiten können, ein Film über Gewalt und Trauma.

»Die Hölle, das sind die anderen«, formulierte einst (in seinem Stück *Huis clos*) der Schriftsteller Jean Paul Sartre.

Wie im Himmel ist aber auch ein Film über das Bemühen um Bewältigung und Überwindung von Gewalt und Trauma durch Zuwendung, Liebe und Solidarität. Entsprechend dem Diktum von Sigmund Freud (1933b, S. 23) in seinem Brief an Albert Einstein von 1932 zum Thema »Warum Krieg«: »Alles, was Gefühlsbindungen unter den Menschen schafft, muss dem Krieg [und ich (T. A.) ergänze: also der Gewalt] entgegenwirken.«

Die Premiere des letzten Filmes von dem 1939 geborenen schwedischen Regisseur Kay Pollak mit dem Titel *Love me* findet am 28. Februar 1986 statt. Sie wird überschattet durch die Ermordung des schwedischen Premierministers Olaf Palme nach dem Besuch einer Filmvorführung. Traumatisiert durch diesen Schock kann Pollak 18 Jahre lang keinen neuen Film mehr drehen. Die ganze Zeit lebt er davon, dass er als Seminarleiter durch sein Heimatland reist, Vorträge hält und Kurse durchführt, und zwar zum Thema »Persönlichkeitsentwicklung«. Erst 2003 respektive 2004 entsteht dann sein Film *Wie im Himmel*. Ist es ein Zufall, dass es darin inhaltlich um die Bearbeitung von traumatischen Erfahrungen geht?

Der Film wird zunächst in Schweden und dann in vielen Ländern auf Anhieb zu einem Publikumserfolg. In Schweden sehen den Film über zwei Millionen Menschen, das entspricht etwa einem Viertel der schwedischen Gesamtbevölkerung!

2005 wird *Wie im Himmel* als »Bester fremdsprachiger Film« für einen Oskar nominiert.

Wie im Himmel ist auch ein Film über die Sehnsucht; die Sehnsucht, wirklich lebendig zu werden; die Sehnsucht, den einzigartigen eigenen Ton zu finden – die Identität, und ein Film über die Sehnsucht nach Lieben und nach Geliebtwerden. Kay Pollak selbst meint in einem Interview im Internet, dass der Film eine universelle Geschichte von etwas erzähle, wovon wir alle träumen – von der Sehnsucht danach, »dem anderen ganz und gar offen und ohne Angst zu begegnen«.

Dorthin führt allerdings ein langer, mühsamer, steiniger Weg, reich an Rückschlägen; ein Weg, der nicht geradewegs in den Himmel führt, aber einen Menschen vielleicht bisweilen Zustände erreichen lässt, die sich anfühlen »wie im Himmel«.

Das Medium, das dieser Film für den Prozess der Befreiung und des Selbstwerdens verwendet, ist die Musik, speziell das Singen. Die Musik spielt ja in einer ganzen Reihe von Filmen eine entscheidende emanzipatorische Rolle, vor nicht allzu langer Zeit z. B. in *Die Kinder des Monsieur Mathieu* (2004), was eine Filmkritikerin zu der Überschrift verleitet: »Monsieur Mathieu lehrt jetzt in Schweden.« Der Beginn des Filmes – eine Konzertaufführung, aus der heraus eine Regression in die Vergangenheit erfolgt – ist nicht das einzige Zitat aus anderen Filmen, das Kay Pollak verwendet.

Die Musik zählt in den Bereich der akustischen Phänomene. Die Sinnesmodalität des Hörens gehört zu den am frühesten entwickelten und archaischsten Orientierungen des Menschen in der Welt und seiner Beziehungen. Schon im Intrauterinstadium, im Mutterleib, ist das Baby zu akustischer Wahrnehmung fähig. Die Stimme der Mutter wird gleich nach der Geburt »wiedererkannt«. Während der Schwangerschaft als wohltuend und beruhigend erlebte Töne und Tonfolgen (darunter auch die vielfältigen Körpergeräusche der Mutter) wirken auch nach der Geburt in entsprechender Weise. Außerdem ist die eigene Stimme gleich nach der Geburt eines der wesentlichen Ausdrucks- und Kommunikationsorgane. Insofern ist die Wahl des Mediums Musik, respektive Singen für den Prozess des Selbstwerdens psychologisch absolut angemessen. »Es geht hier um uns, um unser Leben«, insistiert Daniel an einer Stelle.

Der Film lässt wohl niemanden kalt. Im Internet findet man neben begeisterter Zustimmung, die überwiegt, ebenso leidenschaftliche Ablehnung des Filmes. Und das sowohl bei den professionellen Filmkritikern wie auch bei den gewöhnlichen Filmbetrachtern. Zu den kritischen Bemerkungen gehören Äußerungen wie: sentimental, überfrachtet, überdramatisiert, gefühlsüberladen, ängstlich angepasst, niemandem wehtuend, überladen mit Genie- und Genrekitsch, überladen mit tiefsten Gefühlen und höchsten Werten, klischeetriefend, abgeschmackt, zu dick aufgetragen, übermäßiger Gebrauch von Pathos. Soweit die Kritiker.

Der Film führt uns fast alle nur denkbaren Formen von Gewalt vor: Gewalt gegen Sachen, Gewalt gegen Personen, Gewalt gegen Kinder, Gewalt gegen Frauen, Gewalt gegen Behinderte, Gewalt gegen Tiere, Gewalt gegen sich selbst, Gewalt gegen andere, seelische Gewalt, körperliche Gewalt, sexuelle Gewalt, Naturgewalt, Gewalt des Todes. Könnte es sein, dass Kay Pollak mit dieser fast überbordenden, an die Grenzen des Erträglichen gehenden Fülle an Gewaltdarstellungen uns Betrachtern des Films hautnah Gewalt spürbar machen will? Will er uns damit den besonderen Aspekt der Traumatisierung, nämlich die Überwältigung durch die traumatische Erfahrung, leibhaftig erleben lassen? Die gewalttätige Bedrohung durch Conny zieht sich wie ein roter Faden – oder in der Sprache des Filmes: wie ein Basso continuo – von Kindheit an durch das Leben von Daniel und den Film.

Der Film lässt einen nicht zur Ruhe kommen. Nicht nur die Akteure sind ständig in Bewegung, auch die Kamera. Es sind seltene Augenblicke, die durch Ruhe geprägt sind. Aber zugleich macht der Film deutlich, dass seelische Entwicklungen und Veränderungen ihre Zeit benötigen.

Die Musik hat in diesem Film durchaus verschiedene Gesichter. In Daniels Kindheit hat die Musik zunächst etwas »Trennendes«. Der traumatisierte Daniel zieht sich schon als Kind mit seiner Geige ins wogende Kornfeld zurück. Sucht er in seinem Geigenspiel vielleicht schon eine Bewältigung seines ersten Traumas, des frühen Todes seines Vaters? Oder ist die Entwicklung seiner Musikalität eine Re-aktion auf sein Ausgeschlossensein? Sein Geigenspiel macht ihn zum Außenseiter. Wegen seines »Andersseins« widerfährt ihm die destruktive Aggressivität seiner Altersgenossen. Sie fügen ihm schmerzhafte körperliche und seelische Verletzungen zu. Sie schlagen ihn zusammen und zwingen ihn, mitsamt seiner Geige von dem Holzturm in den Fluss zu springen. Auch der tödliche Unfall seiner Mutter, den er 14-jährig hilflos mit ansehen muss, ist mit Musik kontaminiert: er geschieht bei einem internationalen Musikwettbewerb, bei dem er auftreten soll.

Der frühe Tod von Eltern ist sicher immer eine traumatisierende Erfahrung. Im Lebensverlauf ist der psychische (und oft auch der physische) Tod von Eltern jedoch nicht selten eine Voraussetzung zur Übernahme der Erwachsenenrolle. »Im Verlauf des Entwicklungsprozesses der Pubertät und des Jugendalters gibt es immer irgendwo tief im Unbewussten die Phantasie vom Tod irgendeines Menschen [...]. In der unbewussten Phantasie ist das Erwachsenwerden naturgegeben etwas Aggressives« (Winnicott 1971, S. 144f.).

Wenn man, wie es Beate West-Leuer (2007) und Theo Piegler (2008) in ihren Interpretationen des Filmes tun, zunächst der ödipalen Spur folgt, fällt als Erstes das Fehlen des frühverstorbenen Vaters ins Auge.

Der sogenannte »Ödipuskomplex« bedeutet, wie im klassischen Mythos von Ödipus dargestellt, dass der Sohn unbewusst (und das ist wichtig) vom Begehren erfüllt ist, den Vater zu beseitigen und seine Stelle an der Seite der Mutter einzunehmen. »In der Bewältigung des ödipalen Konflikts durch den

Verzicht auf die Mutter und die Identifizierung mit dem Vater findet Sigmund Freud den wichtigsten Aspekt einer gesunden seelischen Reifung und Identitätsbildung beim Mann« (Auchter/Strauss 2003, S. 121). Diese »gesunde« Lösung des Ödipuskomplexes wird erleichtert durch ein Elternpaar, das eine stabile Koalition verkörpert und dem Kind dadurch den ihm angemessenen Platz in der Triade zuordnet.

Im Film verbindet Mutter und Sohn eine innige Beziehung (»Wenn ich mal groß bin, werde ich Dich heiraten«) und sie fördert nach Kräften sein musikalisches Talent. Womöglich will Daniel unbewusst seine Mutter auch mit seiner Musik über den Verlust ihres Mannes hinwegtrösten (vgl. West-Leuer 2007)? Sie leben in einer exklusiven Mutter-Sohn-Beziehung, in der kein Dritter Platz hat. Nachdem seine Altersgenossen dieses »Muttersöhnchen« schwer zusammengeschlagen haben, verlassen Mutter und Sohn gemeinsam den Ort der Kindheit. West-Leuer (2007) bezweifelt, dass der Vater, wie die Mutter behauptet, das ähnlich gemacht hätte. Sie vermutet, dass der Vater Daniel eher ermutigt hätte, sich »mannhaft« auseinanderzusetzen und sich zu behaupten, und dass er ihm geholfen hätte, Strategien zu entwickeln, wie er sich schützen könnte und sich mit Freunden zu verstärken.

So aber bleibt Daniel in der schützenden, bewundernden und vielleicht überfürsorglichen Obhut seiner Mutter gefangen. Auf einer symbolischen Ebene könnte man den Tod der Mutter am Anfang seiner Pubertät vielleicht sogar als beginnende Auflösung der symbiotischen Verstrickung mit ihr und als Verhinderung der Inzestgefahr, und damit als Anfang einer Bewältigung der ödipalen Herausforderung begreifen?

Die unmittelbare Folge von Daniels traumatischen Erfahrungen ist allerdings ein Rückzug aus tieferen Beziehungen und eine gewisse Gefühlstaubheit gegenüber anderen Menschen zum Schutz vor weiteren seelischen Verletzungen. Alle seine Gefühle investiert Daniel fortan in die Musik. Die Musik, die für ihn aus seiner Erfahrung unbewusst mit Gewalt und Tod kontaminiert ist, die ihn seelisch zu zerstören drohte, will er in etwas Reparatives umwandeln: die Musik soll nun zu einem verbindenden Element werden. Das »Verbindende« wäre nach dem Trennenden die zweite Funktion der Musik, die im Film dargestellt wird. Seit seiner Kindheit ist es Daniels größter Wunsch, mithilfe der Musik die Herzen der Menschen zu öffnen und sie zu erreichen. Gilt das vielleicht auch schon für seine den frühen Tod ihres Mannes betrauernde Mutter? Menschen zu erreichen, würde unbewusst für Daniel selbst bedeuten, endlich aus seiner

Position als Außenseiter und später aus seiner selbst gewählten Isolation im Falschen Selbst herauszugelangen.

Der traumatisierte Daniel zieht sich schon als Kind, als Jugendlicher und als Erwachsener in die Einsamkeit der Musik zurück. Er geht nur oberflächliche Beziehungen ein, sein Beruf bietet ihm dazu alle Möglichkeiten. Sein Leben als Stardirigent erlaubt Daniel gleichzeitig einen ganz intensiven Kontakt (mittels der Musik) und eine ganz große emotionale Distanz zu seinem Publikum. Dabei ist dieser Kontakt organisiert, ritualisiert, institutionalisiert, kontrolliert und so (von ihm) beherrschbar. Durch diese »Mächtigkeit« hofft Daniel unbewusst, einer Wiederholung seiner schmerzlichen traumatischen Hilflosigkeits- und Ohnmachtserfahrungen entgehen zu können. Er möchte mit aller Macht und um jeden Preis vermeiden, wieder verletzt zu werden. Er kommuniziert deshalb nur auf der Ebene des sogenannten »Falschen Selbst«, wie der Psychoanalytiker Donald W. Winnicott das genannt hat, die sein »Wahres Selbst« vor weiteren Verwundungen schützen und bewahren soll. Ausdruck seines »Falschen Selbst« ist zum Beispiel, dass sein Leben durch Engagements als Dirigent von seinem Agenten schon für sechs Jahre in der Zukunft verplant ist. Daniel verausgabt sich dermaßen in der Musik, dass ihn das bis zur völligen Entkräftung, an den Rand der Selbstzerstörung bringt: Sein Herz ist völlig erschöpft.

Man kann Daniel auch getrost im Sinne des Psychoanalytikers Michael Balint (1960) einen »Philobaten« nennen. Daniel sucht das Weite und die Weite aus Angst vor der Nähe, um sich möglichst weit vom Gefängnis seiner Traumatisierungen zu entfernen und um weitere schmerzhafte Trennungen, Verluste und Verletzungen zu vermeiden. Daniel flieht in die schillernde Welt des Narzissmus. In dieser Welt des schönen Scheins findet nur eine oberflächliche Kommunikation, »Small Talk«, statt. Starkult, Bewunderung (»Anhimmelung« lautet ein so treffliches deutsches Wort) und Ruhm ersetzen tiefere intensive Beziehungen, denn bei diesen ist die Gefahr einer erneuten seelischen Verwundung zu stark. In der weiten Welt begegnet Daniel jedoch nur der Hohlheit des Falschen Selbst – und seine unbewusste Sehnsucht nach mehr Wahrem Selbst und nach Nähe in einer Beziehung, nach Liebe, bleibt dabei unbeantwortet. Die »freundliche Weite«, die ihm zunächst Befreiung und Sicherheit verheißen hatte, pervertiert sich immer mehr zu der trostlosen, fürchterlichen und immer unerträglicheren Leere, von der Michael Balint (1960, S. 213) spricht, aus der der Betroffene so schnell wie möglich herausfinden muss. Daniels unbewusste Sehnsüchte nach Beziehung und Verbindung bleiben unerfüllt und er selbst unzufrieden; er findet keine wirkliche Ruhe.

Und dann flieht Daniel aus dieser narzisstischen Welt zunächst in die Einsamkeit Nordschwedens, zurück in sein Heimatdorf, den Ort seiner Kindheit, nachdem ihm sein Körper signalisiert hat, dass es in der Welt des Falschen Selbst für ihn nicht mehr weitergeht. Ihm ist zunächst noch gar nicht bewusst, was er dort sucht – seine Geschichte, seine Identität, sein Wahres Selbst?

Was mich beim erstmaligen Sehen des Filmes unmittelbar angesprochen hat, ist einer der ersten Sätze, die Daniel gegenüber dem Pastor Stig Berggren ausspricht: Er habe vor, einfach nur »zuzuhören«, was bei diesem nur ein erstauntes und völlig unverständliches Augenbrauenhochziehen bewirkt. Später bekräftigt Daniel: »Alles beginnt mit dem Hören.«

Das entspricht ziemlich präzise der Grundhaltung eines Psychoanalytikers – wir nennen das in unserer Fachsprache »freischwebende Aufmerksamkeit«. Diese Form des Zuhörens soll unserem Analysanden oder Patienten einen öffnenden Beziehungsraum anbieten, in dem er oder sie, wieder oder erstmalig »zu sich selbst« kommen kann. Daniel betont immer wieder, dass niemand für einen anderen sprechen kann und wird von seinem Chor damit konfrontiert, dass er gegen seine eigene Regel verstößt, als er »besser weiß« als die Gruppe, dass der Chorwettbewerb in Innsbruck nichts für den Chor ist. Genauso kann kein Psychoanalytiker wissen, was das Beste für seine Patienten ist, aber er kann ihnen vielleicht dabei behilflich sein, das selbst zu entdecken.

Der Film beschreibt eine Reise in die Vergangenheit, eine Rückkehr zu den Wurzeln, die zu einem Übergangsraum für einen Weg in eine bessere Zukunft wird. Das Bild der Reise ist eine verbreitete Metapher für den Entwicklungsprozess. Wir kennen dieses Bild aus Mythen, Märchen und aus unseren Träumen. Damit ist der Film aufgebaut wie ein analytischer Prozess. Auch in einem solchen entwickelt sich nur durch eine Reise nach innen, eine Regression, eine Wanderung durch die Vergangenheit, schließlich eine Progression, eine Straße in die Zukunft und ein Möglichkeitsraum, die Gegenwart neu und anders zu gestalten. Diese Reise vollzieht sich im Rahmen einer Psychoanalyse in Gegenwart eines kompetenten und zuverlässigen Reiseführers oder korrekter: Reisebegleiters, des Analytikers.

Auch ein psychoanalytischer Prozess gründet auf größtmöglicher Offenheit und Wahrhaftigkeit. »Ich sagte Ihnen«, schreibt Sigmund Freud (1933a, S. 169), »die Psychoanalyse begann als eine Therapie, aber nicht als Therapie wollte ich sie Ihrem Interesse empfehlen, sondern wegen ihres Wahrheitsgehalts, wegen der Aufschlüsse, die sie uns gibt über das, was dem Menschen am nächsten geht, sein eigenes Wesen«.

Der Film beginnt im tiefen Winter im Norden, alles ist vereist und voller Schnee. Als Allererstes begegnet Daniel dort der Gewalt seines alten (aus der Kindheit bekannten) Widersachers Conny, der ihn beinahe mit seinem schleudernden Truck rammt und mit dem Gewehr des Pastors den Hasen erschießt, an dem sich Daniel kurz zuvor noch erfreut hat. Das Ende spielt im Sommer im Süden, in Innsbruck, alles ist voller Blumen, voller Sonne. Auch das Beziehungseis ist geschmolzen, das Wagnis der Liebe wird möglich. In einem Interview sagt Kay Pollak, dass er diese Spannung zwischen Winter und Sommer in seinem Film sehr bewusst eingesetzt habe.

Die psychotherapeutische Metapher vom Einfrieren der Lebenserfahrungen, die zu einem bestimmten Zeitpunkt nicht zu bewältigen sind, stammt ebenfalls von dem Psychoanalytiker Donald W. Winnicott (1958, S. 281). Die eingefrorenen Lebensprozesse müssen dann später, womöglich im Rahmen einer Psychotherapie, wieder aufgetaut werden (vgl. Auchter 2002). Winnicott (1958, S. 284 u. 294) weist jedoch ausdrücklich daraufhin, dass ein solches »Auftauen« auch in der Begegnung mit liebevollen Partnern, beim Lesen und Hören von Dichtung, beim Musikhören, bei kulturellen Unternehmungen allgemein – und ich möchte hinzufügen: auch beim Ansehen eines Filmes – sich vollziehen kann.

Daniels Persönlichkeit und sein Handeln werden mit Hilfe der Musik auch zu einem Katalysator für »Vereistes«, für eingefahrene Beziehungsmuster, für unterdrückte Bedürfnisse, Sehnsüchte und Wünsche, für gehemmte Sinnlichkeit und für verdrängte Konflikte bei den Dorfbewohnern – und schließlich bei sich selbst. Es gibt übrigens auch keinen gelungenen psychoanalytischen Prozess, aus dem nicht sowohl der Patient als auch der Analytiker verändert hervorgehen. Das »Katalytische«, »Mutative« oder »Transformatorische« wäre die dritte Funktion der Musik in diesem Film.

Die im Film dargestellte Entwicklung des Chores gleicht tatsächlich auch ein wenig einer analytischen Gruppenpsychotherapie, gewürzt mit einigen körpertherapeutischen Elementen. Bei den Vorbereitungsübungen zum Singen wird die ungestillte Sehnsucht nach Erreichen des anderen durch das gegenseitige körperliche Berühren bei den Chormitgliedern ganz konkret in die Tat umgesetzt. Ähnlich wie ein Psychoanalytiker ist Daniel mit Worten sehr zurückhaltend. Im Laufe der Geschichte werden durch die ansteckende Begeisterung für die Musik ganz unterschiedliche Fesseln der Vergangenheit gelöst. Freigesetzt und zur Sprache gebracht wird im Laufe des Films bislang Unerhörtes, das Höchste, aber auch das Niedrigste im Menschen.

So gesteht Erik nach Jahrzehnten Florence endlich seine Liebe. Die ödipale Spur aufgreifend könnte man fragen, ob die beiden unbewusst das endlich »vereinigte Elternpaar« repräsentieren (beide könnten vom Alter her die Eltern von Daniel sein), das dieser zu seiner Befreiung aus der ödipalen Verstrickung benötigt.

So bricht aus Holmfried seine 30 Jahre lang verschwiegene, unterdrückte Wut auf Arne und seine Mitläufer wegen ihrer Entwertungen und Demütigungen durch.

Und die Gruppe wird immer stärker zu einer echten Gemeinschaft, die es wagt – auch intern –, immer mehr den Mund aufzumachen, im Guten wie im Schlechten. Wie immer geht hier Lena voran. Man könnte diesbezüglich von einer Containment-Funktion (Wilfred Bion) der Gruppe sprechen. Die Chorgemeinschaft wird zum Beziehungsraum, der Selbstwerden möglich macht. Durch den wachsenden Gruppenzusammenhalt und den bestärkenden Halt, den die Gruppe bietet, können einzelne Gruppenmitglieder immer wagemutiger werden. Sie werden in die Lage versetzt, jahrelang unterdrückte Gefühle von Liebe und von Wut endlich zum Ausdruck zu bringen. Lässt die Gruppe zum Beispiel zunächst die Gewalt (von Conny) tatenlos über sich, beziehungsweise Gabriella ergehen, wächst in der Chorgemeinschaft zunehmend der Mut zum Widerstand, bis sie sich schließlich schützend vor Gabriella und ihre Kinder stellt: »Gemeinsam sind wir stark« – auch gegen übermächtig scheinende Gewalt. Dies ist jedoch erst möglich, als Gabriella selbst so weit ist, den Trennungsschritt von Conny zu vollziehen. Es geht um das richtige »timing« einer therapeutischen Intervention. Eine noch so gute und richtige Deutung wirkt destruktiv oder gar nicht, wenn sie zur falschen Zeit erfolgt.

Wie in einer Psychoanalyse läuft der therapeutische oder katalytische Prozess im Film nicht ohne Abwehr und nicht ohne Widerstände ab. Sie werden neben Hupen von Autos, Bellen von Hunden, Klingeln von Handys und anderen Störungen sowie der ehemaligen Chorleiterin Siv am deutlichsten durch die Person des Pastors Stig Berggren verkörpert. Trägt seine Darstellung und die seiner sexuellen Problematik nicht Züge von Ingmar Bergmanns

Figuren? Im Verlauf des Films erweist sich, dass nicht, wie von Berggren in den Vordergrund gestellt, die Sexualität die »Sünde« ist, sondern die eigentliche Sünde sich in den Beziehungen mit Lügen, Wegsehen, Schweigen und Respektlosigkeit abspielt.

In dem Film wird auch noch aus weiteren Filmen zitiert: Ziemlich offensichtlich aus Jane Campions Film *Das Piano* (die Verschiffung des Klaviers über die Meere).

Auch die Figur des Pastors Berggren scheint in seinen religiösen Engstellungen zunächst eingefroren zu sein. Seine Gefühle, seine Sinnlichkeit und seine Sexualität sind unter den dicken Eisplatten seines religiösen Über-Ichs eingequetscht und unterdrückt. Aber er ist es auch, der trotz Bedenken zustimmt, dass Daniel den Kirchenchor leitet. Jedoch wird er dann mit der dadurch ausgelösten Befreiungsbewegung, die bis in seine eigene Ehe hineinreicht, zunächst nicht mehr fertig: »Die Geister, die ich rief, werd ich nimmer los.« Der Pastor, über weite Strecken des Films in Schwarz, im engen Ornat (mit zugeschnürtem Hals) dargestellt, trägt bei der Verabschiedung seiner Frau nach Innsbruck farbige, legere, offene Kleidung und er hat seine Brille, durch die er immer so streng guckt, abgelegt – Zeichen größerer Freiheit? Es bleibt ungewiss, ob eine, und wenn, dann welche Zukunft die beiden haben werden.

Im Film werden Grenzen erweitert und so äußere Räume, Übungsräume, Auftrittsräume ebenso geschaffen wie innere Räume, »Möglichkeitsräume« (Winnicott) für jeden Einzelnen in seiner Vielfalt und Komplexität, seinen Stärken und seinen Schwächen. Hier darf jeder Mensch »ganz sein« – gerade auch mit dem, was nicht ganz an ihm und in ihm ist. Ich verdanke diesen Hinweis zum Film einer meiner Analysandinnen. So wird auch der geistig behinderte Tore mit seiner schönen Bassstimme in den Chor integriert. Oder Gabriella kann zu ihrem gewalttätigen Mann, trotz allem, was er ihr angetan hat, mit Großherzigkeit bei der Begegnung im Gefängnis sagen: »Ich will Dir nichts Schlechtes. Ich weiß, dass Du Dein Bestes versucht hast.«

Auch Lena verbirgt hinter ihrer äußerlichen Fröhlichkeit und offenen Direktheit ihre innere Verletztheit. Als Daniel sie zum ersten Mal sieht, weint sie. Um dann sofort auf Lachen umzuschalten, als sie Kundschaft im Laden bemerkt. Sie ist neben dem frühen Verlust ihrer Eltern als Kind – das stellt eine unbewusste Verbindung mit Daniel dar – traumatisiert durch einen Mann, mit dem sie zwei Jahre in dem Dorf zusammenlebt. Dieser missbraucht ihr

Vertrauen, indem er sie die ganze Zeit darüber belügt, dass er in der Stadt eine Frau und Kinder hat. Wieder taucht also eine (unbewusste) »Dreiecksgeschichte«, das ödipale Drama, auf. Auch Lena hat deswegen unbewusst Angst vor einem Sich-Einlassen auf tatsächliche Nähe. Sie wehrt ihre Beziehungsangst unter anderem dadurch ab, dass sie von einer Männerbeziehung in die andere flüchtet.

Ihren Annäherungswagnissen begegnet Daniel an mehreren Stellen mit Zaudern oder erschrickt vor seiner eigenen Courage und bricht die Annäherungsversuche aufgrund seiner Angst vor Beziehungsnähe abrupt ab.

Emotional äußert sich Daniel zunächst nur in Situationen, in denen er allein ist: Als er im fallenden Neuschnee tanzt oder nachdem er mit dem Fahrrad den Berg erklommen hat. Besonders seine Aggressionen hat er stark kontrolliert. Legitim sind sie für ihn nur angesichts eindeutiger destruktiver Gewalt gegen andere – z. B. Conny oder Arne –, oder wenn es um Perfektion in der Musik geht. So bricht am Beginn des Films gegenüber Musikern des Orchesters seine aus seinen Gewalterfahrungen erwachsene, unterdrückte Aggressivität durch.

Der Film zeigt aber auch die verschiedenen Wege der Suche, sich aus dem Dunstkreis der Traumatisierung und Destruktivität zu befreien.

Das Trauma bringt einen Menschen aus seinem seelischen Gleichgewicht. Ganz mühsam versucht Daniel, seine seelische Balance wieder zu finden. Konkret dargestellt wird das im Film zum Beispiel in seinem von Lena unterstützten Versuch, Fahrradfahren zu lernen. Und dazu gehört als Wesentlichstes: »Gleichgewicht halten« zu lernen. Diese Szene verweist exemplarisch auch darauf, dass die Selbstentwicklung, vor allem anfänglich, auf eine hinreichend haltende und damit förderliche Beziehung angewiesen ist.

Daniel verhilft jedem und letztlich auch sich selbst, seinen eigenen einzigartigen, seinen »wahren« Ton zu finden. Erst, wenn jeder »seinen« individuellen Ton (d. h. sein »Wahres Selbst«) gefunden und entfaltet hat, wird ein sinnvolles und harmonisches Zusammenspiel möglich – grandios dargestellt im Schlussteil des Filmes, als, angeregt durch Daniels Chor, der ganze Saal beginnt, harmonisch die eigenen Töne miteinander zu verknüpfen. Daniels Funktion ist damit erfüllt, er kann gehen.

Er selbst hat durch seinen Nachreifungsprozess sein Kindheits-Ich zu sich genommen. Der Bogen seines Lebens ist geschlagen, der Prozess zu Ende – und der Film ebenfalls. Die allerletzte Szene zeigt konsequent, wie Daniel sein traumatisiertes inneres Kind, mit anderen Worten seine Geschichte, seine Vergangenheit zu sich nimmt. Daniel, ein reifer, erwachsener Mann geworden, kann nun »als Vater«, den er immer vermisst hat, sich »als Sohn« liebevoll hochheben.

Bei dem Wettbewerb *(Let the peoples sing)* in Innsbruck taucht in Gestalt einiger verführerischer Frauen noch einmal die Wiederholung der Figur des Falschen Selbst auf. Sie wird aber dann durch die »wahre« Begegnung zwischen Daniel und Lena abgelöst – auch in körperlicher Nähe. Während bei der ersten körperlichen Annäherung von Lena an Daniel am Fluss ihre Direktheit (d.h. ihre Nacktheit) ihn noch zurückschrecken lässt. Er flieht. Auch diese Szene ist ein Zitat, nämlich aus dem Film *Alexis Zorbas.* Als in diesem Film die junge Witwe, die später deswegen von der Dorfbevölkerung gesteinigt wird, dem männlichen Protagonisten in seinem Zimmer unverhüllt gegenübertritt, und er ihre (nackte) Offenheit nicht gleich erwidert, verhüllt sie voller Scham ihre Blöße. Und genauso tut es Lena in *Wie im Himmel.* Jedoch entblößt sich Lena in derselben Szene seelisch vor Daniel. Sie erzählt ihm die Geschichte ihrer Traumatisierung durch den ins Dorf gekommenen Arzt, der mit ihr eine Beziehung anfängt, obwohl er in der Stadt verheiratet ist.

Weitere (ödipale) »Dreiecksverhältnisse« – Piegler (2008, S. 242) nennt sie »ödipale Nebenschauplätze« – resultieren aus den Beziehungen zwischen Daniel und Gabriella, Connys »geschlagener« Ehefrau, und Daniel und Inger, Stig Berggrens Frau, die beide in seinem Haus Zuflucht suchen.

Anfänglich verkörpert Lena für Daniel eher das fürsorglich Bemutternde. Sie regt ihn an, wärmere Sachen zu tragen, bringt ihm Fahrradfahren bei, versorgt ihn, nachdem er von Conny zusammengeschlagen und fast ertränkt worden wäre. Aber Lena ist auch die »ganz andere« Frau, handfest, nicht auf den Mund gefallen und ohne Angst vor dem Körper und der Sexualität. Sie fordert die Dorfgemeinschaft heraus, die ihr bezüglich des Arztes wissentlich die Wahrheit verschwiegen hat, die nicht mutig gegen Connys allen offenbare Brutalität gegen Gabriella einschreitet. Sie fordert Daniel auf, Stellung zu beziehen zu den nebulösen Vorwürfen des Pastors, er soll nicht feige davonlaufen, sondern sich offen zeigen (vgl. West-Leuer 2007). Und Daniel lässt sich immer mehr auf sie ein. Aber erst »in der Fremde«, in Innsbruck, fern von seinem schwedischen »Mutterland«, kann sich Daniel, angeregt durch seinen ehemaligen Manager, seiner Liebe bewusst werden: »Weil sie mich lieben und ich sie liebe«.

Am Ende können sich Daniel und Lena auf das größte menschliche Wagnis einlassen: einem lebendigen Gegenüber unverhüllt und damit ungeschützt entgegenzutreten. Sie überwinden ihre Ängste, schenken Vertrauen und wagen es, sich gegenseitig ihre Liebe zu gestehen.

Der Film zeigt die Möglichkeiten, aber genauso die Grenzen menschlichen Glücklichseins. »Niemals«, sagt Sigmund Freud (1930a, S. 440f.), »sind wir ungeschützter gegen das Leiden, als wenn wir lieben«. Das menschliche Glück, das ja nach Freud (1930a, S. 434) im Plan der Schöpfung »gar nicht enthalten ist«, ist auf jeden Fall am Ende durch unser Sterbenmüssen begrenzt. Auch das verschweigt der Film nicht.

Lassen Sie mich schließen mit einer Übersetzung von »Gabriellas Lied«, für mich einer der emotionalen Höhepunkte des Films. Der Text fasst die Entwicklungsbewegung nicht nur Gabriellas, sondern auch Daniels, der ja das Lied geschaffen hat, und der anderen in Worte.

Jetzt gehört mein Leben mir.
Meine Zeit auf Erden ist so kurz.
Meine Sehnsucht bringt mich hierher,
Was mir fehlte und was ich bekam.

Es ist der Weg, den ich wählte.
Mein Vertrauen liegt unter den Worten.
Es hat mir ein kleines Stück gezeigt
Vom Himmel, den ich noch nicht fand.

Ich will spüren, dass ich lebe
Jeden Tag, den ich habe.
Ich will leben, wie ich es will.
Ich will spüren, dass ich lebe,
Wissen, ich war gut genug.

Ich habe mein Selbst nie verloren.
Ich habe es nur schlummern lassen.
Vielleicht hatte ich nie eine Wahl,
Nur den Willen zu leben.

Ich will nur glücklich sein,
Dass ich bin, wie ich bin,

Stark und frei sein,
Sehen, wie die Nacht zum Tag wird.

Ich bin hier
Und mein Leben gehört nur mir.
Und der Himmel, den ich suchte,
Den find' ich nirgendwo.

Ich will spüren,
Dass ich mein Leben gelebt habe.
(Stefan Nilsson/Py Bäckmann)

Als Psychoanalytiker können wir uns nur wünschen, dass möglichst viele der Patienten, mit denen wir arbeiten, in die Nähe von dem gelangen, was Gabriella mit ihrem Lied zum Ausdruck bringt!

Literatur

Auchter, Thomas (2002): Über das Auftauen eingefrorener Lebensprozesse. Zur Relevanz der psychoanalytischen Konzepte von D.W. Winnicott für die Psychotherapie und die Soziotherapie. In: Eggebrecht, F. & Pehl, T. (Hg.): Chaos und Beziehung. Tübingen (edition diskord), S. 21–51.

Auchter, Thomas & Strauss, Laura V. (2003): Kleines Wörterbuch der Psychoanalyse. Göttingen (Vandenhoeck & Ruprecht).

Balint, Michael (1960): Angstlust und Regression. Beitrag zur psychologischen Typenlehre. Stuttgart (Klett).

Freud, Sigmund (1930a): Das Unbehagen in der Kultur. GW XIV.

Freud, Sigmund (1933a): Neue Folge der Vorlesungen zur Einführung in die Psychoanalyse. GW XV.

Freud, Sigmund (1933b): »Warum Krieg?« Brief an Albert Einstein. GW XVI.

Piegler, Theo. (2008): Mit Freud ins Kino. Psychoanalytische Filminterpretationen. Gießen (Psychosozial-Verlag).

Sachs, Hans (1929): Zur Psychologie des Films. In: Psychoanalytische Bewegung 1, 122–126.

West-Leuer, Beate (2007): Liebesbeziehungen im Film und was sie über uns erzählen. »Wie im Himmel« von Kay Pollak. Unveröffentlichtes Manuskript.

Winnicott, Donald W. (1958): Through Paediatrics to Psychoanalysis. Collected Papers. London (Tavistock Publications).

Winnicott, Donald W. (1971): Playing and Reality. London (Tavistock Publications).

Wollnik, Sabine (Hg.) (2008): Zwischenwelten. Psychoanalytische Filminterpretationen. Gießen (Psychosozial-Verlag).

Auf der anderen Seite

DEUTSCHLAND 2007, 116 MIN.
REGIE: FATIH AKIN
HAUPTDARSTELLER: TUNCEL CURTÍS, NURSEL KÖSE, BAKI DAVRAK, NURGÜL YESILÇAY, PATRYCIA ZIOLKOWSKA, HANNA SCHYGULLA

Rupert Martin

Auf der anderen Seite ist der zweite Teil der Trilogie *Liebe – Tod – Teufel* des Regisseurs Fatih Akin. *Auf der anderen Seite* steht innerhalb der Trilogie für den Tod – für die Liebe steht Akins vorausgegangener Erfolgsfilm *Gegen die Wand* (Goldener Bär der Berlinale 2004, Europäischer Filmpreis für den besten Film und die beste Regie). Im Gegensatz zum impulsiveren *Gegen die Wand* verfolgt *Auf der anderen Seite* ein sehr viel ruhigeres Erzähltempo. So schrieb die Süddeutsche Zeitung am 24.05.07: »Wenn gegen die Wand ein Rock 'n Roll über die Liebe war, dann ist dies eine Ballade über Tod und Vergebung.« Den letzten Teil von Akins Trilogie – der für den Teufel steht – bildet *Soul Kitchen* aus dem Jahr 2009.

Fatih Akins Spielfilm zeigt, wie sich, vor globalisiertem kulturellem Hintergrund, die Lebenswege verschiedener Menschen unterschiedlichen Alters aus Deutschland und der Türkei schicksalhaft miteinander verknüpfen. Ich möchte in meiner Interpretation zeigen, dass der Film dabei eine Perspektive auf das Selbst im Fremden eröffnet, welches das fremde bzw. das fremd gewordene Selbst darstellt. Über die Auseinandersetzung mit dem Tod, mit Schuld, Reue und Vergebung entstehen zwischen den verschiedenen Lebenswegen Knotenpunkte, welche die Verbindung des Selbst mit dem Fremden erlebbarer machen und somit reifere Beziehungen ermöglichen – über *die eine* und *die andere* Seite hinweg.

Wie die Filmgeschichte erzählt wird

Wie eine Trilogie aufgebaut, gliedert sich der Film selbst in drei Teile, die durch

Überschriften voneinander getrennt werden: *Yeters Tod – Lottes Tod – Auf der anderen Seite*. Die Überschriften zwischen den einzelnen Filmkapiteln erinnern an ein Buch – in der Tat handelt es sich um eine literarische Erzählstruktur: Es wird in einem Nacheinander erzählt, was fast gleichzeitig stattgefunden hat, während in Gleichzeitigkeit erzählt wird, was sich in zeitlicher Distanz abgespielt hat. Auf diese Weise wirkt die Erzählstruktur sehr kompakt – wie verschiedene Fäden, die ineinander »verknäuelt« sind. Diese Fäden lassen sich sechs Menschen zuordnen, so wie auf der Homepage des Filmes beschrieben: »Sechs Menschen, deren Wege sich auf schicksalhafte Weise kreuzen, ohne sich zu berühren. Erst der Tod führt sie zusammen, auf einer emotionalen Reise zur Vergebung.« Auffällig ist, dass die Wege dieser Personen auf der einen Seite miteinander verwoben sind und sie sich somit gegenseitig stark beeinflussen, aber – abgesehen von der Liebesgeschichte zwischen Ayten und Lotte – die handelnden Personen keinen allzu nahen Umgang miteinander zeigen, zumal das verbindungsstiftende Element der Tod ist – der Tod von Yeter und Lotte.

Wegen seiner Erzählstruktur ist *Auf der anderen Seite* oft mit dem Film *Babel* (USA 2006) von Alejandro González Iñárritu verglichen worden. Wie bei *Babel* sind viele Kritiker von *Auf der anderen Seite* der Meinung, dass der Film sich auf die Globalisierung beziehe. Allerdings wird dies vor allem aus den Filmszenen abgeleitet, in denen politische Gespräche stattfinden, so wie aus dem Miteinander-verflochten-Sein der Leben der türkischen und deutschen Protagonisten. Diese Ableitung greift m. E. jedoch zu kurz, denn hinzu kommt noch ein anderer Aspekt, der *Auf der anderen Seite* – mehr noch als *Babel* – zum »Globalisierungsfilm« macht: Während man in *Babel* das Handeln der Protagonisten auf das zurückführen kann, was man aus deren persönlicher Geschichte erfährt, so enthält *Auf der anderen Seite* dem Zuschauer diese Möglichkeit vor. Die Informationen, die der Film über seine Hauptfiguren gibt, sind im Vergleich zu *Babel* sehr dünn – man erfährt beispielsweise wenig über das Leben von Ali Aksu, bevor er Rentner wurde. Ebenso wenig erfährt man, wie es sein Sohn Nejat Aksu geschafft hat, Germanistikprofessor zu werden, und unter welchen Umständen er seine introvertiert-melancholische Art entwickelt hat. Der Zuschauer erfährt auch nicht, was Ayten Öztürk zur politisch Radikalen gemacht hat, und weshalb ihre Mutter Yeter Öztürk Prostituierte geworden ist. Weshalb Lotte Straub ihrem Leben »vor Ayten« so wenig Sinn abgewinnen konnte, und was das Leben ihrer Mutter Susanne Straub so eingefahren gemacht hat. Insofern wirkt die Filmhandlung, als seien das Vorher und die Zukunft in eins geschoben, d.h. in eine Art Momentaufnahme. Dies passt gut zur Globalisierung, die auf Geschichtlichkeit keine Rücksicht zu nehmen scheint (riesige traditionsreiche Konzerne und ganze Staaten haben unter ihrem Einfluss ihre Existenz ausgehaucht), d.h. die als eine permanente Gegenwart angesehen werden kann, in der nur zählt, was heute ist, und nicht erst morgen. Nicht einmal das, was morgen Gewinn abwerfen könnte, scheint hier zu zählen, denn der Gedanke der Nachhaltigkeit ist der Globalisierung fremd.

Im Zentrum der sechs Protagonisten von *Auf der anderen Seite* steht Nejat Aksu, deutsch-türkischer Professor für Germanistik an der Universität Hamburg. Insofern könnte man *Auf der anderen Seite* wie einen Roman ansehen, in dessen Mittelpunkt die Geschichte von Nejat steht. Nejat schenkt seinem Vater ein Buch, *Die Tochter des Schmieds*, einen Roman von Selim Özdoğan. Das Buch taucht an verschiedenen Stellen im Film auf und im Abspann wird dazu aufgefordert, das Buch zu lesen. Kaufen könnte man es z.B. in der deutschen Buchhandlung in Istanbul, die ein wichtiger Ort der Filmhandlung ist. So durchdringen sich die Medien Film und Literatur gegenseitig. Es ist daher kein Zufall, dass *Auf der anderen Seite* mit dem *Europäischen Filmpreis* für das *beste Drehbuch* und, bei den Internationalen Filmfestspielen in Cannes 2007, ebenfalls mit dem Preis für das *beste Drehbuch* ausgezeichnet wurde. Zwar ist der Film in Cannes als deutscher Beitrag für die *Goldene Palme* angetreten, jedoch wäre es gerade in seinem Fall falsch, die Prämierung seines Drehbuches, gemäß einem populären Vorurteil, lediglich als »Trostpreis« anzusehen. Neben der Auszeichnung für das *beste Drehbuch* erhielt der Film in Cannes 2007 den *Preis der Ökumenischen Jury*.

Dass sich in *Auf der anderen Seite* Film und Literatur gegenseitig durchdringen, bliebe eine unverständliche Angelegenheit, ließe man außer Acht, worauf sich beide gemeinsam beziehen: Auf das Seelische. So sprach der Kölner Psychologieprofessor Salber davon, dass Literatur und Film als »Ausdrucksbildungen« des Seelischen anzusehen sind, mithin das Seelische sowohl Film, als auch Literatur *ist* und umgekehrt. Damit knüpft Salber an einen Gedanken Freuds an, der in einem Brief an seinen Freund Wilhelm Fließ sein Erstaunen darüber mitteilte, dass sich seine Fallgeschichten wie Novellen lesen. Freud schloss daraus, dass es in der Natur des Seelischen liegt, sich in Geschichten auszudrücken – vom Traum über die Geschichten der Dichter bis hin zu den Geschichten, die Patienten in Behandlungszimmern erzählen.

Die Hauptlinien der Filmgeschichte

Prolog

Im Prolog des Filmes sehen wir zunächst einen Hund, der um eine Tankstelle streunt. Es scheint heiß zu sein am Bayram (Feiertag), die Gegend wirkt ländlich und ärmlich. Eine Gegend, in der »der Hund begraben« sein könnte, die man allenfalls auf der Durchreise passiert, so man nicht dort lebt. Ein verschwitzter, jung und melancholisch wirkender Mann tankt und versorgt sich mit Proviant. Er erkundigt sich nach dem Sänger des Liedes, das im Innenraum der Tankstelle ertönt – es ist Kazim Koyuncu, vor zwei Jahren, ebenfalls noch in jungem Alter, an Krebs verstorben, angeblich als Spätfolge von Tschernobyl. Mit dieser Roadmovie-Szene als Eröffnung des Films wird zugleich sein Thema angebahnt: Menschen auf der Reise, auf der Reise zu sich selbst. Zum Thema der Reise gehört auch die weiteste aller Reisen bzw. das Ende aller Reisen – der Tod, hier angedeutet durch den Krebstod des Sängers Kazim Koyuncu.

Yeters Tod

Ein gut gelaunter alter Mann, Ali Aksu, bahnt sich den Weg durch eine Mai-Demonstration in Bremen, ist auf dem Weg ins Rotlichtviertel. »Natürlich« macht es die Prostituierte »international«. Als Ali merkt, dass sie auch Türkin ist, ist er irritiert. Er hat in der Fremden etwas von sich erkannt. Auf das Wiedererkennen von Eigenem in der fremden Prostituierten reagiert Ali mit Beschämung. Es ist ihm unangenehm, er versucht es abzuwehren. Sofort scheint die Moral seines türkisch-muslimischen Über-Ichs auf den Plan gerufen zu sein, das seine Triebhaftigkeit anprangert.

Wie als würde er zum Gegenangriff übergehen, möchte Ali sofort Näheres über die Prostituierte wissen. Doch diese stoppt ihn, indem sie darauf verweist, dass ihr Vorname *Yeter* ist – *Yeter* heißt »es reicht«. So als wären es Agenten der Abwehr Alis gegenüber seinem Gewissen, tauchen zwei selbsternannte türkisch-muslimische Tugendwächter auf, angezogen vom Schall der türkisch gesprochenen, »unzüchtigen« Worte. Dabei spielt sich die Bedrohlichkeit, die von den beiden Tugendwächtern ausgeht, primär in der Fantasie des Zuschauers ab. Es gehört zur spezifischen Erzähltechnik des Films, in der Fantasie des Zuschauers Räume zu schaffen, in denen ein emotionales Echo auf das erfolgt, was im Filmgeschehen zwar nicht verbal geäußert wurde, sich wohl aber unterschwellig kommuniziert hat. So handelt es sich für den Zuschauer zweifelsfrei um eine Schikane, als die beiden Tugendwächter Yeter am Abend in der Straßenbahn, wenngleich freundlich im Ton, als Türkin und Muslimin ansprechen, um sie zum »bereuen« aufzufordern. Der projektive Mechanismus der (türkischen) Männergesellschaft, das Triebhafte ausschließlich bei der Frau zu sehen, deren Opfer der sexuell handelnde Mann allenfalls sein kann, ist hier nur zu offensichtlich. »Bereuen« erhält in diesem Kontext die Konnotation von Unterwerfung.

Alis Sohn Nejat, der Germanistikprofessor, scheint mit seinem Vater nur wenig gemein zu haben. Im Vergleich zum Sohn erscheint der Vater triebhaft und »simple minded«, darauf setzend, dass er beim Pferdewetten endlich auch einmal etwas vom *Sunshine of Life* abbekommt. Demgegenüber glaubt man, in seinem intellektuellen Sohn eher den *Ritter von der traurigen Gestalt* vor sich zu haben. Nejat möchte, dass sein Vater das Buch liest, das er ihm geschenkt hat. Den Vater hingegen interessiert vielmehr, mit wem der Sohn Geschlechtsverkehr hat. Die beiden reden aneinander vorbei und der Vater beendet das Gespräch: »Mit dir kann man sowieso nicht reden.«

Der Film benutzt eine Überblendungstechnik, wenn Nejat in der Straßenbahn zu sehen ist, während darüber schon der Ton des Gesprächs aus der nächsten Szene zu hören ist, in der Ali und Yeter beim Essen zusammen sitzen. Statt es näher auszuführen, lässt der Film im Zuschauer Gedanken entstehen, die in Richtung einer starken Konkurrenz zwischen Vater und Sohn gehen: Woraus sonst sollte sich das gesteigerte Interesse des Vaters an der Geschlechtspartnerin des Sohnes her speisen, wenn nicht aus der ödipalen Befürchtung, der Sohn könnte es auf *seine* Frau abgesehen haben? Warum sonst sollte der Sohn es so rundheraus ablehnen, darüber zu sprechen (»ein Gentleman spricht über so was nicht«), wenn nicht aus Angst vor der ödipalen Konkurrenz?

Anscheinend haben Vater und Sohn kein Forum zur Austragung ihres Konflikts. Dass die Verhältnisse zwischen beiden sehr eingefahren zu sein scheinen und zugleich wenig Bereitschaft vorhanden zu sein scheint, daran etwas zu ändern, passt auch zu einem Wort Goethes, das Nejat in einer Vorlesung zitiert. Goethe verleiht in diesem Zitat seiner Abneigung gegen Revolutionen

Ausdruck, brächten diese doch ebenso viel Zerstörung von erhaltenswertem Alten mit sich, wie sie die Schaffung von Neuem ermöglichten. Eine Rose blüht für Goethe auch nicht gerne im Schnee. Während Nejat darüber zu seinen Studenten spricht, liegt eine Frau schlafend auf einer der hinteren Bänke im Vorlesungssaal. Erst später wird diese Frau als Ayten Ötztürk eingeführt und der Kontext der Szene wird klar.

Ali holt Yeter zu sich nach Hause, offeriert ihr dafür das gleiche Gehalt, das sie im Bordell verdienen würde. Yeter nimmt an, wohl aufgrund ihrer Bedrohung durch die Tugendwächter in der Straßenbahn. Dadurch legalisiert Ali seine Beziehung zu Yeter und entschärft seinen Gewissenskonflikt. Oder hängt er dem klassischen Männertraum an, eine Frau/Prostituierte zu »retten«? Was Nejat darüber denkt, als er erfährt, woher sein Vater Yeter kennt, teilt der Film ebenfalls nicht mit. Ob er seinen Vater wohl für »verrückt« hält? Man kann nur versuchen, es in seinen Augen bzw. in seiner Mimik zu lesen. Der Herzinfarkt des Vaters läßt Nejat und Yeter zusammenrücken. Nejat erfährt dabei von Yeters 27-jähriger Tochter Ayten, die ihre Mutter für eine Schuhverkäuferin in Bremen hält. Nach seinem Herzinfarkt wieder zu Hause, bricht die Konkurrenz zwischen Vater und Sohn offen aus. Der Vater kann sich kaum halten angesichts seiner Befürchtung, Nejat könnte mit Yeter geschlafen haben. Das demonstrative Nicht-Antworten Nejats hierauf scheint seine Befürchtung nur weiter anzuheizen. Unter Alkoholeinfluss entwickelt sich Ali zu einem Scheusal gegenüber Yeter. Die Situation eskaliert, im Affekt tötet er sie. Durch einen harten Schnitt zur nächsten Szene, in der Ali seine Gefängniszelle betritt, wird klar, dass Ali verurteilt wurde.

In dieser Phase des Films erzählt der Film im Stakkato: Der Sarg von Yeter wird aus dem Flugzeug in Istanbul ausgeladen. Nejat sitzt mit Yeters Familie in der Türkei zusammen, unterhält sich vor allem mit einem, der ihn »Cousin« nennt und macht sich auf die Suche nach Ayten, um ihr Studium zu finanzieren. Er überzieht Istanbul mit Flyern, auf denen – in Ermangelung eines aktuellen Photos von Ayten – ihre Mutter Yeter abgebildet ist. An seiner Bestimmung als Lehrender an der Universität zweifelnd, krempelt Nejat sein Leben um, beschließt in der Türkei zu bleiben und übernimmt eine deutsche Buchhandlung in Istanbul. Dies alles erzählt der Film, voraussetzend, dass der Zuschauer diese Entwicklung emotional nachvollziehen kann. Da der Zuschauer dabei nur wenig über die innere Entwicklung von Nejat erfährt, kann er sich letztlich nur auf die Beobachtung stützen, dass Yeters Tod Nejat an Ayten bindet. So wie sich ein türkischer Beamte fragt, warum Nejat ausgerechnet Ayten helfen will, fragt sich der Zuschauer, warum dies so ist: Ist es die Liebe Nejats zu Yeter, die in ihm den Wunsch hat entstehen lassen, ihrer Tochter die Zuwendung zu geben, die Yeter ihr nun nicht mehr geben kann? Will er an ihr wiedergutmachen, was sein Vater bei Yeter zerstört hat, indem er nun die Tochter *rettet*? Ist er, der er vorgibt, mit seinem Vater gebrochen zu haben (»wer mordet, kann nicht mein Vater sein«), nicht insofern sehr mit seinem Vater identifiziert?

Eine Roadmovie-Szene, die an den Prolog anknüpft, vermittelt den Eindruck einer Fahrt den ganzen Tag lang bis tief in die Nacht und grenzt das Kapitel *Yeters Tod* vom nächsten Kapitel *Lottes Tod* ab.

Lottes Tod

Dieses zweite Filmkapitel setzt das Stakkato vom Ende des ersten Kapitels fort. Im Gegensatz zu Bremen endet die Istanbuler Demonstration am 1. Mai mit Ausschreitungen. Die linksradikale Aktivistin Ayten flieht vor der Polizei und bringt eine Pistole in Sicherheit, die einem enttarnten Zivilpolizisten entwunden wurde. Dabei verliert sie ihr Handy. Vermutlich aufgrund dessen werden bald darauf ihre Gesinnungsgenossinnen verhaftet. Ayten fliegt mit dem Flugzeug in die Gegenrichtung ihrer eingesargten Mutter, zeitlich jedoch früher, landet in Hamburg. – Warum? Weil sie ohne ihre Gesinnungsgenossinnen allein ist? Oder weil sie vor ihrer Schuld fliehen möchte? Wieder überlässt der Film es der Fantasie der Zuschauer. Da das Seelische in der Not erfahrungsgemäß auf das setzt, was früher gut getan hat, könnte man es als regressive Bewegung verstehen, dass Ayten, angetrieben von ihrer Schuld, nach Deutschland kommt, um ihre Mutter zu suchen.

Auf der Suche nach ihrer Mutter die Bremer Schuhgeschäfte abklappernd und ansonsten auf dem Unigelände campierend, lernt Ayten Lotte Staub kennen. Lotte nimmt Ayten schnell bei sich und ihrer Mutter Susanne Staub auf. Ayten und Lotte verlieben sich, ebenfalls erstaunlich schnell, ineinander. Lotte scheint vor allem von dem fasziniert zu sein, was an Ayten fremdländisch wirkt. Aber wie groß ist das Interesse am Fremden wirklich? Geht es um eine wirkliche Affirmation des Fremden oder mehr um die Demonstration einer xenophilen Gesinnung? In einer Art gutbürgerlichen Idylle mit ihrer Mutter lebend, die anscheinend eine »68erin« ist, wirkt Lotte wie eine Angehörige jener Generation junger deutscher Intellektueller, bei denen es zum guten Ton zu gehören scheint, sich angesichts der nationalsozialistischen Vergangenheit Deutschlands von dem abzusetzen, was als typisch deutsch gilt – vom »Brot Schmieren« bis hin zur ablehnenden Haltung gegenüber Fremden. So geht es in den Küchengesprächen zwischen Lotte, Susanne und Ayten vor allem um diese Themen. Während Lotte Ayten gerade wegen ihrer Fremdheit bedingungslos zu unterstützen scheint, streiten Susanne und Ayten. Dabei scheint sich Susanne ebenso sehr in eine bildungsbürgerliche Ignoranz versteift zu haben, wie sich Ayten in politische Fundamentalpositionen verrannt zu haben scheint. Während Ayten gegen die Globalisierung kämpft und diese in der EU zu Hause wähnt, glaubt Susanne stur, dass alles besser werde, wenn die Türkei erst einmal in der EU sei.

Auf der Suche nach Aytens Mutter, berühren Lotte und Ayten unwissentlich im Auto den Weg der Straßenbahn, in der sich Nejat und Yeter gerade auf dem Rückweg vom Krankenhaus nach Alis Herzinfarkt befinden. Ein prägnanteres Bild für das Aneinander-Vorbei verschiedener Paare des Filmes, wie z. B. Ali-Nejat, Ali-Yeter, Ayten-Yeter, Lotte-Susanne, Susanne-Ayten, scheint kaum möglich. Der andere wird gesucht, aber verfehlt. Im Anderen erblickt man sich selbst und erkennt sich nicht, verfehlt sich also selbst.

Von der Polizei aufgegriffen, beantragt Ayten vergeblich Asyl und wird nach 1 ½ Jahren, was im Film jedoch nicht als zeitliche Distanz wahrgenommen wird, abgeschoben. Die Verlesung des Urteils zum Asylgesuch wird zur akustischen Überblendung einer Szene des Streits und des Abschieds zwischen Lotte und ihrer Mutter. Lotte packt ihren Rucksack und reist Ayten hinterher. Wie von einer unbewussten Macht gelenkt, führt sie ihr Weg in Istanbul in die inzwischen von Nejat geführte deutsche Buchhandlung. Da sie Nejat gegenüber ihre Freundin Ayten mit deren Decknamen Gül nennt, wird Nejat nicht klar, dass sie beide die gleiche Frau suchen – dies als eine weitere Variante des Aneinander-Vorbei. Das zeigt, wie wichtig aus psychoanalytischer Sicht der Versuch ist, das Aneinander-Vorbei aufzuheben, indem man versucht, Nicht-Gesagtes und Nicht-Sagbares dennoch zur Sprache zu bringen. Die Qualität menschlicher Beziehung hängt aus psychoanalytischer Sicht vom Gelingen dieses Unterfangens ab.

Beseelt von der übermächtigen Idee, Ayten zu helfen, überwirft sich Lotte am Telefon mit ihrer Mutter. Susanne ist nicht bereit, sie finanziell weiter zu unterstützen und auch nicht, Lottes Vater darum zu bitten, von dem sie offenbar getrennt ist. Doch gerade jetzt wäre der fehlende Vater wichtig – als triangulierende Instanz zwischen Mutter und Tochter. Lotte erhält schließlich einen Besuchstermin bei Ayten im Gefängnis. Anschließend holt sie im Auftrag Aytens – ohne irgendeine Form des Zweifels an dem Auftrag – das Päckchen mit der Pistole ab, das Ayten bei der Mai-Demo versteckt hat. Straßenkinder entwenden ihr die Tasche mit der Pistole. Bei dem Versuch, sich die Pistole wieder zu erkämpfen, wird Lotte erschossen. Ayten erfährt im Gefängnis davon, als sie dazu befragt wird. Sichtlich geschockt wird sie aufgefordert zu »bereuen«. Lottes Sarg wird nach Deutschland geschickt.

Auf der anderen Seite

Ali wird in die Türkei abgeschoben und Susanne reist ein. Als sie sich in ihr Hotelzimmer begibt, zieht sich die Kamera bis an die Decke, um Raum für den Schmerz der Mutter zu lassen, die verzweifelt weint. Auch dies ein Musterbeispiel dafür, wie Akin das Ungesagte wirken läßt, indem er einen Raum dafür eröffnet, wenn der gesprochene Dialog beendet ist.

Jetzt liest Ali das Buch, das ihm sein Sohn geschenkt hat, und wirkt dabei sehr bewegt, hat aber keinen Kontakt zu seinem Sohn selbst. Dieser hat jedoch einen Wutanfall, nachdem ihm sein Cousin von einer Begegnung mit seinem Vater berichtet hat, der sich auf der Durchreise von Istanbul in seinen Heimatort Trabzon am Schwarzen Meer befand. In seiner Wut nimmt er auch das Photo von Yeter von der Pinnwand in seinem Buchladen, nachdem der Cousin mit leicht spöttischem Unterton gefragt hat, ob sich schon jemand gemeldet hat.

Den Spuren ihrer Tochter folgend, findet Susanne den Weg zu Nejat. Woran er sie erkannt habe? Sie sei »der traurigste Mensch« weit und breit. Susanne wird ebenfalls Nejats Untermieterin. Vor dem Hintergrund ihres Trauerprozesses beginnt sie, sich mehr mit ihrer Tochter zu identifizieren als zu deren Lebzeiten. Susanne grüßt auf der Straße dieselben Leute wie vor ihr Lotte. Anstelle von Lotte besucht nun Susanne Ayten im Gefängnis. Ayten scheint sich schuldig an Lottes Tod zu fühlen und erwartet zu haben, dass Susanne ins Gefängnis kommt, um sie dafür anzuklagen. Sie scheint gar nicht zu wissen, wie ihr geschieht, als Susanne beteuert, ihr helfen zu wollen, was auch der Wunsch von Lotte gewesen wäre. Auch hier ist es der Tod, der die Verbindung zwischen Susanne und Ayten herstellt.

Anlässlich eines Gesprächs zwischen Nejat und Susanne über das Bayram-Opferfest kommt die Rede auf Nejats Vater. Nejat erinnert sich, dass sein Vater gesagt habe, er würde sich sogar Gott zum Feind machen, um seinen Sohn zu schützen. Tief bewegt durch diese Erinnerung fragt er Susanne, ob sie für ein paar Tage seinen Laden übernehmen würde. Denn er hat sich offenbar in diesem Moment entschlossen, zu seinem Vater ans Schwarze Meer zu fahren. Es scheint, als habe er seinem Vater vergeben.

Verzweifelt über den Tod von Lotte, »bereut« Ayten und überwirft sich dadurch mit ihren politischen Freunden. Sie glaubt offenbar nicht mehr, wie noch im ersten Teil des Filmes, dass gesellschaftliche Probleme mit Gewalt lösbar seien. Nach ihrer Haftentlassung trifft sie Susanne im deutschen Buchladen. Ayten sieht nicht das Photo ihrer Mutter an der Pinwand hängen, da Nejat es kurz zuvor abgehängt hat.

Dieser ist auf dem Weg zu seinem Vater, es folgt die Wiederholung der Szene aus dem Prolog. Am Schwarzen Meer wartet Nejat schließlich darauf, dass der Vater vom Fischen auf dem Meer zurückkommt. Ob sich der Vater umgebracht hat?

Der Tod und das Selbst im Spiegel des Fremden

Reisen ist das Leitmotiv des Films, Roadmovie-Einstellungen umrahmen den Film an seinem Anfang, in der Mitte und am Anfang. Es findet ein beständiger »Seitenwechsel« statt. Die Protagonisten von *Auf der anderen Seite* sind ausnahmslos »Reisende«: Ali, Nejat und Yeter als in Deutschland lebende Türken; Ayten, die nach Deutschland flieht, so wie Susanne und Lotte, die beide auf einer Selbstfindungsreise in Indien waren und für die das Reisen Selbstverständlichkeit ist. Insbesondere zwischen Deutschland und der Türkei findet ein beständiger Seitenwechsel statt. Waren beide Länder schon zur Zeit des letzten deutschen Kaiserreichs eng miteinander verbunden, so haben vier Jahrzehnte Migration, vor allem von Türken nach Deutschland, beide Länder noch enger miteinander verbunden.

Seit Goethe, der es entsprechend auf den Punkt brachte, gilt das Reisen als eine Metapher für die Suche nach dem eigenen Selbst bzw. nach den verdrängten Seiten der eigenen Persönlichkeit, die es Schritt für Schritt zu integrieren gilt. Dies wiederum ist abhängig von der Begegnung mit dem Fremden, d.h. mit fremden Personen. Darin könnte man die tiefere Bedeutung des Filmtitels *Auf der anderen Seite* sehen, denn es geht nicht ohne eine andere Seite. Sich selbst zu »erfahren« geht nur im Spiegel des Fremden. So ist die Mutter für das Kleinkind, das zum ersten Mal bemerkt, dass die Mutter ein von ihm getrenntes Wesen ist, insofern auch eine Fremde. Über komplizierte Spiegelungsprozesse im Rahmen der Mutter-Kind-Interaktion entsteht schließlich das Bewusstsein, ein »Selbst« zu haben, worunter definitorisch zu verstehen ist: »Die ganze (total) Person eines Individuums in der Realität, einschließlich seines Körpers und seiner psychischen Organisation, unsere ›eigene Person‹ im Unterschied zu ›anderen Personen‹ oder Objekten außerhalb unserer selbst« (Moore/Fine 1990, S. 174, Sp. 1; Übers. G.S.).

Besagte Spiegelungsprozesse sind jedoch höchst störbar. Bezogen auf das Entwicklungsalter eines Menschen ist die Störbarkeit in den ersten Lebensjahren am größten. Zum Beispiel dadurch, dass die Eltern die sich entwickelnde Wahrnehmungsfähigkeit des Kindes in Frage stellen, indem sie ihm glauben machen wollen, dass etwas, was das Kind korrekt wahrgenommen hat, nicht der Realität entspräche. Hieraus können sich schwerste Borderline-Pathologien entwickeln. Daraus leitet sich ab, dass der Spiegel für das Gelingen der Spiegelungsprozesse nicht blind sein darf. Das Fremde ist jedoch zunächst einmal so etwas wie ein blinder Spiegel, da seine primäre Eigenschaft darin besteht, unvertraut zu sein. Gelingt es über einen Prozess der Interaktion, sich das Fremde anzueignen bzw. sich vertraut zu machen, so wird es möglich, im Spiegel des Dann-nicht-mehr-Fremden etwas von dem abgespaltenen Eigenen wiederzuerkennen und es von dem Anderen, das dann nicht mehr das Fremde ist, zu differenzieren. Das abgespaltene Eigene kann dann reintegriert werden und fungiert dabei gleichzeitig als Brücke zum anderen.

Die handelnden Personen machen allerdings auf unterschiedliche Weise die Erfahrung, dass die Aneignung von Fremden nicht »einfach so« möglich ist. Nejat hat es zwar zum deutschen Professor gebracht, sogar für Germanistik – aber ist er deshalb glücklich? Die Traurigkeit seines Auftretens spricht eine andere Sprache. Ali glaubt eine Prostituierte gekauft zu haben, hat aber nicht damit gerechnet, nun einen ganzen Menschen an seiner Seite zu haben. Yeter würde wahrscheinlich lieber als Schuhverkäuferin denn als Prostituierte in Deutschland leben. Ayten ist ideologisch zu verhärtet, um den Satz von Rosa

Luxemburg, »die Freiheit ist immer die Freiheit des Anders-Denkenden«, anzuerkennen. Susanne erkennt nicht, dass die Aneignung des Fremden mit einer Veränderung der eigenen Position verbunden ist und Lotte übersieht, dass auch das Fremde nicht »nur gut« ist. Im kleineren Maßstab macht selbst der gewöhnliche Pauschalurlauber solcherlei »Krisenerfahrung«, wenn er mit dem Fremdem konfrontiert wird – was sich in den häufig zu hörenden Klagen über die Verhältnisse am Urlaubsort ausdrückt, sei es, dass die Unterkunft nicht in Ordnung gewesen sei, oder sei es, dass das Essen nicht geschmeckt habe, oder sei es, dass »einfach nur die Einheimischen gestört haben ...«

Aber auch das Erkennen des Eigenen im Fremden ist nicht unproblematisch – es ist keineswegs so, dass man sich in der Regel freuen würde, das im Fremden erkannte Eigene wieder reintegrieren zu können. Dies zeigt sich anhand der Irritation Ali Aksus, als ihm gewahr wird, dass er bei einer türkischen Prostituierten gelandet ist. Das Fremde ist in aller Regel das fremdgemachte Eigene. Das Fremdmachen geschieht, indem es vom Eigenen abgespalten wird, so wie z.B. bestimmte Aspekte der Sexualität als Prostitution in Randbezirke der Stadt abgedrängt werden. In der Psychoanalyse beschreibt man die Abspaltung von Eigenem und deren Folgen als Vorgänge »Projektiver Identifikation«: Bestimmte Teile des eigenen Selbst, vor denen man sich schützen muss, z.B. weil sie destruktiv sind oder Teile des eigenen Selbst, die man anders nicht schützen kann, werden vom Selbst abgespalten und auf etwas Fremdes, z.B. einen fremden Personenkreis, projiziert. Dies ist aber noch nicht alles: Es wird außerdem ein manipulativer Druck auf den entsprechenden fremden Personenkreis ausgeübt, sich auch entsprechend des ihm projektiv Zugeschriebenen zu verhalten. So könnte man die »Parallelwelten« von Türken in Deutschland auch als Reaktion des Druckes von Deutschen ansehen, dass *die* Türken dem Bild entsprechen sollen, das die Deutschen von ihnen haben. Sie sollen dieses Fremdbild der Deutschen zu ihrem Eigenen machen und es als ihr türkisches Selbstbild erleben.

Betrachtet man die Beziehungen der handelnden Personen in *Auf der anderen Seite*, so fällt auf, wie wenig Nähe zwischen ihnen ist, wie wenig sie sich zu sagen haben. Dies liegt jedoch nicht daran, dass sie sich aus dem Wege gingen. So fährt z.B. Nejat an den Wochenenden regelmäßig von Hamburg nach Bremen zu seinem Vater. Aber zu sagen haben sie sich nicht viel. Reisen ist eben mehr als ein Ortswechsel – ohne dass gleich der motorischen auch eine seelische Bewegung stattfindet, kann man gar nicht von einer Reise im

Sinne Goethes sprechen. Legt man diesen Gedanken zugrunde, so fällt auf, wie unbeweglich die Protagonisten des Filmes sind: Ali, der anscheinend ein hartes Arbeitsleben hinter sich hat und dem mehr der Sinn danach steht, an seinem Lebensabend die lustvollen Seiten des Lebens auszukosten; Nejat, der zwar eine Beziehung zu Goethe und zur Literatur haben mag, der aber nur wenig Beziehung zu realen Menschen zu haben scheint; Yeter und Ayten, die anscheinend keine Ahnung haben, was die andere jeweils *treibt*; die geschiedene »bildungsbürgerliche Schnepfe« (Die Zeit 2007) Susanne in ihrem idyllischen Hamburger Häuschen, die offenbar vergessen hat, dass sie auch mal so dachte wie ihre Tochter Lotte heute; Lotte, die zu glauben scheint, dass man sich Fremdes aneignet, indem man es umarmt und dann ist alles gut. Insgesamt könnte man in der Terminologie der Kleinianischen Psychoanalyse sagen, dass die Beziehungen der Protagonisten des Films der »paranoid-schizoiden Position« (Hinshelwood 1993, S. 227–243) entsprechen: Sie sind nicht auf wirklichem Aufeinander-Eingehen gegründet, sondern fußen mehr auf Projektionen und »Projektiver Identifzierung«. Das oben beschriebene Aneinander-Vorbei in einer Vielzahl von Filmszenen, in denen ein Quentchen fehlte, um zu einer vertieften Begegnung zu führen, versinnbildlicht dies. Dabei leben die Protagonisten des Films in der Illusion, sich das Fremde aneignen zu können, ohne sich dabei selbst seelisch bewegen zu müssen.

Diese Illusion, in die Fremde reisen zu können ohne seelisch unterwegs zu sein, scheint jedoch unter dem Namen »Globalisierung« ihren Siegeszug rund um den Globus angetreten zu haben. In Zeiten der Globalität ist das Reisen ubiquitär geworden und gilt als Voraussetzung für viele private und berufliche Aktivitäten. Wir erinnern uns: Das Reisen steht für die Suche nach dem eigenen Selbst! Mit anderen Worten: Heute geht es anscheinend nicht mehr darum, sich selbst zu finden, sondern es wird einfach vorausgesetzt, dass man sich selbst gefunden hat! Dies lässt sich nur als eine Zumutung sondergleichen ansehen, denn: Wie kann aber etwas, das so kompliziert ist wie die Suche nach dem eigenen Selbst, zur Selbstverständlichkeit erklärt werden? So als sei dies ein rein technischer Vorgang, so wie wenn man »googelt«, falls man etwas im Internet sucht.

Diese Zumutung setzt die Protagonisten von *Auf der anderen Seite*, so wie alle Zeitgenossen, massiv unter Druck. Um dies zu verstehen, ist es wichtig, sich die Dialektik von Festem vs. Beweglichem zu vergegenwärtigen, die mit dem *Selbst* und der Globalisierung verbunden ist. Die Globalisierung ist ein

Entgrenzungsprozess, der Beweglichkeit und Flexibilität als selbstverständlich voraussetzt. Um dabei nicht jeden Halt zu verlieren, bedarf es jedoch etwas »Festem« als Gegenpol, sprich des eigenen Selbst. Noch deutlicher wird der Zusammenhang allerdings, wenn man mit Gerhard Schneider den Begriff des Selbst im Hinblick auf die Identität einer Person erweitert – »womit auf die überdauernde Gleichheit einer Person mit sich in ihrem alltäglich-lebensweltlichen Erfahrungs- und Handlungszusammenhang verwiesen wird« (Erikson 1973). Identität wird nach Erikson erlebbar als das Gefühl, dass es in Ordnung ist, wenn man so ist, wie man ist. Daher sieht Schneider den Vorteil des Begriffs der Identität darin begründet, dass mit ihm »unmittelbar das Thema des Sich-Gleichbleibens angesprochen ist, also Stabilität (und implizit Widerstand) im Gegensatz zu Veränderungen, während das beim Begriff des Selbst erst explizit hervorgehoben werden muss« (Schneider 2005, S. 361f.). Dementsprechend ließe sich sagen, dass die Protagonisten in *Auf der anderen Seite* auf der Suche nach ihrer Identität sind. So sagt Nejat, nachdem er sein Leben umgekrempelt und der Universität entsagt hat: »Vielleicht ist die Lehre nicht meine Bestimmung.«

Gerhard Schneider entwirft eine »dialektische Konzeption personaler Identität« (Schneider 2005, S. 361–376). Er versteht die Identität als ein »dynamisches Gefüge«, dessen Dialektik sich zwischen der »Positivität von Identität« und der »Negativität von Identität« abspielt. Unter Ersterem subsumiert er, was Identität im positiven Sinne leistet: Die Herstellung einer »einigermaßen zuverlässigen Sinn- und Ordnungshaftigkeit von Selbst und sozialer Welt« (Schneider 2005, S. 362). Dies impliziert auch die Abwehrfunktion im Sinne der Selbsterhaltungstendenz der Identität in ihrem So-Sein. Unter Letzterem subsumiert Schneider das »Potential des Anders-werden-könnens, also Veränderungspotential«, analog zur »Auftriebstendenz des Unbewussten« (Schneider 2005, S. 362).

Dass die Protagonisten des Films seelisches Veränderungspotenzial haben, zeigt sich im dritten Teil des Filmes, anhand der oben beschriebenen Veränderungen von Nejat, Ayten und Susanne. Selbst bei Ali ist von einer Veränderung auszugehen, was dadurch angezeigt wird, wie bewegt er ist, als er in Istanbul das Buch liest, das sein Sohn ihm geschenkt hat. So steht der dritte Teil des Films nicht mehr im Zeichen der »paranoid-schizoiden Position«, sondern im Zeichen der in der Kleinianischen Psychoanalyse sogenannten »depressiven Position« (Hinshelwood 1993, S. 199–226). »Depressiv« ist hier nicht im psychiatrischen Sinne zu verstehen, sondern im Sinne der Fähigkeit, Schuld zu übernehmen, echte Trauer zu empfinden und Wiedergutmachung anzustreben, auf der Basis einer verbesserten Fähigkeit, sich empathisch in den Anderen hineinzuversetzen und auf diese Weise auch ein besseres Gefühl für sich selbst zu entwickeln. Dies ermöglicht es, sich selbst im Spiegel des Anderen zu erkennen und die eigenen Anteile von denen des Anderen separieren zu können. Auf diese Weise wird eine realitätsbezogene Beziehung auf der Grundlage der Akzeptanz gegenseitiger Unterschiedlichkeit möglich.

Wodurch ist diese Entwicklung möglich geworden? Zum einen durch die Auseinandersetzung mit dem Tod. Der Tod ist es, der *die eine* und *die andere Seite* voneinander trennt. Er ist das Scharnier, das die beiden ersten Filmteile, *Yeters Tod* und *Lottes Tod*, vom dritten Filmteil *Auf der anderen Seite* trennt. Doch was prädestiniert den Tod für diese Scharnierfunktion? Freud hat die Dialektik von Eros und Thanatos ausgearbeitet und gezeigt, dass beide untrennbar miteinander verbunden sind: Jede Verbindung (Eros) setzt voraus, dass andere, bestehende oder mögliche, Verbindungen destruiert (Thanatos) werden. Der Tod ist insofern auch eine Metapher für das Nicht-Gelingende, für Trennung, für das Unüberbrückbare und Uneinholbare, und für unintegrierbare Reste, die eine Art *Stachel* bilden, der die Entwicklung neuer Verbindungen anstößt. Schließlich widersetzt sich der Tod auch dem globalisierten Credo des »Alles geht«. »Alles geht« ist auch die Grundtendenz im ersten und zweiten Filmteil: Eine Prostituierte zur Lebensgefährtin machen – scheinbar kein Problem für Ali. Der Politaktivistin Ayten helfen und sich dabei selbst der Strafbarkeit aussetzen – scheinbar kein Problem für Lotte. Wenn etwas nicht geht, dann setzt Fassungslosigkeit ein: »Was sind das denn für Gesetze?!«, ruft Lotte im Büro der türkischen Hilfsorganisation für Gefangene. »Das ist die Türkei«, erwidert ihr Gesprächspartner lakonisch.

Als Symbol dafür, dass eben nicht alles geht, wird der Tod zum verbindenden Element. Der Tod ist wie eine Mauer – eine Mauer ist nicht nur ein Hindernis, sondern, abgeleitet aus dem Stamm des Wortes, stellt sie die »gemeinsame Mitte« von zwei Seiten dar. Mit anderen Worten: Die Auseinandersetzung mit dem Tod, seine trauernde Verarbeitung und die daraus resultierende Anerkenntnis des Todes stellen einen Knotenpunkt dar, in dem sich die Entwicklungslinien der sechs Protagonisten des Filmes miteinander verweben. Die Anerkenntnis des Todes, nach dem englischen Analytiker Money-Kyrle eine der »drei Grundtatsachen des Lebens« neben der Anerkennung »der

Brust als eines überaus guten Objekts« und des elterlichen Verkehrs als eines »höchst schöpferischen Akts«. Mit Letzterem ist auch die Anerkenntnis des Geschlechts- und Generationenunterschiedes verbunden, so wie der Hinweis auf die ödipale Thematik, während sich mit der Anerkenntnis der guten Brust auch die Anerkenntnis von Abhängigkeit verbindet und mit der Anerkenntnis des Todes die Anerkenntnis der Unausweichlichkeit der Zeit. All dies steht im Widerspruch zu Entgrenzungsprozessen, wie sie auch unter globalisierten Vorzeichen anzutreffen sind.

Nejat, Susanne und Ayten befinden sich in einem intensiven Trauerprozess, der sie den geliebten Menschen Yeter und Lotte näher als zu deren Lebzeiten bringt. Besonders deutlich wird dies bei Susanne und ihrer Tochter. Susanne ist nun in der Lage, sich selbst in ihrer Tochter zu erkennen. Auch die Beziehungen der »überlebenden« vier Filmprotagonisten untereinander verändern sich dergestalt, dass sich z. B. Nejat in Susanne und in deren Trauer wiedererkennt wie umgekehrt. Auf diese Weise wird die Trauer ebenfalls zum Knotenpunkt, an dem Beziehung entsteht. Die Trauernden sind nicht nur mit dem Objekt ihrer Trauer, sondern in ihrer Trauer auch miteinander identifiziert.

Dies führt zu einem weiteren beziehungsstiftenden Knotenpunkt, der das Veränderungspotenzial der verbliebenen vier Filmprotagonisten hervorgebracht hat – dem »Bereuen«. Schon die selbsternannten islamistischen Tugendwächter, die Yeter in der Straßenbahn schikaniert haben, haben zum »Bereuen« aufgefordert. Allerdings ist das hier in Rede Stehende nicht mit seiner Auslegung durch diese beiden Abgesandten eines islamistisch-fundamentalistischen Über-Ichs identisch. »Bereuen« ist weder etwas, das befohlen werden kann, noch ist nachzuvollziehen, dass das islamische Über-Ich die Prostituierte anklagt, nicht aber die Freier bzw. die Bedingungen, welche die Prostitution hervorgebracht haben. Vielmehr entsteht bei den hinterbliebenen Personen Reue in Bezug auf das zu deren Lebzeiten gegenüber Yeter und Lotte Versäumte. Es geht hier also um das, was weiter oben bereits mit der Fähigkeit zur Schuldübernahme oder in der psychoanalytisch-kleinianischen Terminologie mit dem Erreichen der »depressiven Position« beschrieben wurde.

Im Kontext ihrer Reue über das Verpasste erweisen sich Nejat, Ayten und Susanne als von Schuld und Wiedergutmachungswünschen angetrieben. Nejat glaubt es Yeter schuldig zu sein, dass er sich in Übernahme der Schuld des Vaters auf die Suche nach Ayten begibt; Ayten fühlt sich schuldig am Tod von Lotte, zumal auch die Inhaftierung ihrer Gesinnungsgenossen wohl durch sie verschuldet wurde; Lotte verbindet ihr Deutsch-Sein – möglicherweise im Sinne einer transgenerationalen Weitergabe von nationalsozialistischer Traumatisierung – mit Schuld; Susanne sieht sich – ähnlich Nejat gegenüber Yeter – in der Schuld ihrer Tochter fortzusetzen, was diese begonnen hat. Man kann zusammenfassen, dass jetzt integrative Prozesse im Sinne der Reintegration des abgespaltenen Eigenen als Brücke zum Anderen im Vordergrund stehen. In den auf den Anderen gerichteten Wiedergutmachungsbedürfnissen verwirklicht sich dabei auch die Auffassung Melanie Kleins, wonach die Wiedergutmachung die Grundlage von Kreativität schlechthin darstellt (Klein 1995). *Auf der anderen Seite* ist also wirklich eine »Ballade um Tod und Vergebung«.

Literatur

Erikson, Erik H. (1973): Identität und Lebenszyklus,Frankfurt/Main (suhrkamp taschenbuch wissenschaft).

Freud, Sigmund (1986): Briefe an Wilhelm Fließ 1887–1904. Frankfurt/Main (S. Fischer Verlag).

Freud, Sigmund (1999): Trauer und Melancholie, Ges. Werke Bd. X. Frankfurt/Main (S. Fischer Verlag).

Freud, Sigmund (1999): Jenseits des Lustprinzips, Ges. Werke Bd. XIII. Frankfurt/Main (S. Fischer Verlag).

Hinshelwood, Robert D.: Wörterbuch der Kleinianischen Psychoanalyse. Stuttgart 1993 (Verlag Internationale Psychoanalyse).

Klein, Melanie (1995): Frühkindliche Angstsituationen im Spiegel künstlerischer Darstellungen. In: Gesammelte Schriften Band 1, Teil 1, S. 329–341.

Money-Kyrle, Robert (1968): Cognitive Deployment. Int. J. Psycho-Anal. 49, 691–698.

Money-Kyrle, Robert (1971): The aim of psycho-analysis. Int. J. Psycho-Anal. 52. 103–106.

Ogden, Thomas H. (1988): Projektive Identifizierung. In: Forum der Psychoanalyse Band 4, 1–21.

Özdoğan, Selim (2005): Die Tochter des Schmieds. Bonn (Aufbau Verlag).

Salber, Wilhelm (1971): Film und Sexualität. Bonn (Bouvier Verlag).

Salber, Wilhelm (1972): Literaturpsychologie. Bonn (Bouvier Verlag).

Salber, Wilhelm (1973): Literatur, Handlung und Behandlung. In: Archiv für Soz. und Wirtschaftsfragen des Buchhandels, Heft 26.

Schneider, Gerhard (2005): Identität und Container-Contained, Identitätswiderstand und katastrophische Veränderung .In: Heilung und Stagnation in psychoanalytischen Behandlungen, Arbeitstagung der Deutschen Psychoanalytischen Vereinigung in Bad Homburg, 16. bis 19. November 2005, Congress-Organisation. Frankfurt (Geber + Reusch).

Die Zeit (2007): Zwei Särge und die Liebe. Nr. 40, 27.09.07.

Catch me if you can

USA 2002, 135 Min.
Regie: Steven Spielberg
Hauptdarsteller: Leonardo DiCaprio, Tom Hanks, Christopher Walken, Nathalie Baye

Ingrid Prassel

Zum Inhalt

Der Film, als Komödie inszeniert, basiert auf der wahren Geschichte des jugendlichen Hochstaplers Frank Abagnale und seiner genialen Täuschungskunst. Frank Abagnale (dargestellt von Leonardo DiCaprio), der in den 1960er Jahren auf unglaubliche Weise erfolgreich seinen Betrügereien nachging, gehörte damals zu den meistgesuchten Straftätern der Welt. Zu einer bestimmten Zeit wurde Abagnale in 26 Ländern und 50 Bundesstaaten gleichzeitig gesucht. Er hatte sich fast fünf Jahre lang wechselweise glaubhaft als Flugpilot, als Arzt oder als Rechtsanwalt ausgegeben und dank eines Bargelddepots von 2,5 Millionen US-Dollar, in dessen Besitz er durch gefälschte Schecks gekommen war, ein Luxusleben geführt. Verblüffend ist die Tatsache, dass ihm all dies vor seinem 21. Geburtstag gelang. Mit grauen Strähnen im Haar und in der festen Überzeugung, dass eine Uniform die beste Requisite sei, um einen Betrug zu landen, begann Abagnale sich als Pilot der PanAm auszugeben. Diese Verkleidung ermöglichte es ihm, als Deadhead kostenlos um die ganze Welt zu reisen, und erleichterte ihm die Scheckmanipulationen, durch die er sich Bargeld verschaffte. Wenn er seinen Betrügereien nachging, war er wie ein Chamäleon, problemlos passte er sich der jeweiligen Umgebung und den Gegebenheiten an. Festgenommen zu werden, hieß für ihn noch lange nicht, in einer ausweglosen Lage zu stecken. Als er von Schweden aus an die Vereinigten Staaten ausgeliefert werden sollte, flüchtete er aus einem Flugzeug und als er seine Haftzeit in einem Gefängnis in Atlanta absaß, entkam er während eines

Freigangs. Bei seiner Verhaftung galt Abagnale als der jüngste und waghalsigste Hochstapler in der Geschichte Amerikas. Nach einer Haftzeit setzte Abagnale seine grandiosen Fähigkeiten auf legale Weise als Betrugsspezialist, auch für das FBI, ein. Als Spezialist für Scheckbetrügereien entwickelte Abagnale den fälschungssicheren Scheck, ein Versuch zur eigenen Rehabilitation und Wiedergutmachung für den angerichteten Schaden. Heute ist er ein ehrenwerter Geschäftsmann und verdient auf diese Weise Millionen. Somit ist er ein Mann der Superlative geblieben, aus einem einstigen Kriminellen wurde ein angesehenes und etabliertes Mitglied der Gesellschaft.

Frank und seine Familie: Hochstapelei als Lösungsversuch traumatischer Beziehungserfahrung

Der Film wirkt leicht und energiegeladen, voller Witz und Ironie. Hinter- und untergründig schwingt aber eine tiefe und schmerzvolle Schicksals- und Beziehungsgeschichte mit. Dies sind die Auslöser für Abagnales Karriere als Verbrecher. Aus der analytischen, entwicklungspsychologischen Perspektive verbirgt sich hinter der betrügerischen Grandiosität des jugendlichen Hochstaplers Frank Abagnale die Dramatik eines Trennungstraumas. Komödiantisch inszeniert, erzählt der Film die Geschichte eines Jungen, der einsam ist, der rasch erwachsen werden und nach Lösungen suchen muss, um seelisch und existenziell zu überleben. Frank läuft von zu Hause weg, als er von der Trennung der Eltern erfährt und als er sich zwischen Mutter und Vater entscheiden soll. Überflutet von Trennungsschmerz, verstört und enttäuscht, versucht Frank der Realität zu entfliehen. Es ist ihm unmöglich, sich nur zu einem Elternteil zu bekennen. Desillusioniert fühlt Frank sich eines Heimatgefühls beraubt. Der plötzliche und somit traumatische Riss in der Beziehung zu den idealisierten Eltern vermittelt Frank das Gefühl, belogen und betrogen worden zu sein. Im Gegenzug beginnt er ein Leben als Lügner und Betrüger. Er lügt mittels der Scheckbetrügereien, im wahrsten Sinne des Wortes, wie gedruckt. Auch sind die Schecks als Objekte zu verstehen, die den Vater symbolisch ersetzen. Denn der Vater war es, der Frank zu seinem 16. Geburtstag die ersten Schecks mit den Worten überreichte: »… jetzt stehen dir alle Türen offen. Auf zum Mond.« Nachdem Frank aber mit der Trennung der Eltern konfrontiert wird, sind die Türen zu den ihm wichtigen Menschen wie zugefallen. Der Weg nach Hause ist versperrt, die Sehnsucht in noch größerer Wucht als bisher wirksam. Völlig verzweifelt und wie unter Schock versucht der noch 16-Jährige, sich, einsam und alleine, aber ausgestattet mit viel Einfallsreichtum, durchzuschlagen. Besonders berührt in dem Film die große Sehnsucht des jugendlichen Scheidungskindes Frank nach der kompletten Familie und nach Eltern, die sich nicht trennen, sondern zusammenbleiben. Da Frank sich aufgrund der Trennung der Eltern nicht altersentsprechend mit ihnen kritisch auseinandersetzen konnte, bleibt er ihnen innerlich treu, insbesondere dem dissozialen Vater, mit dem er sich gleichzeitig in großer Bewunderung sehr identifizierte. Er will dem Vater zu Geld, Reichtum und verpasstem Ruhm in der Hoffnung verhelfen, so die Mutter an den Vater binden und zurückholen zu können. Welche enorme Triebkraft das Nicht-trauern-Können und die Unfähigkeit, den Wunsch nach Geborgenheit, Halt, einer Idee von dauerhafter Liebe und Zuwendung aufzugeben, hat, macht die Geschichte des Frank Abagnale deutlich. Frank macht aus der Not aber auch eine Tugend, weil ihm das hochstaplerische Leben Spaß macht. Franks eigentliches Motiv für seine Taten bleiben jedoch die Suche und die Hoffnung nach einer bedingungslosen Liebe.

Der Film thematisiert an verschiedenen Stellen immer wieder Franks Wunsch und seine Sehnsucht nach einer heilen, fast schon kitschigen Familienidylle. Durch den Schock und das Trauma der elterlichen Trennung ist Frank zu früh mit deren Triebleben konfrontiert – eigentlich zu einem Zeitpunkt, wenn ein Jugendlicher aus Angst vor den eigenen anflutenden Trieben noch asexuelle Eltern fantasiert, oder an Elternvorbildern festhält, die ausschließlich den anderen Elternteil lieben. Frank muss in dieser sensiblen Phase von dem Liebhaber der Mutter, ein zugleich erfolgreicherer Mann als der Vater, erfahren. Das ist zuviel Konfrontation mit dem Liebesleben der Mutter. Es erschreckt Frank möglicherweise auch deshalb so sehr, weil das Verhalten der Mutter an eine geheime alterstypische Fantasie anknüpft. Freud weist in seiner Analyse des »Familienromans« (vgl. Freud 1909) darauf hin, dass sich bei Heranwachsenden häufig die Idee findet, das Kind eines höher stehenden erfolgreicheren Vaters zu sein. Damit verbunden ist gleichzeitig die Fantasie, sich die Mutter als Objekt höchster sexueller Neugierde, in Situationen von geheimer Untreue und geheimen Liebesverhältnissen vorzustellen. Da die Abkunft von der Mutter als etwas Unabänderliches nicht weiter in Zweifel gezogen werden kann, begnügt sich die Fantasie damit, den Vater in der Fantasie zu erhöhen – gemäß der juristischen Redensart: Die Vaterschaft ist immer ungewiss, die Mutterschaft stets ganz sicher. Diesen Vorstellungen kann man aber nur dann angstfrei nachgehen, wenn die Eltern noch ein Paar sind. Im anderen Fall bringt die Realität zu viele erregende Emotionen hervor, die das Ich überfordern können.

Um die Familie wieder zusammenzuführen und Wiedergutmachung zu leisten, versucht Frank, den Vater zu stärken. Er möchte ihn mit seinen Erfolgen aufheitern und ihm die Möglichkeit geben, mit Geld und Statussymbolen der Mutter zu imponieren. Gleichzeitig versucht er, einer Mutter um jeden Preis zu gefallen, die von Erfolg und Äußerlichkeiten verführbar ist, aber für die Gefühle des Sohnes und des Vaters kaum einen Blick hat. Die zugrunde liegende Not ihres Sohnes nimmt die Mutter ebenso wenig ernst wie der Vater, der eher augenzwinkernd und bewundernd die Tricks des Sohnes toleriert. Frank versucht im Sinne der mit ihren eigenen Eitelkeiten beschäftigten Mutter, den Vater potent zu machen. Für ihn ist der Vater das Opfer der fehlenden oder verloren gegangenen mütterlichen Bewunderung. Er will es, wie viele Jugendliche, besser machen als der Vater, auch um seine innere »heile Welt« zu retten. Frank wird durch die unerfüllt gebliebenen Wünsche des Vaters belastet und setzt sich mit diesen unter Druck.

Dem Vater kann er offenbar nur gefallen, wenn er sich so dissozial und triebhaft verhält wie dieser. Der Vater sieht in dem Sohn nur ein Wunschbild seiner selbst, wobei fatalerweise Vater und Sohn den gleichen Namen tragen, beide heißen Frank William. Der Vater freut sich, wenn er sich in Franks Verhalten wiedererkennt und wenn Frank stellvertretend für den Vater Erfolg hat. Bedauerlicherweise verwechselt Frank diese väterliche Anerkennung mit Liebe. Deshalb nimmt Frank die väterlichen Wünsche auf, identifiziert sich mit diesen und überrundet die hochstaplerischen Fertigkeiten des Vaters um ein Vielfaches. Er ist dem inneren Vater treu und verhält sich deshalb so wie er. Um seine Interessen durchzusetzen, imitiert Frank den Vater. Wie dieser setzt er Verführungskunst, Charme und Schmeicheleien ein, um seine Ziele zu erreichen. Zugleich suggeriert er, eine wichtige und gesellschaftlich anerkannte Person zu sein und verschafft sich damit einen Vertrauensvorschuss. Er weiß um die Attraktivität einer hohen Funktion. Die Gabe, zu verführen, hat Frank einerseits beim Vater abgeguckt, andererseits musste er sie früh selbst entwickeln. Er musste lernen, die geheimen Wünsche seiner bedürftigen Eltern ausfindig zu machen und zu befriedigen. Er entwickelte so Fähigkeiten, die ihm während seiner Zeit als Hochstapler sehr nützlich waren.

Im Verlauf des Films findet eine Aufspaltung des Vaterbildes statt: Einerseits der gewissen- und haltlose, leibliche Vater (dargestellt von Christopher Walken), der seinen Illusionen nachhängt, und andererseits dessen Pendant, der gewissenhafte, arbeitsbesessene und realitätsangepasste Carl Hanratty (dargestellt von Tom Hanks), der das Gesetz vertritt und Frank Abagnale unbedingt hinter Gitter bringen will. Beide Vaterfiguren haben zunächst etwas gemeinsam: Beide verraten als Väter ihre Kinder, sie lassen sie im Stich und versuchen, durch unterschiedliche Abwehrmanöver ihre Schuldgefühle zu bewältigen, der eine, indem er nur arbeitet und der andere, indem er seinen Träumereien nachhängt. Als die beiden Männer aufeinandertreffen, sagt der leibliche Vater, aufgefordert, Franks Aufenthalt zu verraten: »Wenn Sie Kinder hätten, wüssten Sie, dass ich ihn niemals verraten würde.« Dabei ist der eigentliche Verrat seit Langem im Gange: es ist das grundsätzliche Nichtinteresse an der Person des Sohnes, den der Vater allenfalls im Sinne eines narzisstischen Selbstobjekts behandelt. Der Vater malt sich die Realität schön und lässt dabei seinen Sohn im Stich. Selbst aus der Niederlage seines Sohnes macht der narzisstisch so sehr bedürftige Vater etwas Großartiges, während die Mutter gnadenlos und auch zu selbstberuhigenden Zwecken Franks Verhalten bagatellisiert. Der Vater lässt auch dann noch nicht von seinem Vorgehen ab, als Frank ihn in Verzweiflung bittet, er wolle mit seinen Betrügereien aufhören. Typischerweise will Frank in dem Moment aufhören, als er eine Liebe und ein neues Zuhause gefunden hat. Auch hier zeigt sich erneut Franks intensiver Wunsch nach romantischer Liebe und Zugehörigkeit. In seiner zukünftigen Frau Brenda (dargestellt von Amy Adams) wählt er eine Partnerin, die einen ähnlichen Schmerz wie er in sich trägt. Der Vater von Brenda (dargestellt von Martin Sheen) hatte sie aus dem Elternhaus geworfen, nachdem ein Freund der Familie bei ihr eine Abtreibung vorgenommen hatte. Der Vater, der seine Tochter aus Gründen des Ansehens und der gesellschaftlichen Stellung fallen lässt, ist Franks Vater in gewisser Weise ähnlich. Der Schein ist beiden Vätern wichtiger als das Sein. Dieses Schicksal verbindet das Liebespaar. Frank sieht nun seine Chance gekommen, eine kaputte Familienidylle heilen zu können. Frank versucht, den Vater der Freundin damit zu ködern, dass er sich als Arzt, Anwalt und Lutheraner ausgibt. Zwar wird der Vater misstrauisch, aber als Frank ihm dann letztlich die Wahrheit gesteht und offenbart, ein »Niemand« zu sein, kann der Vater diese Wahrheit nicht ertragen und hält Frank für einen Romantiker. Frank äußert: »Ich bin nur ein junger Kerl, der Ihre Tochter liebt.«

»Nein«, antwortet der Vater, »weißt du, was du bist, du bist ein Romantiker, so wie ich einer war.« Lieber identifiziert sich der Vater mit dieser Seite, als sich mit der Wahrheit auseinanderzusetzen.

Carl Hanratty dagegen kann sich in Frank einfühlen. Carl und Frank suchen nach Kontakt und Bindung. Sie sind sich ähnlich. Beide sind einsam, dies macht sie zu inneren Verbündeten. Mit seinen Sehnsüchten kennt sich jeder in dem anderen aus. Dies will Carl zunächst nicht wahrhaben. Franks Einsamkeit wird an Weihnachten, dem traditionellen Familienfest, besonders deutlich: Als Frank seinen Kontrahenten zu Weihnachten anruft, erkennt Hanratty sofort dessen Motive, die auch seine eigenen sind, und verhöhnt Frank dafür. Damit verhöhnt er stellvertretend seine eigenen, nicht akzeptierten Wünsche und Verletzungen und nicht zuletzt auch die Kränkung, von Frank getäuscht und an der Nase herumgeführt worden zu sein.

Franks Hoffnungsschimmer, in Carl doch noch einen ehrlich liebenden Elternteil zu finden, schlägt fehl. Als er bei seiner Festnahme Carl auf dessen Tochter schwören lässt, vertraut er seiner unumstößlichen Vorstellung, die Liebe zu seinem Kind könne und dürfe ein Vater nicht verraten. Er wird enttäuscht.

»Fang mich doch, fang mich doch«, diesen lustvollen Ruf kennen wir aus Kindertagen. Letztendlich ist es eine Befreiung, dann endlich gefangen zu werden, wenn der andere es schafft (if you can), ansonsten wären Dauererregung und Daueranspannung nicht auszuhalten. Es bedeutet, einen gewandteren, einen geschickteren, durchhaltestarken Verfolger oder Fänger zu respektieren, ihn sich so regelrecht zu wünschen. Diesen Fänger verkörpert der FBI-Agent Carl. Sich fangen lassen zu wollen, beinhaltet die Akzeptanz der eigenen Grenzen und das Aufgeben von Allmacht, wodurch Weiterentwicklung und Bindung möglich werden. Indem sich Frank und Carl nicht mehr nachlaufen und Frank sich von Carl fangen lässt, entsteht eine dauerhafte und fruchtbare Freundschaft zwischen ihnen. Es ist dabei sicherlich nicht zufällig, dass Frank im Heimatort seiner Mutter gefangen genommen wird bzw. sich dort von Carl in Handschellen legen lässt. Innerlich Kind geblieben, sucht er symbolisch nach einem Mutterort der Geborgenheit und der inneren Verwurzelung. An den Ursprüngen seiner Mutter und in deren Schoß angekommen, kann er endlich aufgeben. Gleichzeitig sucht er in illusionärer Verkennung auch danach, angekommen an den Anfängen seiner Existenz, noch einmal von vorne anfangen zu können. Denn er wird in dem gleichen Alter festgenommen, als seine Mutter dem Vater begegnete und ihren Heimatort verließ. Die Rückkehr zum Ausgangspunkt seiner Entstehungsbedingungen, die unweigerlich mit Mutters Geschichte verknüpft sind, gibt ihm Hoffnung auf einen Neubeginn und eine scheinbare Eliminierung allen Trennungs- und Enttäuschungsschmerzes.

Als Carl es an Weihnachten, dem Fest der »heiligen Familie« schafft, Frank aufzuspüren, wirbelt Frank in einer Druckerei in dem kleinen Dorf in Südfrankreich unzählige gefälschte Schecks auf. Sie verdeutlichen noch einmal das Maßlose der Lügen, sowie eine Gier, die nicht zu stillen ist. Verschwitzt und gestresst wirkt Frank dabei wie das überforderte Kind seiner maßlosen Eltern, deren Gier er mit den Schecks befriedigen will. Exzessiv druckt Frank Schecks. Es wirkt wie erotisch-sexuell aufgeladen, als versuche Frank mithilfe der Schecks, wie vom Vater versprochen, einen Zugang zur Welt, aber auch zur Mutter zu finden. Er spürt die Hoffnungslosigkeit und Ohnmacht seines Handelns und den Wunsch, dass endlich jemand komme, um ihn zu stoppen und zu befreien. Das Unmögliche muss endlich aufhören. Der Schmerz ist nicht mehr durch Größe zu tarnen.

Frank und wir: Hochstapelei in der Gesellschaft

Neben der Familiengeschichte zeigt der Film auch das Wechselspiel des Hochstaplers mit der Verführbarkeit seiner Umgebung. Ohne dass die Menschen seiner Umgebung bereit sind, sich betrügen zu lassen und ohne deren Faszination am Betrug, hätte der beste Hochstapler keine Chance. Dies wird auch in der Familie der angehenden Schwiegereltern auf anrührende Weise deutlich. Besonders der Schwiegervater wehrt jeden aufkeimenden Zweifel ab. Er entscheidet sich letztendlich für die Lüge, die ihm attraktiver erscheint als die Wahrheit. Die Wahrheit ist immer die schlechtere Nachricht.

Franks kriminelle Kreativität hat etwas sehr Faszinierendes, Anziehendes und geradezu umwerfend Verführerisches. Doch Franks Verhalten ist nicht nur individuell verstehbar, sondern es ist stets abhängig von einem Gegenüber, einer Person und einem System, das bereit ist, sich blenden zu lassen. Denn ohne ein weitreichendes gesellschaftliches Bedürfnis nach illusionärer Verblendung fände Frank mit seinem Verhalten keine Resonanz. Oder mit Thomas Mann ausgedrückt: »Einen ehrlichen Menschen kann man nicht betrügen.« Somit präsentiert Frank auch die unehrlichen und antisozialen Merkmale seines Umfeldes. Frank ist kein Alleintäter, er ist eingebunden in ein System und in Beziehungen, die nur allzu gern einem falschen Eindruck erliegen. Frank ist Täter und Opfer zugleich. Er lebt ein Stück unserer selbst, wenn wir einen falschen Eindruck erwecken und andere dazu bringen wollen, diesen zu glauben.

Wir alle tragen einen Verheimlichungsinstinkt in uns. Um zu überleben, muss der Mensch zur gegebener Zeit oder zum gegebenen Anlass seine eigentlichen Beweggründe verbergen, für sich behalten oder vertuschen. Er muss sich verstellen und vom Eigentlichen ablenken können. Franks Vater hat sich diese menschliche Seite zu Nutzen gemacht. Er weiß, dass Blendung gelegentlich schneller und unmittelbarer Vorteile bringt als Mühe und Arbeit. Der Vater führt Frank in die Kunst der Hochstapelei ein, als er ihn fragt, warum die New York Yankees immer gewinnen und ihm gleichzeitig die Antwort gibt, »weil der Gegner von den Nadelstreifentrikots abgelenkt wird«. Frank lenkt von sich ab, indem er sich mit schönen Stewardessen umgibt. Damit lenkt er den Blick auf die Beine der Frauen und nicht auf sich. Erotik lenkt ebenso ab wie Macht, auch sie macht gelegentlich dumm und blendet.

Vorformen eines Verstellungstriebes finden sich schon im Kindesalter, z.B. in der Lust am Verkleiden. Es ist nicht nur ein Imitationsgeschehen, sondern es ist der Wunsch, größer und mächtiger zu erscheinen als selbst die mächtigsten Menschen, die das Kind kennt. Es ist ein Bluff, ähnlich dem Verstellungsinstinkt, den die Natur auch beim Tier, z.B. beim Totstellreflex ausgebildet hat. So sind auch gute Manieren, Diplomatie, übertriebene Höflichkeit und Angepasstheit allgemein akzeptierte Formen der Verstellung und somit gewissermaßen Vorformen der Hochstapelei.

Form, Verpackung, Oberfläche und Präsentation spielen eine bedeutende Rolle im gesellschaftlichen Leben, sie durchdringen alle Bereiche. Je mehr und nachhaltiger sie das tun, desto leichter haben es Hochstapler, sich dieser Formen und Verpackungen zu bedienen, sie sich anzueignen und zu simulieren. Wer eine Briefträger- oder Polizeiuniform trägt, wird für einen Briefträger oder Polizisten gehalten. Auch der weiße Kittel suggeriert den Arzt. Rollenerwartungen steuern uns stärker als wir selbst es möchten, so wird der Zivildienstleistende im weißen Anzug als Arzt angesprochen und die Ärztin im weißen Kittel als Schwester. Diese Mechanismen sind immer wieder auch Gegenstand von Literatur gewesen (z.B. Felix Krull, Hauptmann von Köpenick u.a.). Wer Macht hat, wer Einfluss vorgibt, dem öffnen sich tatsächlich die Türen der Gesellschaft.

Erfolgreiche Hochstapler sind immer auch Erscheinungs-, Verpackungs-, Ablenkungs- und Präsentationskünstler. Sie sind erfolgreiche Blender. So ist Frank stets gut gekleidet, während Carl als »ordentlicher Arbeiter« seine Wäsche selbst im Waschsalon waschen muss. Als Carl zum ersten Mal Frank in einem Hotel begegnet und ihm gegenüber steht, kann Frank mittels einer gelassenen, überheblichen und autoritären Attitüde, zu dem auch sein eleganter Anzug passt, Carl zum Narren halten. Als er sich von Carls vorgehaltener Pistole scheinbar nicht ängstigen lässt und sich mit einem strengen Ton als United States Secret Service ausgibt, lässt er sich in der Umkehrung Carls Ausweis zeigen. In die Brieftasche, die ihm Frank überreicht, schaut Carl, von Franks Auftreten beeindruckt, zunächst nicht hinein. Frank gewinnt damit Zeit zur Flucht. Als Carl dann in der Brieftasche Coca-Cola Bildchen findet, ist er beschämt und schäumt vor Wut.

Immer wieder haben Geschichten von Hochstaplern die Öffentlichkeit fasziniert. Die Öffentlichkeit liebt die Geschicklichkeit des Hochstaplers, mit der er angesehene Personen an der Nase herum führt. Es befriedigt auch Neid, gepaart mit Schadenfreude, auf die Einflussreichen und Mächtigen. Betrügerische Machenschaften faszinieren, wenn sie gelingen und nur die Anderen treffen und nicht einen selbst. Ein Aspekt dieser großen Faszination ist das Element des Wiedererkennens: Hochstapler konfrontieren uns mit Seiten unserer selbst, die wir unter normalen Umständen nicht gern sehen. Jeder hat schon einmal betrogen, bei ehrlicher Prüfung hat sich jeder schon einmal etwas zu Schulden kommen lassen. Das Zur-Schau-Stellen einer Fassade und die Irreführung unseres Publikums ist ein Kernbestandteil unseres täglichen Lebens. Dies erklärt aber noch nicht die kriminelle Energie und die Leichtigkeit, mit der echte Hochstapler ihr Publikum zum Narren halten. Häufig ist nämlich dieses Publikum nur allzu geneigt, sich etwas vormachen zu lassen. So lautet auch das Credo von Thomas Manns Romanfigur Felix Krull: »Die Welt will betrogen werden« – und deshalb betrügt er sie auch. Anders aber als bei Frank, der aus einer traumatischen Erfahrung aufgrund seiner Jugendlichkeit und seiner unreflektierten Übernahme väterlicher Normen und Vorstellungen, auf der Suche nach Liebe, agiert, handelt es sich bei echten Hochstaplern um eine Mischung aus dissozialer und narzisstischer Persönlichkeitsstörung. Sie sind dauerhaft weniger Sympathieträger als beispielsweise Frank, der mit kreativem Charme, gepaart mit gewinnender Spontaneität und verblüffender Dreistigkeit, den anderen sehr für sich einnimmt.

Ein anderer Aspekt der hochstaplerischen Faszination sind kollektive Titelgläubigkeit und Autoritätshörigkeit. Sie erleichtern den Betrug, ebenso wie die Eitelkeit des potenziellen Opfers. So blendet Frank in der Funktion eines Oberarztes in der Kinderheilkunde über seine Unwissenheit hinweg, indem er Ärzte und Schwestern stramm stehen lässt. Es gilt noch immer das Prinzip des Hauptmanns von Köpenick: »Wer nur ordentlich angeraunzt wird, steht stramm und denkt nicht weiter.« Beschämend für die Opfer ist oft die Erkenntnis, wie sehr Hochstapler an diese tief verwurzelten, autoritären Muster appellieren. Hierin verbirgt sich eine archaische Unterwerfungs- und Gefolgschaftstendenz. Diese verhindern rationales Denken und lassen zweifelnde Gefühle nicht zu. Aggressives und diktatorisches Auftreten beeinträchtigt Kritikvermögen und eigenständiges Handeln. Auf Carls Frage, woher Frank wusste, dass er nicht in dessen Brieftasche schauen würde, antwortet Frank: »Die Leute wissen immer nur das, was sie gesagt bekommen.«

Hochstapler spielen mit Eitelkeiten. Nach einer alten Redensart vertreibt Eitelkeit aber die Wahrheit und umgekehrt vertreibt die Wahrheit die Eitelkeit. In uns allen gibt es mehr oder weniger hochstaplerische Motive. So werden Hochstapler auch wegen ihres frechen Mutes bewundert. Sie wagen und leben damit auch ein Stück von uns allen, nämlich den insgeheimen Wunsch, gegen anscheinend Einflussreiche zu opponieren und zu rebellieren und sich nicht selbstverständlich unterzuordnen. Mehr sein als wir sind und damit in die gegensätzliche Rolle zu schlüpfen, das wünschen sich die meisten von uns. Es wird als angenehm empfunden, mehr zu gelten und zu scheinen, als man ist. Es dürfte ein ubiquitäres Bedürfnis nach Größe und damit verbundener Unantastbarkeit sein.

Gemäß dem Spruch »Frechheit siegt« muss der Hochstapler auch über ein hohes Maß an Dreistigkeit, Schlagfertigkeit und überdurchschnittliche Fähigkeiten zur Manipulation verfügen. So antwortet Frank Abagnale auf die Frage, wie er ohne erforderliche Qualifikationen fünf Jahre als PanAm-Pilot, Oberarzt und Anwalt durchkommen konnte: »Dreistigkeit – pure Dreistigkeit.« Das Ausmaß der Anmaßungen überschreitet jede Vorstellung, sodass es normalerweise einfacher ist zu glauben, die Person sei im Recht und man selbst habe sich geirrt, als derart dreiste Lügen für möglich zu halten. Ausgestattet mit einer hohen Intuition erkennen Hochstapler, wie der Patient, der Kollege oder der Vorgesetzte am geschicktesten zu manipulieren ist, sei es durch Drohung/Einschüchterung, Anbiedern oder irgendein anderes Auftreten.

Frank und seine Persönlichkeit: Psychologische Merkmale seiner Hochstapelei

Hochstaplerische Entwicklung setzt ein gutes Gedächtnis und rasche Auffassungsgabe, sowie lebhafte Fantasie voraus. Der plumpe Schwindler fällt schnell auf. Frank besitzt hochstaplerische Talente, mit denen er sich selbst positiv in Szene setzen kann. Er hat auch die Gabe der Suggestion und Autosuggestion und glaubt phasenweise selbst an die Echtheit dessen, was er vorgibt. Er ist auch genuss- und selbstsüchtig, sein Tun ist erregend, spannend und hat Triebcharakter. Frank hat einen sicheren Instinkt für sein Gegenüber und eine große Einfühlungsgabe. Wie sehr er damit überzeugt, und wie blitzschnell er sich ihm bietende Gelegenheiten für sich nutzen kann, führt er uns in der Szene mit einer Prostituierten vor. Er schafft es, nicht nur die Nacht mit dieser wunderschönen Frau zu verbringen, sondern sich letzten Endes durch einen Trick von ihr bezahlen zu lassen. Er stellt nämlich einen gefälschten Scheck auf eine höhere Summe als vereinbart aus, und lässt sich von ihr den Differenzbetrag in bar auszahlen. Auf brillante Weise verschafft er sich so einen Vorteil und ein Triumphgefühl, ohne den Anflug eines schlechten Gewissens.

In Situationen, in denen ein starkes Machtgefälle auftritt, z.B. zwischen Eltern, Lehrern und Kindern oder zwischen Arzt und Patient, entsteht die Versuchung, seine verdrängten und unbewältigten Gefühle von Ohnmacht und Hilflosigkeit dadurch zu reduzieren und abzuwehren, dass sie dem unterlegenen Partner zugefügt werden. Mit Macht wird somit ein unsicheres, narzisstisches Gleichgewicht kompensiert. Auch dies beherrscht Frank. Es gelingt ihm, indem er in die Rolle einer selbstgerechten Autorität schlüpft, eine Woche lang als Vertretungslehrer zu fungieren. Durch Einschüchterung und selbstsicheres Auftreten gelingt ihm dieser Betrug.

Die Jugendlichkeit des Frank Abagnale ist von vornherein aufgefallen. Die Entwicklung seiner Person zum Hochstapler ist aus seiner Familiengeschichte deutlich geworden. Das Jugendalter scheint aber allgemein die Tendenzen zu dem vorliegenden Verhalten zu bestärken.

Unter dem sich in der Pubertät anbahnenden Druck der Triebstärke ist der Jugendliche, auf sich selbst gestellt, zunächst überfordert. Es muss sich jetzt beweisen, wie gut oder wie schlecht frühere Entwicklungsphasen durchlaufen wurden. Kann die Triebkraft ausgehalten, sublimiert, optimal in Beziehungen eingesetzt werden? Das hängt von Vorerfahrungen und von verinnerlichten

Beziehungssicherheiten sowie von einem funktionierenden Gewissen ab. Hier weist Franks Biografie große Lücken auf.

Die Pubertät ist als Krise ein Übergangsprozess, in der die Kindheit stirbt und Erwachsensein geboren werden soll. Damit »sterben« aber auch zuvor wichtige und als allmächtig erlebte Bezugspersonen. Es ist eine Phase, in der Geburt und Tod, Verlust und Neuanfang thematisiert werden. Eine Sehnsucht nach dem Tod ist bei Jugendlichen ebenso gegenwärtig wie ein enormer Drang und Wunsch nach Leben. Aufgrund der Heftigkeit der anflutenden Gefühle ist der Jugendliche gefährdet, besonders wenn sich keine Halt gebenden Eltern finden, wie auch in unserem Beispiel des Frank Abagnale.

Psychoanalytisch gesehen liegt in der hochstaplerischen Inszenierung sowohl eine Sehnsucht nach einem früheren, unverwundbaren, starken Vater, der Unmenschliches zu leisten vermag, als auch eine Sehnsucht nach einer versorgenden Mutter, die eine nicht überwundene, weil frustrierende große Aufmerksamkeitssehnsucht stillen soll. Es ist – wie Freud es schon andeutet – die Sehnsucht nach einer verlorenen glücklichen Zeit, in der der Vater noch als der stärkste Mann und die Mutter als die liebste Frau erschienen sind, – also eine Regression in eine frühe, wohlige Kindheitsfantasie.

Diese regressiven Fantasien sind ein gesellschaftlich verbreitet anzutreffendes Phänomen. Daraus folgend ist eine Zunahme hochstaplerischer Gratifikation und Akzeptanz zu beobachten. Der in der Öffentlichkeit und in den Medien inflationäre Gebrauch von Superlativen wie die Supernanny, die Supermamas, die Superstars usw. ist ein Beleg dafür, dass ohne eine realistische Auseinandersetzung mit den Schwierigkeiten des Erwachsenwerdens an den illusionären Kindheitsfantasien festgehalten werden muss. Zunehmender Leistungsdruck und abnehmende libidinöse Besetzung von Beziehungen, fehlende Langeweile und fehlende Zeit – bzw. Zeit ohne ständige pädagogische Begleitung und Beobachtung – behindern die Ausbildung jeglicher Kreativität, die eine Voraussetzung für eine realistische Auseinandersetzung mit realen und nicht dauerhaft fantastischen Eltern und anderen Vorbildern ist.

In den Bereich der unangemessenen Fantasien gehört ebenso die unrealistische Aufteilung in den Erfolg und den Misserfolg. Dabei werden die Erfolgreichen idealisiert und die Verlierer verachtet. Die Erfolgreichen, mit Superlativen bedacht, erhalten unablässig narzisstische Gratifikationen auf Kosten der voyeuristischen Vorführung des mittellosen »Losers« und Versagers. Bei Mitspielern in einer unterlegenen Liga hat es die Hochstapelei leicht, sich zu inszenieren.

Als Frank Abagnale sich nicht mehr dem Druck der Superlative unterwerfen muss, spürt er, dass er sich entscheiden kann und dass er sich auch als Verbrecher nicht dem FBI-Agenten unterwerfen muss. So kann er sein altes Leben beenden und sich endgültig von den inneren Eltern separieren. Nur wer Nein sagen kann, kann auch Ja sagen, nur wer gehen kann, kann auch bleiben. Mit dieser Erkenntnis konnte Frank sein Trennungstrauma überwinden. Seine neu gewonnene Fähigkeit, Nein sagen zu können, die ihm gleichzeitig ein Ja-Sagen zu sich selbst ermöglichte, führte ihn zu neuer Freiheit und damit zu weiterem seelischen Wachstum. Er verlässt die verinnerlichten väterlichen Normen, lässt diese sterben und findet dadurch in Carl eine neue, verlässlichere Vaterfigur. Im Verlauf des Films wird aber deutlich, dass es nicht möglich ist, den eigenen Vater durch einen anderen, einen neuen auszutauschen. Solange Frank dies hofft, ist er verletzlich und kränkbar. Die schmerzliche Erkenntnis, nicht Carls Kind zu sein, lässt ihn rückfällig werden. Er verlässt Carl, weil dieser am Wochenende keine Zeit für ihn hat und sich um seine Tochter kümmern möchte. Carl erkennt in letzter Minute intuitiv, damit Frank so verletzt haben zu können, dass dieser seinen Halt wieder zu verlieren droht. Er geht ihm nach, bietet sich diesmal aber nicht als Verfolger an, sondern lässt Frank die freie Entscheidung. Damit verlässt Carl die Ebene eines hierarchischen Gefälles, des Gefälles zwischen Vater und Sohn, oder zwischen Vorgesetztem und Untergebenem. Er signalisiert Frank Partnerschaft und Freundschaft als Tausch gegen die illusionären Wünsche, doch noch den übermächtigen Vater finden zu können, den Frank aus Gründen der Schmerz- und Trauerabwehr noch immer sucht. Das heilende Moment für jede verhinderte Entwicklung ist anerkennende Bindung, tiefe Zuneigung und ehrliche Zugewandtheit. Letztendlich konnte Frank deshalb seine traumatischen Beziehungserfahrungen auf kreative und selbsterhaltende Weise lösen. Wie im Märchen gibt es durch Beziehungsklärung und Beziehungsänderung, durch Reifung ein Happy End. Denn sei es noch so aussichtslos, eine Kehrtwendung ist im Leben in den meisten Fällen möglich.

Literatur

Freud, Sigmund (1909): Der Familienroman der Neurotiker. In: Psychologische Schriften. GW IV, 221–226.

Mann, Thomas (1954): Bekenntnisse des Hochstaplers Felix Krull. Frankfurt/Main (S. Fischer Verlag).

Das Mädchen, das die Seiten umblättert

Frankreich, 2007, 85 Min.
Regie: Denis Dercour
Hauptdarsteller: Catherine Frot, Déborah Francois, Pascal Greggory

Angelika Voigt-Kempe

Rache ist süß, sagt man. Melanie, ein kleines Mädchen, hat einen großen Traum: Die Tochter eines Metzgers möchte Pianistin werden. Sie liegt wach im Bett und imitiert mit den Fingern das Klavierspiel auf ihrer Bettdecke. Ihr Vater zerhackt unterdessen große Fleischstücke mit einem Beil. Schon lange fiebert sie der Aufnahmeprüfung für das Konservatorium entgegen. Ob sie eine gute Pianistin werden kann? Ihre unbeschwerte Kindheit hat sie offenbar schon lange abgelegt. Ihr Spiel wirkt merkwürdig kontrolliert und beherrscht. Sie funktioniert eher wie ein perfektes Metronom, die Welt mit kalter Effizienz berechnend. Das Vorspiel endet im Fiasko, denn die Jurypräsidentin, eine bekannte Pianistin, verhält sich rücksichtslos: Sie bringt Melanie aus dem Takt, indem sie nicht zuhört und gedankenlos einer hereinplatzenden Frau ein Autogramm gibt. Enttäuscht und verbittert verstaut Melanie zu Hause ihre Beethovenbüste für immer im Karton, schlägt den Deckel ihres Klaviers zu und schließt es ab. Aus ihren Gesichtszügen spricht bereits jene unheimliche Entschlossenheit, die den weiteren Lauf des Geschehens bestimmen wird. Der Film entführt uns in die Welt der Musik. Er bringt uns die tiefen Emotionen, die großen Hoffnungen und ebenso großen Enttäuschungen, die dieser Welt innewohnen, näher[1].

---

1 Der Regisseur, Denis Dercourt, entstammt selbst der Welt der Musik. Seine Mutter ist Klavierlehrerin, sodass zu vermuten ist, dass er so manches Scheitern musikalischer Ambitionen hautnah miterleben konnte. Er hat eine beachtliche Karriere als Solo-Bratschist hinter sich und seit 1995 einen Lehrauftrag für Bratsche und Kammermusik am Straßburger Konservatorium.

Nach diesem Vorspiel, im wahrsten Sinne des Wortes, erwirbt sich Melanie fünfzehn Jahre später als Sekretariatspraktikantin das Vertrauen ihres Chefs, der sie als Babysitterin seines Sohnes Tristan einstellt. Seine Frau ist Ariane, die Jurypräsidentin von damals, die seit einem Autounfall mit Fahrerflucht unter einer angespannten Nervosität und Bühnenangst leidet. Sie erkennt Melanie nicht wieder, die schnell ihr Vertrauen gewinnt. Melanie macht sich für Ariane bald als Notenumblätterin bei Konzerten unentbehrlich. Doch Ariane ist nicht nur fasziniert von der jungen Frau, sie fühlt sich immer mehr zu ihr hingezogen. Die Beziehung wird immer enger und bald schwingt eine erotische Spannung mit. Melanies kindliche Verführung geht zur reifen sexuellen Anziehungskraft über, die auch Arianes Cellokollegen nicht verborgen bleibt. Seine Annäherung beantwortet Melanie, indem sie sein eigenes Instrument gegen ihn als Waffe einsetzt und er in der Notaufnahme landet. Ihr sadistisches Spiel setzt Melanie auch mit Tristan unbemerkt fort: Beim Tauchen oder Klavierspiel treibt sie ihn weit über seine Grenzen hinaus. Nachdem schließlich Ariane Melanie auf einer Autogrammkarte ihre Liebe gesteht, nutzt diese das Geständnis zum entscheidenden Schachzug, indem sie die Autogrammkarte ihrem Ehemann zuspielt. Am Ende hat sie Arianes Leben ruiniert, so wie sie offenbar einst ihr eigenes Leben als zerstört erlebte. Die Folgen aber werden erst eintreten, wenn der Film schon zu Ende ist: wenn Melanie im Morgengrauen entlang eines weiten Feldes ihres Weges zieht.

Der Film spielt mit der Angst des Zuschauers, dass jeden Moment etwas Schlimmes passieren könnte. Melanies Bösartigkeit blitzt vor allem Tristan gegenüber hervor. Arianes Ehemann zitiert Horowitz und verheißt damit nichts Gutes: »Eine Umblätterin[2] kann alles aus dem Gleichgewicht bringen.« Die kunstvolle Dramaturgie des Films liefert den Zuschauer kontinuierlich Überraschungsmomenten aus, sodass die Spannung nicht abreißt. Schon bei der Ankunft am Bahnsteig liegt eine gewisse Vorfreude oder Genugtuung in Melanies Gesicht, so als laufe alles nach Plan. Wir können durch bedrohliche Blicke, verstohlene Berührungen und ausgedehntes Schweigen mitverfolgen, wie Melanie ihr Opfer langsam einkreist. Der Zuschauer schwankt zwischen Bewunderung für die Spinne, die ihr Netz so hinterlistig baut, und Mitleid für die zappelnde Fliege.

Melanies Rache wirkt wie eine Partitur, die sie mit akribischer Disziplin

2 In französischer Übersetzung: »Notenumdreherin«

durchexerziert. Das Gleiche könnte man auch von dem Film sagen, den der Regisseur streng und sparsam für sein Schauspielerorchester komponiert hat. Er lässt keinen Raum für Spontaneität oder Improvisation. In der Bildkomposition herrschen klare, gedeckte Farben vor. Die Farbe Blau kündigt regelmäßig die Eskalation einer Situation an. Die Bilder wirken wie eine gut durchkomponierte Inszenierung, bei der kein noch so kleines Detail dem Zufall überlassen bleibt. Immer wieder sind es die Geräusche und Töne, die ein heimtückisches Spiel mit unseren Nerven treiben. Man hört die Stille im Haus, bei Tisch fällt kaum ein Wort. Umso deutlicher gelangt das Einschenken des Rotweins ans Ohr. Das Klavierspiel durchdringt messerscharf die gedämpften Umgangsformen der Bourgeoisie, die großbürgerliche Erstarrung und Leere. Ähnlich wie z.B. in Chabrols entlarvendem Blick auf das großbürgerliche Milieu wird auch hier Eleganz vor einer tiefen Verlorenheit vorgetäuscht, in der Gefühle verdrängt werden. Es scheint, als habe das Piano die Hauptrolle übernommen. Die Töne von Bach, Schubert und Schostakowitsch bestimmen die Stimmung im Haus. Der junge Tristan übt eifrig, wie einst Melanie. Doch ihr Spiel bleibt undurchsichtig. Melanie mit ihren unschuldigen Gesichtszügen, ihrem konservativen Outfit und ihrem gepflegten Gehorsam, die von sich behauptet, dass sie fast nie Make-up trage, sinnt hinter ihrer unschuldigen Maske auf Rache. Als Metzgertochter hat sie gelernt, das Messer exakt anzusetzen und zu führen.

»Rache ist mein«, sprach schon der Herr im 5. Buch Moses (32,35). Rache gilt als eine der stärksten Emotionen. Die Vergeltung einer erlittenen Verletzung, die nicht nach Recht und Unrecht fragt, ist offenbar ein menschliches Grundbedürfnis. Das Bedürfnis, »reinen Tisch zu machen«, kann zwar Kränkungen nicht ungeschehen machen, soll aber dabei helfen, mit der Vergangenheit abzuschließen. In sogenannten »archaischen Gesellschaften« wurde Rache als rechtmäßiges Mittel angesehen, den sozialen Frieden wieder herzustellen. In der Antike gab es die »heilige Pflicht zur Rache«, und diese war erblich, d.h. Kinder wurden unter Umständen dazu gezeugt, die Rache des Vaters weiter zu betreiben. Ein wichtiges Motiv war, die verlorene Ehre wieder herzustellen. Daraus resultierte nicht selten die Eskalation einer Gewaltspirale. Das Talionsprinzip, »Auge um Auge, Zahn um Zahn«, als Vergeltung von Gleichem mit Gleichem war als Strafrechtsgrundsatz in vielen älteren Rechten enthalten, z.B. im jüdischen und im römischen Recht. Es bringt die Bestrebung zum Ausdruck, Rachegelüste zu zähmen und zu begrenzen, und führte erst später zur Alternative einer Bußleistung durch Wergeld. Im jüdisch-christlichen

Kulturkreis wird die Ausübung von Rache untersagt – theoretisch. Es wurden immer Auslegungen der Bibel gefunden, die mit »göttlicher Billigung« ein strafendes Vorgehen rechtfertigten. Verzicht auf Rache gilt heute weitestgehend als christliche Tugend. Rache wird gegenwärtig im deutschsprachigen Raum als ein emotional unedler und niedriger Affekt angesehen. Er gilt als ein Akt, der der Rechtsordnung widerspricht und das Gewaltmonopol des Staates verneint. Nach deutschem Recht ist Rache ein Kriterium, das zur Verurteilung zum Mord in Form des »niederen Beweggrundes« führt, im Gegensatz zum Totschlag. Die Justiz geht bei »Rachgier« – wenn der Wunsch unstillbar ist, sprechen wir von »Rachsucht »- von persönlichen, psychologisch erschließbaren Motiven aus.

Heinrich Heine schrieb dazu sehr treffend:

> »Ich habe die friedlichste Gesinnung. Meine Wünsche sind: eine bescheidene Hütte, ein Strohdach, aber ein gutes Bett, gutes Essen, Milch und Butter, sehr frisch, vor dem Fenster Blumen, vor der Tür einige schöne Bäume, und wenn der liebe Gott mich ganz glücklich machen will, lässt er mich die Freude erleben, dass an diesen Bäumen etwa sechs bis sieben meiner Feinde aufgehängt werden. Mit gerührtem Herzen werde ich ihnen vor ihrem Tode alle Unbill verzeihen, die sie mir im Leben zugefügt – ja man muss seinen Feinden verzeihen, aber nicht früher, als bis sie gehenkt werden« (Heine 1827).

Mit blumigen Worten bringt der Dichter die primitive, menschliche Haltung auf den Punkt, die es nicht zu beschönigen gilt: Ich verzeihe nichts! Verzeihung oder Vergebung gelten heute im Allgemeinen als Befreiung der schuldbelasteten menschlichen Seele und in jedem Falle als erstrebenswert. Das klingt psychologisch gut durchdacht, abgeklärt und politisch korrekt. Patienten belehren uns in der Regel jedoch eines besseren: Leichte Kränkungen und Zurücksetzungen bis hin zu schweren traumatischen Übergriffen und Verletzungen werden zwar oft nach außen hin verziehen oder vergeben, untergründig schwelt jedoch nicht selten der Wunsch nach Vergeltung und Wiedergutmachung des eigenen erlittenen Schadens durch den anderen weiter. Darüber hinaus fühlen wir, dass es tatsächlich Unverzeihliches gibt: Völkermord, Vergewaltigung, Kindesmissbrauch. Aber auch demütigende Bemerkungen, bloßstellende Gesten, verächtliche Blicke oder höhnisches Gelächter hinterlassen unter Umständen tiefe Narben. So scheint das Verhalten christlich und moralisch dem Vaterunser geschuldet, »und vergib uns unsere Schuld, wie auch wir vergeben unseren Schuldigern«, das tief in unserem Inneren verankert ist und dem man sich als aufgeklärter, intelligenter und politisch korrekter Mensch verpflichtet fühlt. Die pädagogisch korrekte Kinderstube verlangt in der Regel bereits die christliche Tugend den heranwachsenden Geschwistern ab: »Vertragt euch, nun gebt euch schön wieder die Hand.« Man fühlt sich sehr schnell geistig und menschlich arm, wenn man nicht alles verzeihen kann und will. Aber entspricht es dem menschlichen Wesen wirklich, nach dem hinterhältigsten Angriff, der gedankenlosen Kränkung, der unheilbaren Verletzung oder dem traumatischen Schlag friedvoll lächelnd die andere Wange hin zu halten? Eine psychologische Variante davon ist unter Umständen die gnadenlose Suche nach dem eigenen Mitverschulden oder die unablässige Frage, ob ich nicht mein Unbewusstes lediglich auf den anderen projiziert habe. Shakespeare verstand von den menschlichen Abgründen vielleicht sehr viel mehr: Bei ihm wird gerächt, intrigiert, gekämpft und gemordet, bis das letzte Gift verspritzt und der letzte Tropfen Blut abgerechnet ist.

Doch zurück zum Film. Ich denke, der Genuss des Zuschauers liegt im Zusammenspiel der beiden unterschiedlichen Frauen: die verschlossene, unterkühlte Melanie, die bereits eine Verletzung mit sich herumträgt, und die labile Ariane, die sich von Melanie abhängig macht und von ihr verletzt werden wird. Auf diese Verletzungen möchte ich mein Augenmerk nun noch etwas richten. Im Film fällt der zentrale Satz: »Wenn man spielt, ist man verletzlich.« Er bringt sicher auch im übertragenen Sinne zum Ausdruck, dass nur gewagtes Leben wehtun kann. Letztlich wird deutlich: Wer niemandem mehr vertraut, hört auf zu leben. Ein Schiff ist am sichersten im Hafen, aber dafür werden Schiffe nicht gebaut. Und das Klavierspiel wird letztlich auch dazu erlernt, um vor anderen damit zu glänzen. Aber warum ist das verpatzte Vorspiel so schlimm, warum die Konsequenzen so weitreichend? Der Vater hatte Melanie schließlich noch versichert, die Privatstunden auch weiterhin zu zahlen, wenn sie die Aufnahmeprüfung nicht besteht. Warum gibt sie gleich alles auf?

Melanie ist die einzige Tochter ihrer Eltern. Auf mögliche Probleme, die Einzelkinder im späteren Leben haben, möchte ich hier nicht eingehen. Aber im Film wird deutlich, dass sie offenbar sehr darum bemüht ist, den Eltern zu gefallen, den Narzissmus der Eltern zu befriedigen. Sie scheint zu Höherem bestimmt. Aber damit wird sie auch zum Selbstobjekt der Eltern. Melanie fristet ein trostloses Leben, sie hat offenbar keine sozialen Kontakte in der Kindheit. Später zeigt der Film ein ähnliches Bild: Außer den gelegentlichen

Telefonaten mit den Eltern tauchen nur wenig Freunde auf. Denkbar ist, dass sich Melanie von klein auf als Instrument der Eltern erlebte, die sich auf ihre freien, spielerischen und kindlichen Bedürfnisse nicht adäquat einstellen konnten, sondern ihr ihren eigenen Rhythmus aufzwangen. Dass ein Kind seinen eigenen Rhythmus findet, hat besondere Bedeutung für die Entwicklung von Lebensbeginn an, insbesondere in der Ernährung, der Sauberkeitserziehung, aber auch in der Reifung der intellektuellen Fähigkeiten und dem kreativen Spiel. Melanie wirkt wie das angepasste Instrument des elterlichen Willens. Sie reinszeniert diese Beziehung selbst später mit Tristan. Der Junge wird jetzt von ihr behandelt, wie sie sich offenbar einst von der Mutter behandelt fühlte, und zu immer größerer Leistung mit dem Metronom und der Stoppuhr angetrieben. Man kann nur vermuten, wie abhängig und voll ohnmächtiger Wut sie sich selbst dabei innerlich gefühlt haben mag. Ertragen kann sie diese Rolle vielleicht nur deshalb, weil ihr ein ganz besonderer Platz, eine einzigartige Karriere als Pianistin versprochen scheint. Sie kann sich damit als das auserwählte Zentrum in der Welt ihrer Eltern erleben. Doch dann passiert diese Kränkung beim Vorspiel. Die Jurypräsidentin, in der Übertragung die Mutter, hört ihr nicht zu, wendet sich gedankenlos ab, um ein Autogramm zu geben – was für eine Desillusionierung!

Es keimt der Wunsch nach Rache auf, es in gleichen Stücken heimzuzahlen. Am Ende muss Ariane selbst am eigenen Leib erfahren, wie es ist, wenn eine scheinbar belanglose Störung eine Pianistin derart aus dem Konzept bringt, dass ein ganzes Konzert misslingt. Ein wichtiges Motiv liegt für Melanie sicher auch darin, Ariane die vernichtenden Gefühle spüren zu lassen. Sie will ihr mitteilen, wie sich Scham, ohnmächtige Wut und Erniedrigung tatsächlich anfühlen: Ariane soll am eigenen Leibe spüren, wie es ihr ergangen ist. Triumph, sadistischer Lustgewinn und die Kontrolle über die Situation schwingen ebenfalls dabei mit. So kann der Film auch als ein Lehrstück darüber gesehen werden, wie jemand, der sich als Opfer erlebt, langsam wieder ein Gefühl von Kontrolle über sein eigenes Leben gewinnt. Vielleicht sind sich die beiden Frauen am Ende ähnlicher als sie denken und können deshalb auch so problemlos die Opfer- und Täterrollen tauschen. Begehren, Abhängigkeit und Hass sind die giftigen Zutaten, die hier im Film untergründig serviert werden. Rache, so heißt es, ist ein Gericht, das am besten kalt serviert wird. Es wirkt wohldosiert, eher wie ein schleichendes Gift, und führt mit berechnender Lust und vernichtender Wucht ins nachhaltige Verderben. Die Zerstörung eines

Lebens wird im Film nicht nur mit den kleinen Bosheiten vorangetrieben. Viel effizienter erscheint es, dass sich Melanie im Herzen von Ariane unentbehrlich gemacht hat. Am Ende fließt kein Blut, aber das Leben von Ariane liegt wie fein zerteilte Filetstücke in Melanies Hand.

Wir verfolgen eine hohe Kunst der Rache, freilich nur im Kino. Der Film bleibt in der Schwebe zwischen Liebes- und Rachegeschichte, Zärtlichkeit und Sadismus. Melanie möchte Genugtuung, aber offenbar auch endlich mit ihrer Vergangenheit abschließen. So verwerflich diese Art des Abschließens auch erscheinen mag, am Ende traut man Melanie zu, dass sie ihren eigenen Weg gehen wird. Sie wirkt erleichtert ohne Schadenfreude und tatsächlich von ihren Altlasten befreit, vielleicht weil sie endlich mitteilen konnte, was ihr widerfahren ist. Geht man von einer dichotomen Typologie aus, die die Welt nur in Gewinner und Verlierer aufteilt, so zeigt der Mensch erst in der Niederlage sein »wahres Ich«, seine Frustrationstoleranz unter Stressbedingungen. Eine Erweiterung des eigenen Spielraums ist möglich, wenn eine Niederlage nicht mehr als Entwertung der gesamten Person, als komplette Vernichtung der eigenen Identität erlebt werden muss. Von diesem Blickwinkel aus könnte man auch annehmen, dass Melanie eben nur Pech gehabt hat beim ersten Vorspiel. Könnte sie auf ihren eigenen Rhythmus und ihre kreative Fähigkeit vertrauen, dann brächte sie die Kraft auf, trotz der enormen Kränkung und Zurücksetzung beim nächsten Mal eben wieder anzutreten. An dieser Stelle zeigt sich vielleicht auch, wie wichtig es ist, ob jemand emotional mit einer Kränkung zurechtkommt, indem er in der Lage bleibt, über die Bedingungen der Zurücksetzung nachzudenken. Wenn diese Fähigkeit verloren geht, entgleist das Geschehen und nimmt unter Umständen eine traumatische Qualität an.

Der Regisseur schickt den Zuschauer gekonnt in einen moralischen Konflikt: Muss ein anderes Leben zerstört werden, damit Melanie ihren Frieden findet? Doch er beobachtet nur, liefert keine Antworten. Am Ende bleibt auch das weiteste Feld eben nur ein Feld …, in einem Spiel zwischen Macht, Erotik, Abhängigkeit und Verrat, verbotener Zuneigung, geschenktem Vertrauen, latenter Wut und teuflischem Groll.

Literatur

Heine, Heinrich (1827): Gedanken und Einfälle, III: Kunst und Literatur.

Wolke 9

Deutschland 2008, 99 Min.
Regie: Andreas Dresen
Hauptdarsteller: Ursula Werner, Horst Westphal, Horst Rehberg, Steffi Kühnert

Angelika Voigt-Kempe

Der Film wird in den Medien mit dem Hinweis angekündigt, an einem Tabu zu rühren. »Sexualität im Alter« ist der allgemeine Aufhänger und in meinem privaten Umfeld scheint sich dieses Tabu fortzusetzen. Immer wieder höre ich: »So etwas gucke ich mir lieber nicht an, das finde ich abstoßend.« Worin liegt eigentlich das Tabu dieses Films, möchte man fragen?

Noch bevor der Titel erscheint, hören wir das Rattern einer Nähmaschine. Das Geräusch führt den Betrachter in den Film hinein und Inge in ein neues Kapitel ihres Lebens. Die Nähmaschine trägt als Aufschrift den Markennamen der gängigen DDR-Nähmaschine: »Veritas« – erst später wird deutlich, dass darin offenbar ein programmatisches Statement direkt ins Zentrum des Geschehens vorstößt. Der Regisseur war vor dem Mauerfall im Osten als Dokumentarfilmer tätig, eine Handschrift, die auch in diesem Film noch durchscheint. Die Geschichte erzählt die Verwicklung von drei Menschen: Inge, eine Frau Ende 60, ist seit 30 Jahren mit Werner verheiratet. Die beiden verstehen sich gut und fühlen sich offenbar sehr verbunden, auch körperlich. Alles scheint auf einen beschaulichen Lebensabend hinauszulaufen. Mit Näharbeiten, die sie vornimmt, verdient sie sich etwas zur Rente hinzu. Als sie einem Kunden die geänderte Hose bringt, erleben wir einen leidenschaftlichen Ausbruch der Gefühle. Die Anziehung ist so groß, dass beide lustvoll übereinander herfallen. Der fast 80-jährige Karl und Inge verlieben sich Hals über Kopf ineinander.

Der angekündigte Tabubruch, die ungeschönte Darstellung der Sexualität ohne verschämte Weichzeichner oder diskrete Wegblendungen, steht ganz am

Anfang des Films. Die lustvolle Szene findet im taghellen Wohnzimmer auf dem Teppichboden statt, ohne die sonst übliche verkitschte oder verniedlichende Rollenvorgabe, auf die alte Menschen häufig stereotyp reduziert werden. Diese erfrischende Natürlichkeit, die unverklemmte, schonungslose Darstellung des Geschlechtsverkehrs, so ungewohnt sie auch sein mag, wirkt realistisch. Auf voyeuristische Nahblenden wird verzichtet. Nur das krasse Gegenlicht verweist darauf, dass etwas Besonderes, fast Unwirkliches im Raum passiert – ein Flirren –, vielleicht als Hinweis, dass es zwischen zwei Menschen gefunkt hat. Durch die Kameraeinstellung in der Totalen bekommt man den Eindruck, als hielten der Regisseur und die Kameraführung diskret eine schützende Hand über ihre Protagonisten. Im Verlauf des Films schaut man auf die Figuren häufig durch die Distanz von geöffneten Türen, wie ein unauffälliger Beobachter, der immer anwesend ist. Die genaue, fast dokumentarische Beobachtung der Figuren hilft dem Zuschauer, dem Seelenleben der Beteiligten näher zu kommen. Die wackelige Kamera, ähnlich den dänischen Dogma-Filmen, und die fehlende Musik ziehen den Zuschauer tief in die Geschichte hinein. Das lustvolle Begehren gleich zu Beginn des Films wirkt schließlich auch wie eine Präambel, nach der die Geschichte erst richtig losgehen kann. Die Sexualität zwischen den Senioren ist nicht als Höhepunkt des Films konzipiert, auf den alles hinsteuert.

In der öffentlichen Wahrnehmung ist Sexualität zwischen Menschen jenseits der 60 die Ausnahme. Die Rollen, die alten Menschen zugewiesen werden, sind häufig begrenzt auf senile, nervige, kauzige, schrullige oder betont jugendliche Aspekte. Eine »normale«, alltägliche Gefühlspalette sucht man in der Regel vergeblich in den Darstellungen von Alten. Am ehesten wird Sexualität als zärtliches Händchenhalten oder als ein Küsschen auf die Wange präsentiert. Beziehungsparameter sind auf Treue und Verlässlichkeit fokussiert. Das klischeehafte Bild ist geprägt von Menschen, die Lebensmittel über das Haltbarkeitsdatum hinaus aufbewahren und Kreuzworträtsel lösen. Dabei sind nicht nur die explizite Sexualität in der öffentlichen Wahrnehmung ausgegrenzt, sondern auch die damit zusammenhängenden Affekte: Liebe, Eifersucht, Verantwortung in Beziehungen und die Frage nach einem Recht auf eigenes Glück und eigene Entwicklungschancen im Leben. Also Themen, die in vielen klassischen Beziehungs- und Liebesfilmen durchdekliniert werden, in denen kein Zweifel an der Tatsache aufkommt, dass tiefe Affekte im Seelenleben auch immer einen körperlichen Aspekt beinhalten. Hier sind die Protagonisten jedoch zwischen 70 und 80 Jahre alt.

Wir befinden uns nun inmitten einer klassischen Dreiecksgeschichte. Inge versucht zunächst, die neue Situation auszublenden, aber es gelingt ihr nicht sehr lange, sich ihren Gefühlen entgegenzustellen. Der Film betont die Gegensätze der beiden Männer. Während Werner gerne Eisenbahn fährt, sich sozusagen auf vorgegebenen Gleisen bewegt und die Landschaft aus dem vorbeifahrenden Zug betrachtet, ist Karl unternehmungslustig. Er macht mit Inge Radtouren ins Grüne und taucht mit ihr in einsame Badeseen ein. Inge erledigt ihre Näharbeiten am Beistelltisch im Schlafzimmer und an dem Bügelbrett, das gleich neben dem Ehebett steht. Werner ist Eisenbahnfan. Er lauscht gern dem Klang von Zügen, hört skurrile Schallplatten mit Geräuschen von anfahrenden Lokomotiven. Den lebendigen Blick auf seine Frau scheint er schon lange verloren zu haben. Inge ist für Werner offenbar zu einem Teil des Mobiliars geworden: immer vorhanden, sodass man es nicht mehr bewusst wahrnimmt, erst wenn es nicht mehr funktioniert wie üblich. Der Alltag ist vertraut, aber eintönig – Routine hat jede Romantik längst verdrängt. Das Leben folgt einer eingefahrenen und vorgegebenen Schienenführung. Neben sporadischen Besuchen der Enkelkinder bleiben Inge nur ihre Chorbesuche. Hier singt sie romantische Lieder, die ihre Gefühlswelt kommentieren, die zentralen Aspekte ihrer Innenwelt, die wie durch einen antiken Chor zum Ausdruck gebracht werden. Mit Karl kann sie dann ihre sinnlichen Wünsche und ihre Sehnsucht nach Lebendigkeit in die Tat umsetzen, die sie in ihren Liedern besungen hat. Und beide können über den gleichen dummen Witz vom Rentnersex lachen, während ihr Mann sie nur verständnislos anschaut und seine Bratkartoffeln isst. Das kontinuierliche Blubbern und Tröpfeln der Kaffeemaschine in der Küche untermalt zunächst den eingefahrenen Rhythmus der Ehe, die nur wenige Worte des Austausches benötigt. Später wirkt das Geräusch wie die Vertonung der ausbrechenden, lautstarken Auseinandersetzung von Ehepartnern, die ihre lang aufgestauten Konflikte zum Ausdruck bringen.

Inge wird zunehmend vom schlechten Gewissen und einer inneren Not zur Entscheidung geplagt. Ihre Tochter rät ihr, die Affäre zu genießen und die Situation zu verheimlichen. Doch die geradlinige und aufrechte Inge kann diesen Verrat an ihrem Mann nicht leben. Sie entscheidet sich für die Wahrheit. Kompromisslos gesteht sie Werner ihre Affäre, der entsetzt reagiert. Für ihn bricht eine Welt zusammen. Er hat nicht geglaubt, dass den beiden so etwas noch passieren könnte, wie er sagt. »Ich habe es nicht gewollt, es ist einfach passiert«, beteuert Inge immer wieder, als habe sie die Leidenschaft wie eine schwere Krankheit erwischt. Werners Möglichkeit der Auseinandersetzung besteht vor allem aus Vorwürfen und Beschimpfungen. Worte spitzen die Situation zu. »Hast Du Dir einen Jüngeren geangelt?«, schreit er sie wütend in der Küche an. Werner ist zutiefst verletzt. So treibt er Inge noch stärker in die Arme von Karl. Der brutale Bruch ist unaufhaltsam. Sie zieht zu ihm und Werner bleibt verzweifelt in der ehelichen Wohnung zurück. Inge ist sich bewusst, Werner seinem Schicksal unfassbarer Einsamkeit zu überlassen und sie übernimmt die Verantwortung dafür. »Vielleicht hat alles seine Zeit«, sagt sie kompromisslos zum Abschied. Allen inneren und äußeren Widerständen zum Trotz beginnt sie etwas Neues.

Der Film findet thematisch Anschluss an die klassische Tragödie, die am Ende für einen oder alle Beteiligten auf einen unlösbaren Konflikt zusteuert. Liebe ist nicht ohne Schmerz zu haben – ein Thema, das auch in der Jugend eine große Rolle spielt und in den großen klassischen Tragödien zahlreich durchgespielt wurde. Ein gutes Ende ist für alle Beteiligten im Grunde von vornherein ausgeschlossen. Egal wie sich Inge entscheidet, einer wird leiden. Das uneingeschränkte Recht auf Glück und Entfaltung in Anspruch zu nehmen, bedeutet das Unglück, die traumatische Trennung für den Anderen. Entweder macht sich Inge schuldig an ihrer eigenen Entwicklung oder aber sie wird schuldig an der Zerstörung von Werners Lebensglück. Der Zuschauer versteht unmittelbar, dass dieses Thema im Alter eine Unausweichlichkeit annimmt, denn die Illusion, etwas aufschieben oder nachholen zu können, besteht nicht mehr. Eine Trennung hat jetzt andere Konsequenzen als in einer jungen Beziehung. Werner ist so verletzt und verzweifelt, dass er seinem Leben ein Ende setzt – ein Schritt, der auch Inge ein Leben lang verfolgen wird. Der Schritt eines ohnmächtig Verzweifelten.

Sexualität im Alter ist eines der wenigen Themen, die heute noch ein Tabu darstellen. Die allgemeine Visualisierung beschränkt sich auf die Darstellung von jungen, schönen und ästhetischen Körpern. Während nackte, glatte Haut in Werbung und Medien allgegenwärtig ist, sucht man nach nackter, faltiger Haut vergebens. Die Selbstverständlichkeit der Darstellung in diesem Film mit ihren ungeschminkten Zeichen von Altersflecken, schlaffer Haut und hängenden Brüsten wirkt erstaunlich authentisch im Gegensatz zu den häufig gezeigten »Wellness-Senioren« des Vorabendprogramms. Aber warum, so mag man fragen, handelt es sich bei diesem Thema überhaupt um ein Tabu?

Der Begriff »Tabu« stammt aus dem Sprachraum Polynesiens und fand Anfang des 20. Jahrhunderts Eingang in die deutsche Sprache. Er bezeichnet soziale Verbote und Vermeidungsgebote, häufig in Zusammenhang mit einem Berührungstabu. Dieses kann auch auf das Aussprechen von Namen und Begriffen bezogen sein, auf die gesamte Person oder bestimmte Zustände (Schwangerschaft, Geburt etc.), sowie auf das Vermeiden bestimmter, z.B. sexueller Tätigkeiten. In der Regel werden Verstöße mit gesellschaftlichen Sanktionen wie Ächtung oder Ausschluss aus der Gemeinschaft geahndet. In manchen Fällen können Sühne- oder Reinigungsmaßnahmen bei Tabuverletzungen ein befürchtetes Unglück oder eine Strafe abwenden. Bei Veränderungen gesellschaftlicher Verhältnisse sind Enttabuisierungen oder Verschiebungen von Tabus zu beobachten. Ein Tabu ist etwas zutiefst Verbotenes, steht aber auch für etwas Unausgesprochenes, das weit über eine Einschränkung durch vernünftige Verhaltensformen (Sitte oder Gesetz) hinausgeht. Wir haben es vielmehr mit Schranken der Scheu zu tun, die aus vorrationalen, instinktiven, auch zutiefst religiösen Haltungen des Abscheus oder auch der Ehrfurcht herrühren. Tabus beruhen auf gesellschaftlich – überwiegend nonverbal – vereinbartem Verhalten und werden häufig als Schutz- und als Abwehrzauber zugleich beschrieben. Nahezu alle Gesellschaften kennen das Inzesttabu, das Tabu des Kannibalismus, sowie Tabus bezüglich Sterben und Tod. Aufgrund ihres sehr existenziell erfahrenen Erlebens stehen Tabus in engem Zusammenhang mit Körperlichkeit und Sinneswahrnehmung. Diese Haltungen können sich auch sekundär auf andere, als befremdlich erscheinende Lebewesen oder Dinge erstrecken.

Freud beschäftigt sich in seiner Arbeit *Totem und Tabu* (1912–13) vor allem mit der Entwicklung des menschlichen Inzesttabus, das er für zentral hielt. Aber auch der Umgang mit dem Tod wird in den Riten der Naturvölker beschrieben, insbesondere ihre Verbote, ihre religiösen Verhaltensweisen sowie ihre ambivalente Einstellung gegenüber den Verstorbenen. Tabuvorschriften beziehen sich häufig auf den Umgang mit Kranken, Schwachen und Hilfsbedürftigen. Eine Einordnung des Tabu-Begriffs gibt Freud, wenn er schreibt:

> »Die Tabubeschränkungen sind etwas anderes als die religiösen oder moralischen Verbote. Sie werden nicht auf das Gebot eines Gottes zurückgeführt, sondern verbieten sich eigentlich von selbst; Von den Moralverboten scheidet sie das Fehlen der Einreihung in ein System, welches ganz allgemein Enthaltungen für

> notwendig erklärt und diese Notwendigkeit auch begründet. Die Tabuverbote entbehren jeder Begründung, sie sind unbekannter Herkunft; Für uns unverständlich, erscheinen sie jenen selbstverständlich, die unter ihrer Herrschaft stehen« (Freud 1912–13, S. 27).

Freud untersucht das Tabu auch anhand des Umgangs mit dem Tod. Überlegungen mit dem Vergleich zur Zwangsneurose, die er auch als »Tabukrankheit« mit den entsprechenden Verschiebungen, Kompromissbildungen und Ersatzhandlungen beschreibt, führen ihn zu der Annahme, dass dem Verstorbenen nicht nur liebevolle Regungen entgegengebracht werden, sondern auch hasserfüllte, die jedoch nicht bewusst werden dürfen. Es wird eine ambivalente Gefühlseinstellung unterstellt, die mittels verschiedenartigster Tabugebräuche im Griff gehalten werden soll. Der Konflikt (Trieb und Verbot) ist unlösbar und wie bei allen Ambivalenzkonflikten besteht im Unbewussten die Tendenz fort, Verbote zu übertreten, die mit den stärksten Gelüsten der Menschen verbunden sind. Die Unterwerfung unter ein Tabu zieht demnach eine ambivalente Einstellung gegen das vom Tabu betroffene Verbot nach sich. Freud schreibt: »Grundlage des Tabus ist ein verbotenes Tun, zu dem eine starke Neigung im Unbewussten besteht« (Freud 1912–13, S. 42). Warum sollte man sonst eine Handlung verbieten, wenn eine natürliche Abneigung gegen sie bestünde? Bei Übertretung des Verbotes wird in der Regel mit einer schweren Strafe oder einem Schicksalsschlag gerechnet, nicht selten auch als Verschiebung mit einem Schlag gegen die nächsten Angehörigen. Die allgemeine Tendenz der Ausgrenzung von Menschen, die mit einem Tabu behaftet sind, erweckt den Anschein, als sei eine Ansteckung zu erwarten. Das lustvolle Überschreiten von Grenzen, die sich die ganze Kultur im sozialen Miteinander auferlegt hat, erweckt Neid und die Tendenz zur Nachahmung, als hätte die Berührung mit einem Tabu die Macht, Menschen zu verzaubern und in Versuchung zu führen. Wer das Verbotene tut, wird selbst tabu, häufig in traumatischer Weise. Tabus knüpfen an uralte Verbote an, zu denen eine starke Neigung bestand. Diese haben sich von Generation zu Generation mit den entsprechenden Modifikationen fortgepflanzt. Es sind in der Regel die primitivsten Gelüste aus der frühen Kindheit, die später der Verdrängung anheim gefallen sind, jedoch im Unbewussten weiterhin wirksam bleiben. Im Falle des Tabus, das sich um den Umgang mit Tod und Sterben rankt, geht Freud von unbewussten Mordimpulsen aus, die sozialen Zielen zuwider laufen und in allen Gemeinschaften schwersten Sanktionen unterliegen.

Sich vorzustellen, dass Menschen, die bedeutend älter sind als man selbst, noch Sex haben, ist schwer. Das beginnt bei den eigenen Eltern, obwohl die eigene Existenz das Gegenteil bezeugt, und wird bei den eigenen Großeltern noch schwieriger. Sexualität wurde traditionell mit Fortpflanzung verknüpft, kirchliche und moralische Vorstellungen änderten sich erst in der jüngeren Zeit. Durch die Emanzipationsbewegung und die Entwicklung von zuverlässigen Methoden der Empfängnisverhütung genießt der Mensch in der Postmoderne die Möglichkeit, Sexualität freier auszuleben. Die Untersuchung der kindlichen Sexualität und deren Schutz fand zunehmend Beachtung in der Öffentlichkeit. Die Vorstellung und öffentliche Bebilderung von Sexualität bleibt jedoch eng an jugendliche Frische, Waschbrettbäuche, glatte Haut und allzeitige Potenz gebunden. War die Nacktheit noch vor wenigen Jahrzehnten in physischer und psychischer Form tabu, erscheint sie heute in der Öffentlichkeit in manchen Bereichen sogar tonangebend. Doch die durchweg ästhetisierte Form der Darstellung verweist darauf, dass eine Form gefunden wurde, mit dem Tabu von Sexualität und Nacktheit zurechtzukommen. Die offene, ungeschönte Darstellung von Sexualität, egal in welchem Alter, bleibt dabei auch weiterhin die Ausnahme.

Die authentische Darstellung von sexuell erregten Körpern älterer Menschen spitzt das Tabu in besonderer Weise zu und erinnert darüber hinaus daran, dass wir alle sterblich sind. Der physische Verfall geht kontinuierlich vor sich, aber gern möchte man diese Vorstellung und erst recht die Bilder dazu verdrängen. Die illusionäre Aufteilung von Sexualität, Lebendigkeit und Jugend einerseits und Keuschheit, Starre und Verfall andererseits gerät damit ins Wanken. Der Tod als unausweichlicher »Fact of life«, wie Money-Kyrle (1971) ihn bezeichnet, bleibt innerlich nur schwer zu akzeptieren; heutzutage arbeitet die moderne Medizin mittels Botox und anderen, immer ausgefeilteren Faltenkaschierungsmethoden kräftig dagegen an. Sex im Alter wirkt hässlich, er erinnert ans Sterben. Die nackten, faltigen Körper zu Beginn des Films wirken auf den Betrachter erschreckend, weil die Angst vor dem eigenen Tod und Verfall so groß ist. Der sterbende oder verstorbene Mensch ist schlechthin tabu, einem Bollwerk gegen ein existenziell wahrgenommenes Chaos entsprungen. Tabus sollen magischen Schutz gegen jeglichen Einbruch in bestehende und lebenserhaltende Ordnungen bieten. Sterben und die Sterblichkeit zeigen eine grundlegende existenzielle Gefährdung auf. Die Einhaltung des Tabus vermittelt in diesem Zusammenhang eine vermeintliche Möglichkeit des Einflusses auf existenzielle Gegebenheiten angesichts vorherrschender Gefühle von Hilflosigkeit und Ausgeliefertsein.

Für jeden Menschen ist das Alter der Lebensabschnitt, in dem er sich mit den Begrenzungen und potenziell noch möglichen Wegen in seinem Leben auseinandersetzen muss. Unsere westliche Gesellschaft wird immer älter und die sich daraus ergebenden Konflikte zwischen den Generationen sind facettenreich. In unserer Gesellschaft, die überwiegend auf Leistung, Funktionieren und Profitmaximierung ausgerichtet ist, werden alte Menschen in ihrer Existenz zunehmend als kontraproduktiv angesehen und ausgegrenzt. Sie kosten nur noch Geld, Zeit und Aufmerksamkeit. Aggressionen und zutiefst ambivalente Gefühle gegenüber alten Menschen können immer weniger im sozialen System abgefedert werden und zeigen sich heute zunehmend offener und aggressiver im Ton. Wen wundert es, wenn alte Menschen sich diesem Bild anpassen, sich zurücknehmen oder nur noch als Last empfinden. In dem Maße, wie die öffentliche Wahrnehmung von alten Menschen dadurch geprägt ist, dass steifbeinige Menschen aus Reisebussen steigen, für den Kauf von Häkel- und Wärmedecken umworben werden und farblich in einheitlichem Graubeige mit ebensolcher Frisurentracht das Straßenbild prägen, werden auch die Rollen in Film und Fernsehen entsprechend putzig, niedlich oder kindisch ausfallen. Fakt dabei bleibt allerdings, dass körperlicher Verfall oder gar Gebrechen an niemandem vorbeigehen, aber das sinnliche oder sexuelle Erleben folgt seinen eigenen Gesetzen. Stützstrümpfe und Gehhilfen erleichtern nicht erst im Pflegeheim das Leben. Aber wer bringt Stützstrümpfe mit sexuellem Begehren zusammen?

Der Film macht deutlich, dass leidenschaftliche Gefühle kein Alter kennen, dass Sexualität nicht in Rente geht. Liebeskummer, der Terror der Liebe, das ewige Wüten der Triebe, das Ausgeliefertsein gegenüber den eigenen archaischen Emotionen, das lustvolle Begehren und manchmal auch der Sieg der Unvernunft über das Rationale, der ganze Lebensentwürfe in die Luft sprengen kann, hören nicht auf. Das Ideal vom weisen, abgeklärten Menschen wird damit brüchig – die Frage nach Egoismus und Verantwortlichkeit in Beziehungen, auch dem eigenen, nicht genutzten Potenzial gegenüber, bleibt damit virulent und erfordert höchst individuelle Antworten. Alte Menschen erleben aber offenbar die Tragweite, die Entscheidungen in ihren Beziehungen mit sich bringen, viel eindrücklicher – in diesem Falle traumatisch und existenziell. Während man als Jugendlicher auf »Wolke 7« schwebt, ist es im Alter »Wolke 9«

(die Synthese aus »Wolke 7« und der englischen Entsprechung »cloud nine«). Liebe als Verhängnis ist ein klassischer Fall und die Tragödie etwas Alltägliches, aber bei Senioren scheint die Fallhöhe entsprechend vergrößert.

Die Gefühlspalette alter Menschen, ihre Liebe, aber auch ihre Wut, die Unsicherheit, die Angst vor Verletzung und Beschämung, unterscheidet sich nicht von den Gefühlen jüngerer Menschen. Dass Inge, Werner und Karl Rentner sind, scheint der Liebe ganz egal. Inges unschuldige Verliebtheit führt schließlich zu einer Entscheidung über Leben und Tod. Dabei ist sie sich ihrer Verantwortung in ihrem Handeln voll bewusst. Die Traurigkeit am Ende des Films erscheint angesichts der klassischen Tragödie konsequent. Der moralische Konflikt zwischen Lust und Verantwortung, Egoismus und Gemeinsinn, der so alt ist wie der Mensch selbst, stellt den zentralen Drehpunkt des Films dar. Das Tabu ist mit diesem zentralen Menschheitskonflikt zutiefst verbunden. So erzählt der Film vor allem über ein sehr allgemeingültiges Thema, das durch das Alter der Protagonisten lediglich ein Zuspitzung erfährt: Vom Mut, Sicherheiten im Leben aufzugeben und seinem Herzen zu folgen, innere Realitäten mit den äußeren in Beziehung zu setzen und traumatische Entwicklungen unter Umständen nicht verhindern zu können, weil das Triebleben seinen eigenen Regeln folgt. Der Begriff »Tabu« stammt von der Wortbedeutung »heilig« ab, bezeichnet in seinem Gegenteil jedoch ursprünglich auch etwas »Gewöhnliches, Allgemeingültiges« (Freud 1913, S. 27). Insofern bebildert der Film tatsächlich ein Tabu: Die verleugnete, aber allgemeingültige Tatsache, dass Senioren nicht nur ein Sexualleben haben, sondern auch tiefe und widersprüchliche Gefühle, sowie Entwicklungsmöglichkeiten, über die sie gerne selbst bestimmen möchten. Damit ist der Film ein Plädoyer für die Akzeptanz der inneren Realität alter Menschen und ein Aufruf zur Emanzipation des Alters.

Literatur

Freud, Sigmund (1913): Totem und Tabu. GW, Bd. IX.

Money-Kyrle, R.E. (1971): The Aim of Psychoanalysis. Int. J. Psycho-Anal., 52, 103–106.

I.2
Beziehungstraumata: Sexuelle und aggressive Übergriffe

Adams Äpfel

Dänemark, 2005, 89 Min.
Regie: Anders Thomas Jensen
Hauptdarsteller: Ulrich Thomsen, Mads Mikkelsen, Paprika Steen

Angelika Voigt-Kempe

»Hiob hört die Bee Gees«, so betitelt der *Kölner Stadtanzeiger* in einer Rezension diesen Film. Den Boden bildet die alttestamentarische Geschichte des vom Schicksal schwer geprüften Hiob, der trotz Unglück und Leid an seinem Glauben festhält. Der moderne dänische Hiob heißt Ivan, ein penetrant frohgemuter Pfarrer einer kleinen Landgemeinde. Sein Lieblingslied ist offenbar der Song *How deep is your love*, der gleichsam sein Lebensmotto zu vertonen scheint. Denn in der Tat wirkt seine Liebe so unerschütterlich wie sein fanatischer Glaube an das Gute im Menschen, das er mit missionarischem Eifer unter Beweis zu stellen sucht. Er hat sich zur Aufgabe gemacht, eine Schar gestrandeter Existenzen wieder auf den rechten Weg zu bringen, als da bereits wären: Gunnar, ein übergewichtiger, kleptomanischer, alkoholabhängiger Vergewaltiger und Khalid, ein schießwütiger arabischer Tankstellenräuber und Möchtegern-Terrorist. Nirgends scheinen die Straffälligen besser aufgehoben zu sein als bei Ivan, denn er glaubt nicht an das Böse. Von einer Resozialisierung der Betroffenen ist in dieser Oase der Nächstenliebe jedoch noch nichts zu sehen, als sich Adam zu ihnen gesellt.

Der Pfarrer holt Adam in der dänischen Einöde vom Bus ab. Wir sehen einen glatzköpfigen, muskelbepackten und Gewaltbereitschaft signalisierenden Neonazi, der sich offenbar ebenso wenig bessern will, dem jedoch Ivans Naivität und gnadenlose Güte sofort suspekt erscheinen. Seine Devise teilt Ivan auch gleich zu Beginn des Films dem Neuankömmling mit, indem er sagt: »Es gibt keine schlechten Menschen« und »Alle, die hier waren, haben den rechten Pfad bei uns gefunden.« Adam hat die Bewährungsauflage, drei

Monate in der betreuten Wohngemeinschaft des Pfarrers zu verbringen. Die pädagogisch wertvolle Aufgabe, wohl um sich seiner Missetaten bewusst zu werden und sich zu bessern, die er achselzuckend übernimmt, scheint lächerlich: Er will backen, und zwar einen Apfelkuchen aus den Früchten des hauseigenen Apfelbaums. Doch insgeheim beschließt Adam etwas ganz anderes: Er will die heile Welt und den Mann, der über die allerbesten, zur Karikatur entgleisten Sozialpädagogenmanieren verfügt, der scheinbar keine Gemeinheit kennt, brechen und in seinem naiven Glauben an Gott und das Gute erschüttern, notfalls mit Gewalt. *How deep is your love* – diese Frage scheint Ivan geradezu wörtlich zu nehmen, denn er hält dem Neonazi nicht nur seine andere Wange hin, sondern seine gesamte sterbliche Erscheinung. Er steckt die Prügel weg, als sei nichts geschehen. So muss Adam gleich zu Beginn des Films einsehen, dass rohe Gewalt gegen die wahnhafte Verleugnung der Wirklichkeit nichts bringt. Der Regisseur schickt damit sozusagen zwei Fundamentalisten aufeinander los, die im vordergründigen Duell um Gut und Böse, letztlich um die Anerkennung einer Wirklichkeit ringen, die man miteinander teilen kann. Dabei verbeißt sich der Neonazi, ohne es recht zu wollen, in einen Kreuzzug gegen die manische Güte und die Propaganda einer heilen Bilderbuchwelt.

Ivan, der für alles Verständnis aufzubringen scheint, selbst als Adam ihn brutal zusammenschlägt und ihm die Nase bricht, ist in seiner reinen Gegenwärtigkeit für Adam wie eine permanente Beleidigung und persönliche Provokation. Seine Barmherzigkeit entpuppt sich als zwanghafte Besessenheit. Wenn sich jemand vor dem Gottesdienst drücken oder seine Kekse wegessen will, schlägt Ivans fiese Seite durch, dann entpuppt er sich als entrückter Tyrann, der keine Widersprüche duldet. Adam wird den Pfarrer schon noch dazu bringen, die Existenz des Bösen anzuerkennen. Er will herausfinden, wie lange der gutmütige Pfarrer noch bereit ist, beide Augen zuzudrücken und beide Wangen hinzuhalten. So sagt er sich: »Ich muss den knacken, diesen Himmelsboten mit seiner Barmherzigkeitspisse.« Noch fällt das Hitlerbild bei jedem morgendlichen Glockenschlag von der Wand, aber nicht mehr lange. Denn des Pfarrers heilige Einfalt, seine durch nichts zu brechende Zuversicht ist schließlich eine Zumutung, nicht zuletzt für den wachen Intellekt. Der Fanatismus des Guten ist nicht zu ertragen.

Nachdem Adam das Jesuskreuz über der Kommode in seinem Zimmer entfernt und durch ein Hitler-Portrait ersetzt hat, bemerkt Ivan: »Was für ein gut aussehender Mann, ist das dein Vater?« Adam antwortet entrüstet: »Das ist Hitler.« Ivan entgegnet: »Nein, Hitler hatte einen Vollbart.« Nach kurzer Überlegung gibt Ivan zu, dass er ihn offenbar mit einem Russen verwechselt hat, eine Diskussion, die man so offenbar nur in dänischen Filmen führen kann. Über diese Art schwarzen Humors lässt sich sicher streiten, aber ohne diesen vertrackten und närrischen Witz wäre der Film vielleicht für den Zuschauer unerträglich. Sigmund Freud hielt bekanntlich viel vom Humor. Er sah in der Lust am Witz einen Gewinn für das Seelische, der sich aus einem gesparten Gefühlsaufwand ergibt. Er schreibt über den Humor: »Aus dem ersparten Gefühlsaufwand wird nun beim Zuhörer die humoristische Lust«, und weiter: »Kein Zweifel, das Wesen des Humors besteht darin, dass man sich die Affekte erspart, zu denen die Situation Anlass gäbe.« Insofern habe der Humor auch etwas »Großartiges und Erhebendes«, was einen »Triumph des Narzissmus in der siegreich behaupteten Unverletzlichkeit des Ichs« darstelle. »Das Ich verweigert es, sich durch die Veranlassungen aus der Realität kränken, zum Leiden nötigen zu lassen, es beharrt dabei, dass ihm die Traumen der Außenwelt nicht nahe gehen können« (Freud 1927b, S. 385). Im Film steht diese Aufwandsersparnis des Seelischen für den Zuschauer offenbar in direktem Zusammenhang mit der Verleugnung der bedrohlichen Realität. Er kann selbst lustvoll nachvollziehen, was für Ivan zur Lebensnotwendigkeit geraten ist. Große Denker haben schon lange den Humor mit den dunklen Seiten des Lebens und bitteren Wahrheiten in Verbindung gebracht. Hier wird der Antagonismus von Komik und Tragik unmittelbar evident.

Den paradiesischen Apfelbaum gibt es in diesem Film wirklich, bis dato offenbar ein unauffälliges Gewächs neben der Kirche. Doch er scheint fortan von einer dritten Macht befallen zu sein, gleichsam als hätte Gott selbst auch noch ein Wörtchen mitzureden in dem Gefecht um Gut und Böse. Jetzt werden die Äpfel vom Pfarrer gleich seinem eigenen Augapfel behütet, da sich an ihnen das Gute mittels eines Apfelkuchens erweisen soll. Dieser biblische Baum von Adam und Eva wird ja bekanntlich von einer listigen Schlange bewohnt und führt zur Vertreibung des Menschen aus dem Paradies; man könnte sagen, dem Paradies der menschlichen Naivität und Unwissenheit, da Eva den verbotenen Apfel vom Baum der Erkenntnis pflückt, der Erkenntnis von Gut und Böse. Damit kommen das Wissen und Erkennen der dunklen Seiten in die Welt, das Wissen um die »Facts of Life« (Money-Kyrle 1971), wie Analytiker die unhintergehbaren und schmerzlichen Fakten der Realität nennen, denen alle Menschen unterworfen sind. Welche sind die Fakten? 1. Getrenntheit von anderen und die Tatsache der Abhängigkeit, d.h. es gilt zu realisieren, dass wir alle auf den Kontakt zu guten Objekten/Beziehungen angewiesen sind, die außerhalb von uns selbst liegen und die sich damit unserer unmittelbaren Kontrolle entziehen. 2. Das Ausgeschlossensein von der sexuellen Beziehung der Eltern, der Urszene, als eines höchst schöpferischen Aktes und die damit verbundene ödipale Problematik mit der grundlegenden Lebenstatsache des Geschlechts- und Generationsunterschiedes, was bedeutet, dass wir uns nicht selbst erschaffen können. 3. Der Tod als Realität des Lebens, d.h. die Anerkennung der Unausweichlichkeit der Zeit und damit verbunden die Anerkennung, dass alles Gute nicht endlos weiterbesteht und letztlich Teil der Außenwelt ist.

Die Voraussetzung dafür, dass wir die schmerzlichen Affekte aushalten können, die damit verbunden sind, wenn wir diese Realitäten des Lebens anerkennen, liegt in einem selbstreflexiven Ich, das gleichsam in der Lage ist, einen dritten Standpunkt einzunehmen, und sich nicht mit illusionistischen Konstrukten trösten muss. Während Eva einst das Böse, die Erkenntnis und die Ambivalenz in die paradiesische Welt brachte, erscheint Adam als ihr getreuer Nachfolger. Ivan sieht dagegen jede Schwierigkeit oder Provokation als Versuchung des Bösen an, als Prüfung des Satans am Menschen, so wie es in der Hiobsgeschichte dargestellt ist. Dort prüft Gott seinen getreuen Knecht Hiob, indem er mit dem Teufel um dessen Rechtschaffenheit und Gottgläubigkeit wettet. Nachdem diesem sogar die Hiobsbotschaften vom Tod all seiner Kinder übermittelt worden sind und als er mittellos dasteht, sagt er: »Der Herr hat's gegeben, der Herr hat's genommen, der Name des Herrn sei gelobt«, und bringt damit zum Ausdruck, dass er sich der Tatsache bewusst ist, dass all sein Besitz und Glück wie ein Geschenk oder überlassenes Erbe anzusehen sind und nicht aus ihm selbst heraus geschaffen wurden. Er kann die Tatsachen des Lebens anerkennen und sich eben nicht als Zentrum und Erfinder der Welt erleben. Er kann anerkennen, dass es etwas Drittes gibt, auf das er keinen direkten Einfluss auszuüben vermag. Hiob kann schließlich in einen Dialog mit dieser übermächtigen Instanz eintreten. Adams Äpfel werden von biblischen Plagen heimgesucht, zuerst von den Raben (Hitchcocks Vögel lassen grüßen), die auf die Äpfel einhacken und sie zerfressen. Um die guten Äpfel zu schützen, werden diese kurzerhand von Khalid abgeknallt und aus Versehen Gunnars Kätzchen gleich mit. Dann befallen Würmer den Baum und die gesamte WG wird schließlich von den aufgebrachten Neonazi-Freunden Adams – der *Schwuchteltruppe,* wie Khalid sie nennt – bedroht. Auch all diese Ereignisse hält Ivan für Prüfungen Gottes; genauso wie das tagtägliche Leben selbst als Herausforderung anzusehen ist, diesen Prüfungen zu widerstehen.

Die schwangere Alkoholikerin Sarah, die sich zu dem Grüppchen gesellt, erwartet offenbar ein behindertes Kind. An diesem Thema macht sich Ivans eigene traumatische Lebensgeschichte fest. Ivan bestärkt Sarah, an das Gute, sprich, an ein gesundes Kind, zu glauben. Doch als sie Ivans angeblich gesunden Sohn kennen lernt, bricht sie voller Verzweiflung zusammen, denn dieser ist offensichtlich körperlich und geistig schwerstbehindert. Auch Adam erkennt nun, dass sich hinter der unerschütterlichen Barmherzigkeit Ivans eine tragische persönliche Vergangenheit verbirgt. Ivan biegt sich die Realität so zurecht, bis sie in sein gnadenlos positives Weltbild passt. Als Adam nun nach und nach erfährt, was Ivan selbst mit aller Macht in seinem Leben vergessen will, konturiert sich der Kampf zwischen den beiden Männern um Ivans traumatische Lebensgeschichte herum. Wie eine Prüfung zur Frage, wie viel Leid ein Mensch eigentlich ertragen kann, erfahren wir aus Ivans Leben, dass seine Mutter bei seiner Geburt starb, der Vater ihn und seine Schwester auf brutalste Weise vergewaltigte und Ivans Frau sich umbrachte, nachdem ihr behinderter Sohn geboren war. Und in Adams Äpfeln ist mittlerweile buchstäblich der Wurm drin. Alles Gute in Ivans Leben scheint – wie es im Buch Hiob heißt – in die Hand des Satans gegeben.

Ivan verschließt die Augen vor der Realität, er kann die Wirklichkeit nicht sehen, ohne sich dadurch existenziell bedroht zu fühlen. Sein blutrünstig-perverser Hausarzt kommentiert diesen Sachverhalt sehr treffend mit dem Satz: »Es würde ihn umbringen, wenn man ihn zwingt, bestimmte Dinge anzugucken.« Ivan leidet an einem bösartigen Gehirntumor, eine Tatsache, die er total verleugnet. Nur die komplette Ausblendung seiner Schicksalsschläge hält ihn aufrecht und am Leben. Immer, wenn Adam ihn zwingt, die Realität scharf ins Auge zu fassen, blutet er aus dem Ohr. Sobald Adam ihn mit der eigenen traumatischen Vergangenheit, seinen Schicksalsschlägen und der aktuellen Realität konfrontiert, droht die körperliche und psychische Vernichtung. Die Verleugnung gilt seit Freuds Ausführungen zum Fetischismus (vgl. Freud 1927a) als ein Abwehrmechanismus, der anders als die Verdrängung der Psychose nahesteht. Er beruht auf einer Ichspaltung und ist im extremen Fall in der Lage, die Realität für das Bewusstsein so zu verändern, dass Halluzinationen oder Wahnbildungen eine eigene Wahrnehmung der Wirklichkeit erschaffen. Dabei werden Ereignisse oder Selbstzustände, z.B. schwere Verlusterlebnisse, unerträgliche traumatische Zustände oder schmerzhafte Verlassenheitssituationen, die den Wahnsinn auslösten, ersetzt um den Preis einer gestörten Realitätsprüfung in Verbindung mit der zwanghaften Produktion einer erträglichen, alternativen Wunschvorstellung von der Welt. In der Neurose ist das überforderte Ich ebenfalls bestrebt, eine unerträgliche Vorstellung zu beseitigen, doch hier zeigt sich der misslungene Versuch in der Wiederkehr des Verdrängten, im Symptom. Freud schreibt: »Die Neurose verleugnet die Realität nicht, sie will nur nichts von ihr wissen; die Psychose verleugnet sie und sucht sie zu ersetzen« (Freud 1924, S. 365).

Als Ivan selbst in Anwesenheit seines offensichtlich schwerstbehinderten Sohnes diese Realität leugnet und behauptet, das Kind sei kerngesund, verliert Adam die Geduld und schreit ihn an: »Der ist gelähmt.« Das soll sein Sohn Christopher nicht hören, er wird in den Nebenraum geschoben. Schließlich behauptet Ivan weiter, Christopher wäre nicht behindert, er hätte nur eine Grippe, der Suizid seiner Frau wäre ein Unfall gewesen etc. Ivan blutet aus dem Ohr und wird nicht müde, die Musikkassette im Auto einzuschalten. *How deep is your love*, der Song übertönt jetzt die Worte Adams, der ihm die unerträglichen Fakten seines Lebens ins Ohr schreit. Ivan ist immer weniger in der Lage, die Wahrheit zu hören und schließlich liegt er, aus dem Ohr blutend und bewusstlos geprügelt, am Boden in der Kirche. Schlimmer als die körperliche Misshandlung erscheint jedoch die Mitteilung Adams: »Gott prüft dich nicht, Gott hasst dich«, deshalb die vielen Schicksalsschläge. Adam sieht nach der Lektüre der Hiobsgeschichte eine Möglichkeit, Ivan damit einen entscheidenden Stoß zu versetzen. So wird alles Gute auch für Ivan zur Illusion. Jetzt tobt draußen ein Unwetter und ein Blitz zerstört den Apfelbaum und den Backofen. Diese Zeichen einer höheren Macht scheinen Adam zur Besinnung zu bringen. Jetzt kümmert er sich um Ivan, der immer noch bewusstlos in der Kirche liegt. Er bringt ihn ins Krankenhaus.

Es gibt nicht mehr nur Gut und Böse. Die Einführung von etwas Drittem führt zu einer neuen Entwicklung. Der Film nimmt eine Wendung, als Ivan realisiert, dass er sterben wird und auch die anderen dieser endlichen Gewissheit nicht mehr ausweichen können. Trauer, Tod, Abschied werden jetzt als emotionale Qualitäten für alle Beteiligten spürbar. Adams Gewaltbereitschaft zerbröselt. Ivan resigniert und sagt zu seinem Sohn: »Gott hasst uns,

Christopher«, und später: »Ich werde sterben.« Spätestens jetzt wird für alle Beteiligten erkennbar, dass im Grunde der gute Hirte selbst am dringlichsten Hilfe benötigt. Adam fühlt sich zunehmend für das Schicksal der gestrandeten Existenzen verantwortlich. Ein zufällig abgefeuerter Kopfschuss beendet das Krebsleiden und trägt auf diese Weise zu einem Happy End bei. Am Ende heiraten die junge Mutter und der Triebtäter. Sie wollen mit ihrem behinderten Kind nach Indonesien, denn »da fällt es weniger auf, dass er ein Mongölchen ist«, wie Gunnar sagt.

Am Schluss sehen wir Adam als *Rechte Hand* Ivans, dem die Haare dänischblond nachgewachsen sind. »Dem Auge fehlt nichts«, antwortet er dem Neuankömmling an der Bushaltestelle, der sich fragt, was mit Ivans Auge passiert ist. Ist es ein erneuter Blick durch die rosarote Brille oder ein Hinweis darauf, dass man den Dingen jetzt schärfer ins Auge blicken kann? Beides ist denkbar. Adam und Ivan scheinen sich am Ende ausgesöhnt zu haben, sich wie Gut und Böse gegenseitig zu brauchen. Zusammen singen sie jetzt den Song der *Bee Gees*. So lässt der Film offen, ob er über die Unveränderbarkeit des Menschen berichten möchte oder ein modernes Märchen mit Happy End darstellt. So könnte *Adams Äpfel* auch als Aussage über die menschliche Kraft gesehen werden, die selbst aus dem zerstörerischsten Impuls noch etwas Gutes zu schaffen genötigt ist. Am Ende kann Adam nicht anders, als Mitleid und Dankbarkeit zu empfinden. Er übernimmt Verantwortung für sich und andere und backt allen Katastrophen und Widerständen zum Trotz einen Apfelkuchen. Einen sehr kleinen, aber einen, den man essen und in zwei Hälften teilen kann. Was bleibt ist sicher die Frage, wie viele Illusionen der Mensch braucht, um nicht an der Härte einer mehr oder weniger traumatisierenden Realität zu zerbrechen. Die dänischen Pastoren konnten offenbar mit diesem Thema etwas anfangen. Sie zeichneten den Film mit ihrem Kulturpreis *Gabriel* aus.

Literatur

Freud, Sigmund (1924): Der Realitätsverlust bei Neurose und Psychose. GW, Bd.13. Frankfurt (Fischer Verlag).

Freud, Sigmund (1927a): Fetischismus. GW, Bd.14. Frankfurt (Fischer Verlag).

Freud, Sigmund (1927b): Der Humor. GW, Bd. 14. Frankfurt (Fischer Verlag).

Money-Kyrle, R.E. (1971): The Aim of Psychoanalysis. I.J.Psycho-Anal. 52, 103–106.

Brokeback Mountain

USA 2005, 134 Min.
Regie: Ang Lee
Hauptdarsteller: Heath Ledger, Jake Gyllenhaal, Michelle Williams, Anne Hathaway

Brigitte Ziob

Der Film *Brokeback Mountain*, inszeniert von dem taiwanesischen Regisseur Ang Lee, befasst sich mit der Verdrängung der sexuellen Identität vor dem Hintergrund einer homophoben Gesellschaft. Die Vorlage zu *Brokeback Mountain* ist die gleichnamige Kurzgeschichte der Pulitzer Preisträgerin Annie Proulx, die 1997 erstmals im *New Yorker* abgedruckt wurde. Die Autorin erwartete empörte Leserbriefe, weil ihre Erzählung keine konventionelle Geschichte ist, sondern von der Liebe zweier Cowboys handelt. Stattdessen bekam sie Post von Rancharbeitern, Cowboys und Vätern, die ihr schrieben, dass sie »ihre« Geschichte erzählt habe oder dass sie nun ihren Sohn besser verstehen könnten. Die renommierten Drehbuchautoren Diana Ossana und Larry McMurtry arbeiteten *Brokeback Mountain* zu einem Drehbuch um. Aber acht Jahre lang fanden sich weder Studio noch Regisseur, die das Buch realisieren wollten. Für die Autorin lag das einerseits daran, dass die Geschichte sexuell zu eindeutig war für den Mainstream-Geschmack, und andererseits an der Ablehnung von Hollywood-Schauspielern, Schwule zu spielen. Mit Ang Lee fand man dann einen prominenten Regisseur, dem man die Umsetzung der riskanten Geschichte zutraute. So entstand ein Film, der später mit großen amerikanischen Liebesdramen wie *Vom Winde verweht*, *Titanic* und *Casablanca* verglichen wurde.

Brokeback Mountain erzielte nach seiner Premiere weltweite Beachtung, was besonders auf die intensive Darstellung des kürzlich so tragisch verstorbenen Schauspielers Heath Ledger in der Rolle des in sich gekehrten, wortkargen Ennis DelMar zurückzuführen ist.

Ausschlaggebend für die Kurzgeschichte von Annie Proulx war eine Szene, die sie in einer Bar in Wyoming beobachtete hatte:

> »Eines Abends war mir in einer Kneipe im Norden ein älterer Rancharbeiter aufgefallen, etwa Ende sechzig und mit weltlichen Gütern nicht gerade gesegnet. Er hatte sich am Freitagabend fein gemacht, aber seine Kleidung war ein bisschen schäbig … Er war ganz dünn und mager, auf eine zähe Weise muskulös. Er lehnte an der Wand und sein Blick heftete sich nicht auf die vielen hübschen und herausgeputzten Frauen in dem Raum, sondern auf die Cowboys, die Billard spielten. Sein Gesichtsausdruck hatte etwas, etwas wie eine bittere Sehnsucht, was mich überlegen ließ, ob er ein ländlicher Schwuler sein könnte« (Proulx 2006, S. 350).

In diesem Bild zeigt sich schon, worum es in *Brokeback Mountain* geht: um unerfüllte Wünsche und verpasstes Leben.

Annie Proulx' Erzählung *Brokeback Mountain* beginnt 20 Jahre vorher, 1963: Zwei junge, wortkarge Männer lernen sich bei der Arbeit kennen und verlieben sich ineinander. Als Ort wählte Annie Proulx den Bundesstaat Wyoming, den, wie sie sagt, schwulenfeindlichsten Ort der USA.

Die Hauptfigur des Films ist Ennis del Mar, um ihn rankt sich die Geschichte einer massiven Verleugnung der eigenen sexuellen Identität. Er trifft auf Jack Twist, und zwischen ihnen entwickelt sich die große Liebe ihres Lebens, was beiden zu Beginn des Films noch nicht klar ist. Beide entstammen der weißen, ländlichen Unterschicht. Sie schlagen sich mit Gelegenheitsjobs durch, es gibt keinen High-School-Abschluss, keine Perspektiven, nur den Traum, später eine eigene Ranch zu besitzen und dafür Geld zu sparen. Beide sind unter harten Bedingungen aufgewachsen. Ennis verlor seine Eltern durch einen Autounfall, als er zwölf war. Er wurde von seinen älteren Geschwistern aufgezogen und besuchte die High School, bis der klapprige Farmwagen den Geist aufgab. Jack wuchs auf einer abgelegenen Farm unter ähnlichen ärmlichen Verhältnissen auf und versucht, sich als Rodeo-Reiter durchzuschlagen. Sie sind noch keine zwanzig Jahre alt, als sie sich begegnen. Sie wollen richtige Männer sein, ziehen ihre Stetsons tief ins Gesicht und geben sich cool. Sie sind harte Arbeit gewöhnt und erwarten nicht viel vom Leben.

Ihre Wege kreuzen sich, als sie sich bei der Arbeitsvermittlung für Farm- und Ranchpersonal melden, um den Sommer über Schafe zu hüten. Sie warten vor dem Büro, jeder unbeteiligt und cool, aber doch den Anderen aus den Augenwinkeln beobachtend, und es ist, als ob beim ersten Treffen schon Spannung in der Luft liegt. Sie bekommen den Job.

Etwas später sehen wir, wie die Beiden eine riesige Herde Schafe den Berg hochtreiben. So wird die Geschichte etabliert. Ang Lee bedient sich zweier klassisch amerikanischer Filmgenres: des Westerns und des Melodramas, um die Geschichte der beiden Cowboys zu erzählen, versetzt aber jedes Genre mit Brüchen. Er unterwandert das Bild des Cowboys, der als amerikanisches Symbol für Männlichkeit steht, wie es von harten Typen wie John Wayne verkörpert wurde oder vom Marlboro-Man, die Unabhängigkeit und Freiheit symbolisieren. Ang Lees Cowboys hüten Schafe, kochen, spülen, waschen Wäsche im Fluss und noch schlimmer – sie erweisen sich als schwul. Hier stürzt das Bild der amerikanischen Männlichkeitsikone. Drastischer kann es nicht sein. Aber auch das Genre des Melodramas als Inszenierung großer, unerfüllter Liebe gerät ins Wanken, da die beiden Liebenden zwei Männer sind.

In den USA wurde der Film sehr widersprüchlich aufgenommen. In der Schwulenbewegung verursachte der Film einen Medienrummel um das Bild des »Schwulen Cowboys«, das sowohl tabubrechend ist, als auch ein markantes Sexsymbol verkörpert.

In konservativen Kreisen wurde dem Film vorgeworfen, er untergrabe christliche Moralvorstellungen, indem die Werte von Ehe und Familie unterwandert würden, mit filmischen Mitteln die Sympathie auf die Protagonisten gelegt und der Ehebruch so beiläufig und selbstverständlich dargestellt werde. Politische Dimension bekam die Diskussion um den Film dadurch, dass die Botschaft des Western als beschmutzt angesehen wurde, der als Sinnbild für »wirkliche Bruderschaft« steht, die frei ist von jedweder Sexualisierung (vgl. Wikipedia).

Nicht ohne Grund hat Annie Proulx die Handlung an einen schwulenfeindlichen Ort gelegt. In einer homophoben Gesellschaft gibt es keinen Raum für gleichgeschlechtliche Paarbeziehungen. Stattdessen gibt es klare Geschlechtsrollenmodelle: Männer sind heterosexuell und maskulin, alles andere gilt als Verweiblichung und muss bekämpft werden. So fordert die Anpassung an die Realität der homophoben Gesellschaft die Verdrängung und Unterdrückung homosexueller Triebwünsche.

Zu Beginn ihrer Affäre haben Jack und Ennis noch nicht das Bewusstsein für ihr »Schwul-Sein«, sondern versuchen, das gängige Geschlechtsrollenmodell zu erfüllen: Ennis ist verlobt mit Alma und wird sie nach dem Sommer heiraten, und Jack erzählt stolz, wie es ist, wenn die hübschen Mädchen ihm beim Rodeo zuwinken, wenn er sich lange genug auf dem Bullen gehalten hat.

Aber oben, auf dem Brokeback Mountain, entwickelt sich ihre Geschichte anders. Ein Stilmittel von Ang Lee ist, dass die Locations immer mit der seelischen Verfassung der Protagonisten korrespondieren.

Die Weite der Landschaft und die Unendlichkeit des Himmels stehen für einen Freiheits- und Entwicklungsraum, der jenseits gesellschaftlicher Zwänge Möglichkeiten bietet, Erfahrungen zu machen, für die es bisher keinen Raum gegeben hat. Dagegen sind die Innenräume einengend, ärmlich und klein, besonders die Wohnung von Ennis, die wie ein Gefängnis erscheint, in dem er sich mit seiner behaupteten Heterosexualität selbst eingesperrt hat.

Die besondere Bedeutung der Landschaft in *Brokeback Mountain* beschreibt Ang Lee in einem Interview folgendermaßen:

> »Die Landschaft ist ja fast wie eine Figur in dem Film. Da ich als Chinese aufgewachsen bin, bin ich daran gewöhnt, dass man die Landschaft nutzt, um Ansichten, Meinungen und Gefühle auszudrücken, anstatt direkt davon zu sprechen. Wir sind ein unterdrücktes Volk« (TAZ, 9.3.2006).

Und wie die unterdrückten Gefühle und Haltungen für die Chinesen im Landschaftsbild einen Ausdruck erfahren, so steht die Weite des Brokeback Mountain für einen Ort jenseits gesellschaftlicher Zwänge und auch dafür, dass die erwachenden Triebregungen der beiden jungen Männer zu ihrer Natur gehören, also ihre sexuelle Identität darstellen.

Ang Lee inszeniert das sexuelle Erwachen von Ennis und Jack sehr subtil. Es wird wenig geredet, einzig die Körpersprache sagt aus, was sie empfinden: ein verstohlener Blick hier und da, Jacks Ausgelassenheit auf dem Pferd, ihre abendlichen, länger werdenden Gespräche. Sie beginnen miteinander zu flirten und versuchen spielerisch herauszubekommen, ob der Andere die Gefühle erwidert, ohne sich ihrer Bedeutung bewusst zu sein. Jack fällt es schwerer, sich abends vom gemeinsamen Lagerplatz zu trennen. Ennis übernimmt gerne die unangenehme Aufgabe für ihn.

Dann kommt der Abend, an dem sie zu lange am Lagerfeuer gesessen, zuviel Whiskey getrunken haben und Ennis zu betrunken ist, um sich zu den Schafen aufzumachen. Draußen ist es kalt, und Ennis landet bei Jack im Zelt. Sie fallen in einer explosiven und ungestümen Szene übereinander her. In dem sexuellen Akt offenbart sich ihr Begehren, das aufeinander gerichtet ist und nicht mehr zurückgehalten werden kann. Am nächsten Morgen nehmen sie ihre heftigen Gefühle wieder zurück und fassen den Beschluss: Das, was in der Nacht zwischen ihnen passiert ist, war eine einmalige Sache, sie sind nicht schwul. Um sich von dem Triebdurchbruch in der Nacht zu reinigen, wäscht sich Jack im Fluss und bürstet seine Kleidung. Wie gefährlich die homoerotische Episode für Ennis' Erleben ist, symbolisiert das von einem Kojoten gerissene ausgeweidete Schaf, auf das Ennis stößt, als er wieder auf die Alm reitet. Dieses Bild nimmt die spätere Szene des gelynchten Farmers vorweg und steht für die starke existenzielle Bedrohung, die die sexuelle Abweichung von der Norm bei Ennis auslöst. Formal wird das Gefühl des aufkommenden Unheils und der Bedrohung durch die Verdunkelung der Landschaft verstärkt.

Aber der Vorsatz, die gemeinsame Nacht wäre eine einmalige Sache gewesen, hält nicht lange. Bald sind sie wieder vereint. Ihre Sexualität wird zärtlicher. Ausgelassen toben sie durch die Landschaft als ein Bild dafür, dass der Brokeback Mountain ihr Paradies ist, wo sie ihre Liebe leben können. Hier geben sie sich ihren Gefühlen hin, ohne eine Sprache dafür zu haben, was mit ihnen passiert. Die tiefere Emotionalität findet ihren Ausdruck in dem langsamen Gitarrenriff, der für ihre Liebe steht und später immer wieder eingesetzt wird, wenn sie aneinander denken oder ein heimliches Treffen planen.

Auf dem Höhepunkt ihres Glücks fällt der gesellschaftliche Blick auf Ennis und Jack, repräsentiert durch Aguirre, der sie mit dem Fernglas beobachtet und ihrem Liebesglück, für das es unten in der wirklichen Welt keine gesellschaftliche Akzeptanz gibt, die Unschuld, aber auch den Schutzraum nimmt.

Der früh einbrechende Winter beendet ihre Arbeit auf dem Brokeback Mountain, die Schafe müssen zurückgetrieben werden. Die Trennung steht bevor und die Landschaft wirkt plötzlich kalt und abweisend, das Paradies löst sich auf. Sie müssen wieder zurück in ihre Welt, in der es für schwule Männer keinen Platz gibt. In einer wütenden Schlägerei, die mit blutigen Nasen und einem verschwundenen Hemd endet, schaffen sie die innere Distanz, um sich trennen zu können. Ein kurzer Abschied, Jack steigt in seinen Pick-up. Kurz danach wird Ennis von heftigen Magenkrämpfen geschüttelt, so finden seine verleugneten Gefühle ihren körperlichen Ausdruck.

In harten Schnitten wird der Lauf der Geschichte vorangetrieben, um auf die Vorherbestimmtheit des Lebens zu verweisen: Wir sehen Ennis und Alma in der Einleitung zum zweiten Akt vor dem Traualtar. In diesem Abschnitt versucht Ennis zu tun, was die Gesellschaft von ihm erwartet: eine Familie zu gründen. Ennis übernimmt die Rolle des aufmerksamen Ehemanns und ist für seine beiden Töchter, die bald geboren werden, ein liebevoller Vater. Seine Zuwendung zur Familie wirkt mechanisch und zurückgenommen, ohne affektive Beteiligung. Die Unterdrückung der eigenen sexuellen Veranlagung führt zu einer Flucht in die Arbeit, um Zweifel an seinem Lebensentwurf und der Aufrechterhaltung seines falschen Selbst zu verhindern. Diese Verleugnung des eigenen Begehrens wird lediglich dadurch aufgeweicht, dass Ennis seine Frau beim Geschlechtsverkehr auf den Bauch dreht, um zumindest auf der körperlichen Ebene einen Erinnerungsraum zu schaffen, der ihn symbolisch mit Jack verbindet. Die Szene wechselt abrupt zu Jack Twist, der auf einem Bullen in die Rodeo-Arena stürmt. Es ist, als ob er mit großer Energie versucht, sich die Natur zu unterwerfen, mutig und kämpferisch. Diese beiden Szenen stehen in einer inneren Verbindung zueinander, denn sie charakterisieren die Protagonisten: Ennis versucht auf passive Art, eine Lösung in der Anpassung an den gesellschaftlichen Status quo zu leben, und Jack versucht, nach Selbstbehauptung strebend, sein Leben in die Hand zu nehmen: Aktiv versucht er Ennis wiederzusehen, wird aber von Aguirre schroff abgewiesen. Jack erlebt zum ersten Mal Diskriminierung, weil er schwul ist.

Dennoch versucht Jack, Wege zu finden, seine sexuelle Identität zu leben und mit Männern anzubändeln, worauf er zunächst keine Resonanz bekommt. Jack resigniert und endet ebenfalls in der gesellschaftlich akzeptierten Institution Ehe, indem er Lureen, eine junge, schöne, lebensfrohe Texanerin heiratet. Der Reichtum seiner Frau kompensiert aber nicht das Klima der emotionalen Armut, die durch die aufgeräumten, abweisend wirkenden Innenräume symbolisiert wird. Ähnlich wie Ennis fühlt sich Jack in der heterosexuellen Welt einsam und unbehaust.

Es ist Jack, der nach vier Jahren über eine Postkarte Kontakt zu Ennis aufnimmt. Als sie sich wiedersehen, ist es Ennis, der überwältigt von seinen Gefühlen aus der freundschaftlich herzlichen Umarmung mit Jack eine heftige leidenschaftliche Geste macht und darüber alle Vorsicht vergisst. Ennis bemerkt nicht, dass Alma ihn beobachtet und dabei schonungslos erkennen muss, dass ihr einfaches Glück eine Illusion ist.

Ennis und Jack verbringen eine Liebesnacht in einem Motel. Im Gegensatz zum Brokeback Mountain, der als ihr Paradies einen Ort darstellt, an dem sie ihre homoerotischen Triebwünsche zulassen konnten, da er außerhalb ihrer

Lebensrealität lag und deshalb die Verdrängung als einmalige Affäre erleichterte, müssen sie sich nun der Tatsache stellen, die der heftige Ausbruch ihrer Gefühle zeigt: Sie lieben sich und sind gegen diese Liebe machtlos. Jack hält Ennis von hinten im Arm, sie können sich nicht in die Augen schauen während des Gesprächs. Damit vermeiden sie, der Tatsache ins Auge zu sehen, dass das zentrale Liebesobjekt männlich ist. Denn dafür, was mit ihnen passiert ist, haben sie keinen Plan. Ratlos antwortet Ennis auf Jacks Frage, was sie nun machen sollen: »Ich schätze, wir können nichts machen. Wir können uns an nichts festhalten.« Jack versucht, einen Ausweg zu finden und schlägt Ennis vor, gemeinsam eine Farm zu bewirtschaften. Ennis wehrt Jacks Pläne ab: »Es ist doch so, wenn wir zusammen sind und es uns am falschen Ort und zur falschen Zeit erwischt, sind wir tot.«

Seine Angst und sein Gefühl von existenzieller Bedrohung erklärt Ennis mit einer Kindheitserinnerung, die sich fest in ihn eingegraben hat: Als er neun Jahre alt war, nahm sein Vater ihn und seinen Bruder mit an einen Ort, wo die blutige Leiche eines Mannes lag, der mit einem anderen Mann als Paar zusammengelebt hatte und deshalb gelyncht wurde, woran Ennis' Vater, wie er vermutet, beteiligt war. Das Bild des geschundenen und kastrierten Mannes hat sich traumatisch tief in Ennis' Psyche eingegraben. Als psychisches Trauma bezeichnet man seelische Verletzungen durch äußerst schmerzliche Erlebnisse, die wegen ihrer Intensität und Plötzlichkeit nicht verarbeitet werden können.

Ennis war zu diesem Zeitpunkt zu jung, um die blutige Konfrontation zu verarbeiten. Der Lynchmord und die Beteiligung des Vaters daran demonstrieren Ennis und seinem Bruder: »So wie die dürft ihr nicht werden, sonst passiert euch das Gleiche«, was dazu führt, dass die Homophobie fest in Ennis' Über-Ich installiert und damit zu einem inneren Gesetz wird. Damit hat Ennis schon früh gelernt, dass Homosexualität ungesund, hassenswert und tödlich ist. Deshalb muss er seine Veranlagung verleugnen. Die Verleugnung ist eine Abwehrform, die in der Weigerung des Subjekts besteht, eine Realität oder einen Selbstanteil anzuerkennen. Identifiziert mit seiner Familie versucht Ennis immer wieder abzuwehren, dass das Bild des geschundenen Earl mit seiner sexuellen Identität in Zusammenhang steht.

Die Szene der Beteiligung des Vaters an dem Lynchmord symbolisiert auch das homophobe Klima innerhalb der Familie, in dem Ennis und wahrscheinlich auch Jack aufgewachsen sind. Die Folge davon ist, dass der homosexuelle Jugendliche, wie der amerikanische Psychoanalytiker R. Friedman in seinem Buch über männliche Homosexualität schreibt, »in seinem verzweifelten Wunsch, zur Gesellschaft zu gehören, dazu neigt, mit der extremen Entwertung der Homosexualität übereinzustimmen. Er hasst sich wegen seiner Homosexualität und glaubt, daß die negativen Ansichten, die er überall hört, zutreffen und gerechtfertigt sind« (Friedman 1993, S. 225).

Das traumatische Bild aus der Kindheit, wegen eines Selbstanteils vernichtet zu werden, hat besonders Ennis dazu gebracht, seine psychosexuelle Identität zu verleugnen. Er befürchtet, ansonsten vernichtet und über den Tod hinaus erniedrigt und beschämt zu werden. Dies ist der eine Aspekt. Der andere ist, dass Ennis die gesellschaftliche Verachtung in sich aufgenommen hat, dass seine Triebwünsche starken Selbsthass in ihm auslösen und dass er sie bekämpfen muss. So bleibt immer ein Selbstanteil von ihm unintegriert. Dass Ennis sich fremd in seinem Körper fühlt, wird von Heath Ledger brillant dargestellt, durch die eckigen Bewegungen, den linkischen Gang, den tief ins Gesicht gezogenen Hut, als ob Ennis sich verstecken wolle. Oft hat er seine Hände als Bild für die Selbstunterdrückung tief in die Jackentaschen vergraben. In seiner Mimik wirkt Ennis affektiv zurückgenommen, wortkarg und misstrauisch. Typisch für seine frühe Traumatisierung ist, dass Ennis das Aktive ins Passive wendet und deshalb nicht in der Lage ist, an seiner Situation etwas zu verändern. Der einzige Freiraum, den er sich zugesteht, ist der Brokeback Mountain, der außerhalb von Gesellschaft und Familie steht und auf dem er sich jahrelang mit Jack heimlich zum »Angeln« trifft.

Es ist nicht der Umstand, dass Ennis und Jack schwul sind, sondern die Lüge, mit der sie vorgeben, es nicht zu sein, die ihre privaten Beziehungen vergiftet. Jacks junge, vitale Frau wird immer maskenhafter und vergräbt sich hinter Rechenmaschinen und Bilanzen. Ennis' Lebenslüge trifft auch seine Frau hart, als Alma erkennt, dass ihr Mann Jack Twist liebt. Selbst als Alma sich scheiden lässt, bekämpft Ennis seine Veranlagung in sich. Er weist Jack ab, der voller Freude aus Texas anreist. Jack sucht Trost bei den Strichjungen in Mexiko. Er ist eher in der Lage, Möglichkeiten zu suchen, um seine Homosexualität in sein Leben zu integrieren. Während Ennis stoisch versucht, weiter eine heterosexuelle Fassade aufrechtzuerhalten und eine neue Freundin findet, bändelt Jack mit einem benachbarten Rancher an.

Beim letzten Treffen, von dem Ennis und Jack noch nicht wissen, dass es das letzte Treffen sein wird, geraten beide in einen Konflikt, als Ennis Jack eröffnet, dass sie sich erst wieder im November treffen können. Die Landschaft wirkt nun kalt und abweisend wie ein Gefängnis. Jack, der in den letzten Jahren eine Entwicklung durchgemacht hat, indem er immer wieder versuchte, Grenzen für sich auszutesten, kann mittlerweile sagen: »Ich vermisse dich so sehr, dass ich es kaum noch aushalte«, und hat damit eine Sprache für seine Gefühle gefunden. Er wirft Ennis vor, dass er die Pläne für ein gemeinsames Zusammenleben auf der Ranch seines Vaters abgewehrt hat. Nun hätten sie nur noch den Brokeback Mountain. Ennis dagegen hält die Verleugnung seiner Gefühle weiter aufrecht. Nur in der Aggression kann er Jack seine Gefühle offenbaren, als er heftig hervorstößt, dass er für die Dinge, die Jack in Mexiko mache, ihn umbringen könne. Jack resigniert: »Wenn ich doch nur wüsste, wie ich von dir loskomme.« Und Ennis schleudert ihm in diesem Schlüsseldialog das ganze Ausmaß seiner Selbstverleugnung entgegen, indem er herausschreit: »Es ist deine Schuld, dass ich so bin! Ich bin gar nichts, ich bin nirgendwo.« Mit der Projektion des eigenen ungewollten Ichanteils auf Jack und die Selbstunterdrückung wehrt Ennis die eigene Veranlagung immer wieder ab. Die Energie, die in die Verdrängung investiert wird, fehlt bei der Gestaltung seines Lebens, sodass es leer und ungelebt bleibt.

Umso heftiger trifft Ennis die Nachricht von Jacks plötzlichem Tod, dem das widerfährt, was Ennis für sich befürchtet hat. Bei Jacks Eltern in Lightning Flat findet Ennis sein Hemd mit dem blutigen Ärmel, das er nach dem ersten Sommer beim Schafe-Hüten auf dem Brokeback Mountain verloren zu haben glaubte, sauber eingeschlagen in Jacks Hemd auf einem Bügel hängend, wie in einer schützenden Umarmung. Die Hemden nimmt Ennis mit in sein Trailerhome. Er ist mittlerweile sozial ganz unten angekommen; ein Bild für das Ausmaß der Selbstunterdrückung, die sein Leben blockiert hat. Die Lieblosigkeit des spärlichen Mobiliars steht für den Mangel und das verpasste Leben. Dennoch hat Jacks Tod bewirkt, dass Ennis durchlässiger für seine Gefühle werden konnte. Er kann sich um seine älteste Tochter sorgen und sie fragen, ob der zukünftige Ehemann sie auch liebt? Als er die vergessene Strickjacke der Tochter liebevoll zusammenfaltet und in den Schrank legt, sieht man die beiden Hemden im Inneren des Schranks auf einem Bügel hängen. Jacks Hemd ist in seins eingeschlagen, darüber eine Postkarte vom Brokeback Mountain. Mit tränenunterdrückter Stimme stößt Ennis hervor: »Jack, ich schwör's dir ...« und bringt auch diesen Satz nicht über seine Lippen. Er bleibt unvollendet, wie Ennis ganzes ungelebtes, verpasstes Leben. Die Kamera schwenkt von dem geöffneten Schrank durch das kleine Fenster des engen Trailerhomes auf ein gelbes Blumenfeld mit einem weiten, wolkigen Himmel. Dieses letzte Bild steht dafür, dass Selbsthass und Selbstverleugnung Ennis karges Leben bestimmt haben und der Blick in die Weite der Landschaft öffnet die Sicht darauf, wie sein Leben hätte sein können.

Literatur

Friedman, Richard C. (1993): Männliche Homosexualität. Heidelberg (Springer Verlag).
Proulx, Annie (2006): Brokeback Mountain. München (Diana Verlag).
Interview mit Ang Lee. In: die tageszeitung (TAZ), 9.3.2006.

Lemming

Frankreich 2005, 129 Min.
Regie: Dominik Moll
Hauptdarsteller: Charlotte Rampling, Charlotte Gainsbourg, Laurent Lucas

Brigitte Ziob

Lemming ist ein subtiler Psychothriller des in Deutschland aufgewachsenen französischen Regisseurs Dominik Moll, der 2005 die Filmfestspiele in Cannes eröffnete. Dargestellt wird die alptraumhafte Vision einer Ehekrise, die mit einem verstopften Abflussrohr beginnt und sich langsam zu einem Psychodrama ausweitet. Gerade die Besetzung der Frauenrollen mit Charlotte Gainsbourg als eine Kindfrau, die in ihrer Hausfrauenrolle aufgeht, und Charlotte Rampling als eine von der Ehe enttäuschte Frau, die nur noch mühevoll ihre Aggressionen zurückhalten kann, sorgten als Gegenspielerinnen im Film für starke Spannung und Faszination. Michael Althen schreibt im FAZ-Feuilleton vom 5.7.2006, dass in Frankreich derzeit Themen des Kinos der 60er Jahre eine Renaissance erleben: Das Leben des französischen Bürgertums wird seziert und gezeigt, dass die bürgerliche Existenz an einem seidenen Faden hängt – wie zuletzt in Filmen wie *Cache* von Michael Haneke und *Malen oder Lieben* von Arnaud und Jean-Marie Larrieu.

Lemming wird aus der Perspektive von Alain Getty erzählt, der mit Benedicte verheiratet ist. Zu Beginn sind sie ein verliebtes junges Paar. Der Film fokussiert die Frage, wie sicher eine lebenslange Beziehung ist und wie schnell sich ein Beziehungstrauma entwickelt, wenn die gemeinsamen Werte auf die Probe gestellt werden und sich als so brüchig erweisen, dass die Hauptfigur in eine paranoide Krise gestürzt wird.

Ein kleiner Lemming spielt in dem Film eine wichtige Rolle. Der Experte für Kleinnagetiere erklärt Benedicte Getty, dass es bei Lemmingen wegen des Anstiegs der Population zu Massenmigrationen komme. Wenn die Lemminge dabei an einen Fluss oder See stießen, durchschwämmen sie ihn, denn sie seien gute Schwimmer. Aber wenn das andere Ufer zu weit entfernt sei, ertränken sie. Ihnen gehe die Kraft aus. Dieses Bild vom Ertrinken der Lemminge beim Durchqueren der Gewässer betrachte ich als Metapher für das Thema des Films: 40 Jahre nach den bewegten 60ern setzt der Film an und stellt in ans Absurde grenzenden Situationen dar, in was für abgrundtiefe Verstrickungen ein junges Paar geraten kann, das glaubt, seine Lebenswelt gegen alle äußeren Risiken und Gefahren des Lebens absichern zu können und das sich damit, wie die Lemminge, vielleicht doch zuviel vorgenommen hat. Der Film bezieht sich auf den Lebensentwurf der sogenannten Neokonservativen, die in Zeiten von Globalisierung und Prekariat wieder Sicherheit in Ehe, Rollenteilung und festen Anstellungen suchen, und der als »neue Bürgerlichkeit« eine Renaissance erlebt. Im Film sehen wir, dass trotz Absicherung nach außen unbewältigte innere Gefahren dazu führen können, eine heftige Ehekrise auszulösen.

Wie schon erwähnt, ist die Hauptfigur des Films Alain Getty. Er ist der Erzähler der Geschichte, die an dem Tag beginnt, »an dem das Schicksal seinen verhängnisvollen Verlauf nahm« und er führt uns mit seinem Eröffnungsmonolog in die Handlung ein. Alain und seine Frau Benedicte sind seit drei Jahren ein Paar und stellen den Prototyp der modernen Neokonservativen dar.

Sie sind gerade nach Bel Air, einem gepflegten Vorort von Toulouse, gezogen. Die Wohngegend sieht aus wie Legoland. Sterile Eigenheime, die zur Straße hin wie Burgen wirken und deren Inneres durch ferngesteuerte Garagentore und Überwachungskameras abgeschirmt ist. Die Straße wirkt wie ausgestorben, nur ein Junge wird von seinem Vater für irgendetwas geohrfeigt und ins Haus gezogen. Die Gegend wirkt genauso abweisend und kalt wie der Mistral, der um die Ecke fegt. Diese geordnete Welt scheint eine krasse Trennung von Innen und Außen vorzunehmen, wobei das Bedrohliche, Böse nach außen verlagert zu sein scheint. Das private, innere Leben hinter den abweisenden Fassaden soll vor äußeren Gefahren geschützt werden. Während die Credits noch laufen, hören wir eine Etüde, ein Übungsstück für Klavier, das uns mit seiner Leichtigkeit und Naivität in die heile Welt des jungen Ehepaares zieht.

Noch scheint im Leben der Gettys alles in Ordnung zu sein. Benedicte kümmert sich um den gemeinsamen Haushalt, sie hat ihre ungeliebte Stelle als Pharmareferentin aufgegeben, und Alain hat bei der Pollock AG eine gute Stellung als Ingenieur für Haustechnik bekommen.

Alains Aufgabe ist es, Systeme zu entwickeln, die die innere Welt des Privaten vor allen von außen kommenden störenden Einflüsse schützen soll. Er glaubt fest daran, dass die häusliche Ordnung mithilfe von Überwachungstechnik kontrolliert und geschützt werden kann. Eine Omnipotenzfantasie, die man als seinen Versuch verstehen kann, eigene innere Anteile, die bedrohlich sind, nach außen zu projizieren und sie dort zu kontrollieren, ein Vorgang, den man als Spaltung bezeichnet. Alain präsentiert vor den Firmenkunden, wie seine fliegende Web-Cam eine undichte Stelle im Badezimmer aufspürt und den Schaden meldet. Bevor er das Wort ergreift, wirft er einen langen Blick auf seinen Chef, der ihm väterlich zunickt, als ob Alain sich dessen Zustimmung versichern muss. Erst dann kann er souverän und sicher seine neueste Entwicklung den Geschäftskunden präsentieren. Man könnte in dieser Szene vermuten, dass der noch jungenhaft wirkende Alain sich dem mächtigen Chef wie einem ödipalen Vater unterordnet. Das Tüfteln und Basteln wirkt noch wie ein Spiel und überdeckt sein abhängiges Ich und die starke Unsicherheit. Alain hebt sich mit seinem offenen Hemdkragen von der Gruppe der anwesenden Männer deutlich ab, während die anderen Männer im Raum in Anzug und Krawatte gekleidet sind und damit über die Attribute reifer, erwachsener Männlichkeit verfügen.

Als Alain an diesem Abend nach Hause kommt, findet er die Küche leer vor. Auf seinem Gesicht zeigt sich eine Spur von Unsicherheit. Fragend ruft er Benedicte, und als die aus ihrem Versteck auftaucht, entlädt sich die Spannung in einem lustvollen Einbrecher-totschieß-Spiel mit anschließender Mund-zu-Mund-Beatmung. So schaffen sie sich nach Alains Abwesenheit einen gemeinsamen Übergangsraum, in dem die ambivalenten Gefühle der Trennung – die Wut über das Verlassenwerden und die Wiedersehensfreude – spielerisch durchlebt werden können.

Und hier zeigen sich schon subtil erste Misstöne. Alain hat den VW-Käfer immer noch nicht repariert, der ungenutzt in der Garage steht und der Benedicte mehr Bewegungsfreiheit geben würde. Möchte Alain seine Frau im Haus und von sich abhängig halten, weil er sich ihrer nicht sicher ist? Beim Kochen bemerkt Benedicte, dass der Abfluss verstopft ist. Alain gelingt es nicht, den Siphon aufzuschrauben und Benedicte fragt ihn neckend, ob sie einen Installateur anrufen solle. Der Beginn einer sukzessiven Entwertung? Zu Hause hat Alain anscheinend nicht alles unter Kontrolle. Wie die Vorboten des aufkommenden Unheils steigen kleine Blasen aus dem Abfluss auf.

Während dieser Szene hören wir die Küchengeräusche, die Schritte und das rauschende Wasser aus der Dusche, also die Alltagsgeräusche – ein Stilmittel, das fast den gesamten Film durchzieht. Musik, die die Gefühle des Zuschauers leitet, wird nur sparsam eingesetzt. So werden wir hineingezogen in die Stille der Vorortsiedlung, die die Außenwelt ausklammert, das Paar scheint auf sich gestellt zu sein. Das zeigt sich in der Aufgeräumtheit der Wohnung, der festgefügten Ordnung der glatten, kalten Innenflächen, die gnadenlos ausgeleuchtet sind. Das aufgeräumte Haus repräsentiert die innere Welt des Paares. Dabei wirkt die Inneneinrichtung wie ein Set, auf dem sich die Protagonisten wie Schauspieler bewegen, oder wie ein Bausparkassenprospekt. Es fällt schwer, sich vorzustellen, wie sie ihre Wohnung mit Lebendigkeit füllen können. Ein Gefühl von Leere entsteht, das zunehmende Beklemmung erzeugt.

Es ist der Abend, an dem sich Alains Chef Richard Pollock mit seiner Frau Alice zum Essen eingeladen hat. Die Gäste lassen lange auf sich warten. Alains Idee, noch schnell eine »Nummer zu schieben«, wird von seiner Frau amüsiert zurückgewiesen, es gelingt ihm nicht, sie zu verführen. Die Gäste treffen mit großer Verspätung zu einem Zeitpunkt ein, an dem sie nicht mehr erwartet werden und wirken nun wie Eindringlinge.

Das ältere Ehepaar könnte der Zukunftsentwurf des jüngeren Paares sein, im Film durch die Ähnlichkeit der beiden Frauen dargestellt. Die Ehefrau des Chefs, Alice, wirkt mit ihrer großen Sonnenbrille unterkühlt, überspannt und auch feindselig. Die Stimmung ist angespannt, und Alain ist noch nicht unabhängig genug, sie zu lockern. Er flüchtet zu Benedicte in die Küche. Bei einem innigen Kuss werden sie wie ein adoleszentes Paar, das heimlich knutscht, von Alice überrascht, die hier als mütterliches Über-Ich auftritt und den Beiden das Gefühl vermittelt, bei etwas Verbotenem ertappt worden zu sein. Danach entgleist das Abendessen. Ob sich das auf den Neid bezieht, den Alice auf die innige Beziehung ihrer Gastgeber hat, oder auf den Telefonanruf, den ihr Mann bekommt, bleibt dahingestellt. Jedenfalls zerstört Alice destruktiv das gemeinsame Abendessen, indem sie ihrem Mann vorwirft, außereheliche Beziehungen zu unterhalten und ihm anschließend ein Glas Rotwein ins Gesicht schüttet. Sie macht deutlich, dass ihre Ehe zerrüttet ist und nur noch in gegenseitiger Verachtung und Betrug existiert, er bewahrt entsprechend dem bürgerlichen Anstand die Haltung. Die destruktiven negativen Beziehungsaspekte haben in der Ehe der Pollocks die Oberhand gewonnen. Damit dringt Alice in das Innenleben ihrer Gastgeber ein und versucht dort etwas Vernichtendes und Feindseliges zu implantieren. Alain steht der Situation hilflos gegenüber und verhält sich passiv, während Benedicte sich gegen das Eindringen wehrt, indem sie tapfer kontert, als Alice ihren Lebensentwurf angreift. Ein Gefühl der Bedrohung bleibt und findet bei Benedicte sofort als Projektion seinen Ausdruck: »Wenn ich einmal so werde wie sie, dann erschieß mich.«

Beunruhigt findet Alain in der folgenden Nacht keinen Schlaf. Aus dem Wunsch heraus, das verlorene Gleichgewicht wieder herzustellen, versucht Alain, den verstopften Siphon in der Küche zu reparieren. Die symbolische Reinigung schafft aber keine Ordnung. Aus dem Abflussrohr zieht Alain ein kleines, scheinbar totes Tier, das einem Hamster ähnelt. Seine Strategie, die eigenen inneren, beunruhigenden Anteile nach außen zu projizieren, um sie dort kontrollieren zu können, ist ins Wanken geraten. Das Tier im Abflussrohr ist etwas Unvorhergesehenes, ein Fremdkörper, der aus den Tiefen der vertrauten Welt der Gettys auftaucht und in höchstem Grade unheimlich wirkt, denn mit ihm ist das eindringende Böse, das Alain versucht hat abzuwehren, schon da.

Freud hat in seiner Schrift »Das Unheimliche« gezeigt, dass das Unheimliche in einem engen Bezug zum Heimischen und Vertrauten steht (vgl. Freud 1919). Dieses Umkippen von etwas Vertrautem in etwas Bedrohliches finden wir oft im Psychothriller. Es zieht sich auch durch diesen Film. Der Lemming stellt die vertraute, sichere Welt von Alain in Frage. Im Film geht es insbesondere darum, dass das vertraute Liebesobjekt Benedicte, mit dem Alain identifiziert ist, sich immer stärker von ihm entfremdet.

Die Verunsicherung begleitet Alain in den nächsten Tag, und ein weiteres Experiment mit der fliegenden Web-Cam geht schief. Wie ein Insekt wird sie vor seinen Augen von einer zuschnappenden Tür zerdrückt, ohne dass er eingreifen kann.

Als Alain abends versucht, den Schaden zu reparieren, besucht Alice ihn in seinem Labor. Sie macht keinen Hehl daraus, dass ihre Beziehung zu ihrem Mann nur noch durch Hass getragen wird. Alice bleibt bei Richard, weil sie ihn »verrecken sehen möchte«, das ist ihre Rache. Sie bringt damit einen Gegenentwurf zu Alains und Benedictes junger Ehe ins Spiel. Tief enttäuscht und voll gegenseitiger Aggression geht es bei ihnen nur noch um den Wunsch, den anderen zu zerstören. So weicht Richard auf eine Geliebte aus, was die Paarbeziehung sprengt und Alice als Liebesobjekt in seinem inneren Raum zerstört. Und Alice, die von Rache- und Hassfantasien angefüllt ist, richtet ihren Zerstörungstrieb nach außen und greift Alains Integrität an, indem sie versucht, ihn zu verführen. Das Begehren der älteren Frau, die das Inzest-Tabu angreift, da sie ein mütterliches Objekt repräsentiert, lockt ihn mit der Verheißung der sexuellen Hingabe, die er so bei seiner kindlichen Frau nicht findet, und erweckt in ihm starke Erregung. Tief aufgewühlt kann Alain sich nur mit äußerster Mühe entziehen. Alice spürt seine Ambivalenz und deutlich seine Erregung: »Der Körper sagt ja, der Kopf sagt nein.«

Zu Hause angekommen steht Alain noch unter dem Eindruck seiner aufgewühlten Gefühle, des starken Begehrens und der Schuldgefühle, und er schlingt gierig und triebhaft das Essen in sich hinein, als Kompensation seiner entfachten, sexuellen Wünsche. Er hört Benedicte nicht zu, die ihm von dem kleinen Tier erzählt, das noch lebte, als sie es morgens fand. Sie brachte es zu einem Tierarzt, der feststellte, dass es sich dabei um einen Lemming handelt. Alain, der mit seinen eigenen Gefühlen beschäftigt ist, schenkt Benedicte kaum Aufmerksamkeit und sie spürt seine innere Abwesenheit und weist ihn grausam beobachtend zurecht: »Du isst wie ein Schwein.« Damit zieht sich der erste sichtbare Riss als Entidentifizierung durch die Beziehung.

Das Unheimliche, das der kleine Lemming als Fremdkörper in die Welt der Gettys gebracht hat, erzeugt den Wunsch, sich gegen weiteres Unheil abzusichern, und die Kanalarbeiter fahren mit einer Kamera durch das Innere der Kanalisation. Sie dringen immer weiter durch die neuen Betonrohre, die unheimlich leer wirken, in die Tiefen des Hauses vor.

Als Personifizierung des in der Kanalisation erwarteten Bösen steht Alice steif und abweisend vor der Gartentür, wie ein Eindringling. Sie stellt Benedicte die zentrale Frage des Films: »Haben Sie keine Angst, dass es einmal schlechter laufen könnte?« Die junge Frau verneint diese Provokation. Die mühsam aufrecht erhaltene Loyalität zu Benedicte, die Alain am Vortag Alice gegenüber gezeigt hat, verstärkt ihren Wunsch, diese Beziehung zu zerstören und sie sät Misstrauen und Verrat, als sie von ihrem Verführungsversuch mit den Worten erzählt: »Er hat sich etwas gehen lassen.« Benedicte bleibt scheinbar gelassen und bewahrt Haltung. Es kommt zur Katastrophe, als sich Alice im Gästezimmer des jungen Paares erschießt. Der Selbstmord von Alice repräsentiert meiner Ansicht nach den destruktiven Hass, der so groß ist, dass er sich gegen die Person sich richtet, da man den gehassten Partner nicht vernichten kann. Der Selbstmord hat die Welt der Gettys ergriffen und durch Traumatisierung beider Spuren hinterlassen, außen wie innen.

Benedicte versucht, die Situation zu bewältigen, indem sie nachdenklich in die toten Augen von Alice schaut, um etwas zu verstehen, und dabei beginnt sich eine Veränderung in ihr zu vollziehen. Sie scheint sich mit der toten Alice zu identifizieren. Und bei Alain vermischt sich die Traumatisierung mit Schuldgefühlen, die er nach außen projiziert und beginnt, sich bedroht zu fühlen, was zu einer Verkennung der Realität und zu paranoiden Vorstellungen führt. Als Benedicte im Gästezimmer übernachtet, rückt sie in die Nähe zum negativen, destruktiven Objekt, denn sie geht eigene Wege – und das macht sie für Alain fremd und bedrohlich. Die Vorstellung von ihr kippt immer wieder vom guten Objekt Benedicte zum bösen Objekt Alice, die die separativen Züge von Benedicte repräsentiert, die Alain unheimlich sind. Hier wird die Idee mit dem Lemming variiert, indem etwas »Heimisches«, Bekanntes oder Vertrautes, unheimlich wird. Bezogen auf die Objektbeziehung würde das bedeuten, dass Alain erkennt, dass Benedicte nicht ein Teil seines Selbst, sondern ein eigenes Individuum mit einem eigenen Innenleben ist, was sie ihm unheimlich erscheinen lässt.

Alain ist zunehmend desorientiert; ihm entgleitet immer mehr die Kontrolle. Während einer Autofahrt mit Richard lässt er sich anherrschen, er hätte doch auf Alices Avancen eingehen und ihr den Gefallen tun können. Eine egoistische Anmaßung, mit der sich Richard über die Werte und Interessen seines jungen Angestellten hinwegsetzt. Damit wird wieder eine Grenze überschritten, wobei die zerstörerischen Eindringlinge zu Opfern werden und der Geschädigte zum Täter. Alain scheint keine eigene Position entgegenhalten zu können, passiv lässt er die Vorwürfe über sich ergehen, unfähig, dem etwas zu erwidern.

Das Geschehen wird immer bedrohlicher. Alain ruft Benedicte vom Hotelzimmer aus an und hört Alices wütende Stimme. Die Angst, das geliebte Objekt zu verlieren, aus der Projektion seiner Schuldgefühle heraus, lässt ihn in Panik nach Hause fahren. Dort haben die Lemminge seine Welt erobert und das Vertraute wird zum Alptraum. Die Lemminge bevölkern die Küche. Das Bedrohliche, Fremde und Unerklärliche steht dafür, dass die zerstörerischen Fantasien in seine innere Welt eingedrungen sind und sie nun besetzen. Alain hat die Kontrolle über sein Leben verloren.

Und zwar im wahrsten Sinne des Wortes, denn er wacht in einem Krankenhaus auf und erfährt, dass er einen Autounfall hatte, weil er am Lenkrad auf dem Weg nach Hause eingeschlafen ist. Alain ist vollkommen desorientiert und kann Realität von Fantasie nicht mehr unterscheiden. Der neue Rock von Benedicte schürt sein Misstrauen in Bezug auf ihre Entfremdung von ihm.

Als es Alain besser geht, mischt sich Richard wieder ein und bietet ihm sein Chalet zur Erholung an. Alain nimmt dankbar an und hat nicht die Kraft, dem Chef als väterlichem Objekt Widerstand zu leisten. Die Fahrt dorthin ist begleitet von einem beschwingten Walzer. Es kommt Hoffnung auf, dass doch alles wieder gut wird. Am See angekommen, erweist sich das Chalet als ein abweisendes, kaltes Haus in einer unheimlichen, leeren Landschaft, die für die innere Verfassung der beiden steht. Die Wolke, die die Bergspitze verhüllt, wirkt wie das Unheil, das sich über die Ehe der Gettys gelegt hat. Man hat sich voneinander entfremdet. Benedicte fordert Alain heraus, am Ufer des Sees mit ihr zu schlafen und sie dabei Alice zu nennen. Er lässt sich darauf ein und begeht damit Ehebruch. In der weiteren Handlung scheinen Fantasie und Realität zu verschwimmen. Benedicte, die als Handelnde reagiert und Alain vor Fakten setzt, wird in ihrer Separation als mächtig und bedrohlich erlebt, als eine Frau mit einer eigenen Sexualität, der er sich nicht gewachsen fühlt. In seiner Fantasie geht sie eine Beziehung zu Richard ein, Alains übermächtigem Chef-Vater. Alains innere Unterlegenheit spiegelt sich in seinem voyeuristischen Spionieren mit seiner fliegenden Web-Cam, die bald schon abstürzt – ein Bild für sein unsicheres Ich. Nun ist Alain am Tiefpunkt angekommen, zu Hause wird er von dem Lemming schmerzhaft in die Hand gebissen. Es gibt für ihn nur zwei Möglichkeiten: zu resignieren und tiefer in die Psychose zu flüchten oder sich der bedrohlichen Realität zu stellen.

Als Hilfs-Ich fungiert Benedicte, deren Bild wandelt sich von der geliebten, kindlichen Ehefrau zur bedrohlichen Figur der Alice. Sie fordert ihn auf, Richard zu töten. In der Ermordung von Richard wird Alain erstmals zum entschlossenen Handelnden, der sein Leben und seine Ehe retten will und die eindringenden, zerstörerischen Anteile umbringen muss, um damit die bedrohlichen Gefühle von Ambivalenz und Zweifel aus seinem Leben zu vertreiben. So tötet er seinen Chef, den er wie eine übermächtige Vaterfigur erlebt. Man kann daraus schließen, dass er sich von einem unterdrückenden inneren Objekt befreit, um Autonomie über sein Leben zu erlangen. Als Alain innehält, sieht er Benedicte/Alice, die ihn fasziniert beobachtet, als ob er über seine Tat zum Mann würde. Mit seinem technischen Know-how sprengt er das Haus des Konkurrenten in die Luft, um die letzten Zweifel zu begraben. Ein Bild dafür, dass immer stärkere Geschütze aufgefahren werden müssen, um die Spaltung zwischen der heilen Innenwelt und der gefährlichen Außenwelt erhalten zu können.

In der Schlussszene erscheint alles wieder geordnet. Alain sprengt im Garten den Rasen, Benedicte ist schwanger, die Geschichte mit dem Lemming hat sich plausibel aufgelöst. Das Traumpärchen: Jeder steht für sich alleine. Die Kamerafahrt verharrt auf Benedictes nachdenklichem Gesicht. Die Geschehnisse haben Spuren des Zweifels bei ihr hinterlassen.

Vor dem Nachspann wird ein Photo von Alice eingeblendet, als sie jung und schön, hoffnungsvoll in die Kamera – in das Auge ihres Mannes – blickt. Ein Bild dafür, dass Alice und Richard genauso angefangen haben wie Alain und Benedicte, bevor die Destruktion in ihrer Ehe die Oberhand gewann. Sie haben sich wahrscheinlich zuviel vorgenommen, wie die Lemminge.

Literatur

Freud, Sigmund (1919): Das Unheimliche, GW IV.

II
Angriff auf die körperliche Integrität

21 Gramm

USA 2003, 125 Min.
Regie: Alejandro Gonzales Inarritu
Hauptdarsteller: Sean Penn, Benicio Del Toro, Naomi Watts, Charlotte Gainsbourg

Sabine Wollnik

21 Gramm ist der zweite Spielfilm des mexikanischen Regisseurs Alejandro Gonzalez Inarritu.

Er hat mit dem gleichen Team hinter der Kamera zusammen gearbeitet wie in seinem ersten Spielfilm *Amores Perros*: mit dem Drehbuchautor Guillermo Arriaga, dem Kameramann Rodrigo Prieto und dem Filmkomponisten Gustavo Santaolalla. Alle drei sind mittlerweile international bekannt. Auch mit anderen Filmen haben sie zahlreiche Preise gewonnen.

Unterschiede zu *Amores Perros* bestehen im Drehort – in diesem Film ist es die Stadt Memphis in den USA – und in der Tatsache, dass Inarritu dieses Mal mit international bekannten Schauspielern gefilmt hat: Sean Penn, Benicio Del Toro und Naomi Watts.

Inarritu begründet seinen Wohnortwechsel in die USA damit, dass er sich und seine Familie in Mexiko City bedroht gefühlt habe. Es ist vermutet worden, dass er mit seinem ersten erfolgreichen Spielfilm *Amores Perros* viel Geld verdient habe, weshalb seine Familie das potenzielle Opfer von Entführung und Erpressung gewesen sei. In den USA fühle er sich sicherer. Gewalt, das Gefühl, bedroht zu sein, und Verluste spielen im persönlichen Leben des Regisseurs eine Rolle, worüber er sich immer wieder äußert. Alle seine Filme handeln von diesen Themen.

Gereizt hat ihn sicher auch die Möglichkeit, mit hervorragenden, international bekannten Darstellern zu arbeiten. Aufgrund des Erfolges seines ersten Filmes konnte er bei der Produktionsfirma völlige künstlerische Freiheit bis zur Fertigstellung des Filmes durchsetzen.

Thematisch und formal schließt dieser Film an den ersten an, ebenso wie der dritte Film *Babel.* Alle Filme behandeln einander verwandte Themen in ähnlicher narrativer Struktur, die allerdings variiert wird.

In *21 Gramm* werden die Geschichten dreier Paare erzählt. Die einzelnen Handlungsstränge verzahnen sich über einen Autounfall an einer Kreuzung. Über die formalen Elemente und über die Hauptdarsteller entsteht allmählich für den Zuschauer Kohärenz in den aufgelösten Erzählstrukturen.

Thema des Filmes ist die Kraft des Lebens über die Gewalt des Todes. Leitend ist die hohe Emotionalität, dieses Mal weniger roh, weniger brutal als in *Amores Perros*, aber auch tief bewegend: Traumatische Verluste induzieren Trauer, Verzweiflung und Schmerz im Betrachter.

Über die differenzierte Darstellung der Figuren und die hervorragenden Schauspieler bleiben Hoffnung und ein Zug tiefer Menschlichkeit erhalten.

Die Themen von Verlust und Trauer werden einer Entwicklung zugeführt, durch die letztendlich eine geschlossene, kohärente Gestalt entsteht. Die beeindruckende formale Ästhetik fängt den Schmerz immer wieder ein.

Interpretation

Überblick

In unserer komplexen Welt zählen weder Linearität noch Kausalität. In seiner komplizierten Erzählstruktur nimmt der Film diese Komplexität auf. Eine Geschichte wird in vielen Schnitten aus der Perspektive dreier Protagonisten in zahlreichen Vor- und Rückblenden erzählt.

21 Gramm handelt gleichwohl von einfachen menschlichen Grundthemen: von Verlusten, Schuld, Rache, Hoffnung und der Kraft der Liebe, erzählt aus der Perspektive der drei Protagonisten. Zwei Männer, eine Frau, zwei aus der Mittelschicht, einer aus der Unterschicht, deren Leben sich in einem Unfall an einer Kreuzung schicksalhaft schuldhaft verzahnen.

Alle drei haben bereits eine traumatische Vorgeschichte, aus der sie sich einigermaßen stabilisiert haben. Durch den Unfall und dessen Folgen werden alle drei in seelische Abgründe und tiefe Verzweiflung gerissen. Der Unfall hat Folgen für jeden der direkt oder indirekt Beteiligten, ohne dass sie sich je begegnet sind. Etwas wie eine Katharsis ereignet sich erst, als alle drei einander gegenübertreten und ihre jeweilige Schuld handgreiflich und lebensbedrohlich verhandeln. Diese Wendung, die die Geschichte nimmt, entspricht der entscheidenden Wendung aus dem Film *Amores Perros*: das Hinsehen und die Anerkenntnis persönlicher Verantwortung.

Paul (gespielt von Sean Penn) ist die Leitfigur des Filmes, seine Stimme aus dem Off beginnt und beendet den Film, rahmt ihn sprachlich mit dem zentralen Thema des Sterbens und dem Hinweis auf das Gewicht der Seele ein, was dem Film auch den Titel gegeben hat. »Es heißt, wir alle verlieren 21 Gramm genau in dem Moment, in dem der Tod eintritt. Jeder von uns.« Paul ist ein Mathematiker, der an Herzversagen dahinsiecht. Seine Beziehung zu Mary (Charlotte Gainsbourg) ist kinderlos – eine Abtreibung im Hintergrund und als Vorgeschichte – und zunehmend lieblos.

Christina (Naomi Watts), eine ehemals Drogenabhängige, ist glücklich mit einem Architekten verheiratet, mit dem sie zwei Kinder hat.

Der dritte Protagonist ist Jack (Benicio del Toro), Repräsentant der Unterschicht, ein Krimineller, der im Glauben Halt gefunden hat, ebenfalls verheiratet ist und zwei Kinder hat.

Bei dem zentralen Unfall überfährt Jack mit seinem Auto Christinas Ehemann und ihre zwei Töchter. Paul wird das Herz des Ehemannes transplantiert.

21 Gramm, das Gewicht der Seele, die, so leicht sie auch sei von ihrem Gewicht her – »dem Gewicht von fünf 5-Cent-Münzen, dem Gewicht eines Kolibris, ... eines Schokoriegels, ...« – schwer wiegt im Leben der Protagonisten und im Film, der immer schwerer zu werden scheint, bis es am Ende zu einer gewissen kathartischen Auflösung kommt.

Die unverarbeitete Vergangenheit belastet alle Protagonisten und holt diese ein: Die Abtreibung in der Beziehung von Paul und Mary, die Drogenabhängigkeit Christinas, Jacks kriminelle Vergangenheit. Die Verdrängungen aller halten der nächsten Krise nicht stand: Pauls Festhalten an seiner Beziehung, Christinas Flucht in die gutbürgerliche Mittelschicht, Jacks Hinwendung zur Religion.

Inarritu nimmt in seinen Filmen jeweils auch aktuelle gesellschaftliche Themen auf, in diesem Film u.a. künstliche Befruchtung und Transplantation. Er zeigt die gewaltigen Auswirkungen moderner medizinischer Errungenschaften auf unsere 21-Gramm-Seele. Zwar scheint es so, als lösten diese medizinischen

Maßnahmen auf grandiose Weise alle Probleme, aber die Auswirkungen auf unsere seelische Verfassung mit der Folge von schweren Verwicklungen in Beziehungen werden häufig nicht bedacht.

Affekte

Der Film induziert Affekte starker Trauer, teilweise fast unerträglichen Schmerzes im Betrachter. Wie bewirkt er das?

Zum einen über die subjektive Kamera. Wir sind erneut, wie bereits in *Amores Perros*, durch die lebendige Handkamera Teil des Geschehens. Unser Kopf ist ja immer in der Position der Kamera. Inarritu mutet seinem Kameramann einiges zu. Prieto kauert z.B. beim Filmen der Szenen, die Paul in seinem Badezimmer zeigen, in der Badewanne, und muss herausspringen, als Paul sich im Spiegel betrachtet, damit die Kamera nicht im Badezimmerspiegel erscheint. Wir sitzen als Zuschauer in Kameraposition unmittelbar in der Szene mitten im Badezimmer, unseren Affekten ausgesetzt. Eine Distanzierung ist uns schwer möglich.

Wir erleben die mimischen und gestischen Affektausdrücke der hervorragenden Schauspieler und können als Menschen, die wir soziale Wesen sind, nicht anders als affektiv mitzureagieren – angesteckt zu werden von den heftigen Gefühlen. Die Schauspieler selbst gerieten beim Drehen in hochemotionale Verfassungen. Dies induziert der Regisseur bewusst im Betrachter. Er wählte als Drehort Memphis, eine Stadt fernab von Hollywood, fernab der Wohnorte der Schauspieler, die sich beim Drehen – isoliert von Freunden und Verwandten – ganz auf den Film einlassen mussten, unabgelenkt von äußeren Begebenheiten. Naomi Watts durchlebte starke Gefühle von Trauer, etwas, das sich dem Zuschauer mitteilt. Sie begann den lange verdrängten Tod ihres eigenen Vaters zu verarbeiten. Die Schauspielerin ist sehr intensiv in ihrer Verzweiflung, aber auch in ihrer Wut.

Die Stadt Memphis wurde nach langem Suchen bewusst ausgewählt. Zum einen ist es keine typische Filmstadt und von daher dem Zuschauer unvertraut. So sind neue Bilder möglich, die den Zuschauer überraschen. Zum anderen ist die Stadt beherrscht von einer tiefen Traurigkeit. In Memphis entstand der Blues, der scheinbar in der Mentalität der Stadt verankert ist. Die Stadt leidet unter Rassenproblemen; es gibt deutliche ökonomische Probleme, was im Film sichtbar wird. Man sieht verlassene Gebäude. An dieser Stelle kann man auf den häufig genannten Zusammenhang zwischen Träumen und Filmen verweisen. Denn obwohl die meisten von uns nicht künstlerisch träumen, bestehen doch gewisse strukturelle Ähnlichkeiten. Auch in unseren Träumen gibt der Traumhintergrund wie eine Leinwand Hinweise auf die affektive Befindlichkeit des Träumers. In *21 Gramm* ist die Stadt Memphis der filmische Hintergrund, der die Gefühle von Verlust und Trauer auslöst.

Paul ist die Leitfigur des Filmes und bestimmt den Hauptaffekt des Films. Seine Welt ist in Blaugrautönen gehalten und drückt so seine tiefe Einsamkeit und Melancholie aus, auch seine Garderobe weist diese Farben auf. Wir selbst nehmen die Farben beim Zusehen wahr und reagieren affektiv auf die Kühle, die Verlassenheit, wir geraten in eine konkordante Stimmung zu der Hauptperson.

Wie beschreibt es Reimut Reiche in seiner Filminterpretation »Schnitte können wehtun« (Knellessen/Reiche 2007, S. 1212)? Der Film ist teilweise hart und, wie es auf der Oberfläche scheint, willkürlich geschnitten. Wie die Protagonisten den Ereignissen ausgesetzt sind, so sind auch wir Zuschauer dem ständigen Wechsel des Geschehens ausgeliefert und suchen Orientierung. Im Moment des Traumas verlieren wir unseren Welt- und Sinnzusammenhang. Die Strukturen und die Wahrnehmung verlieren an Kohärenz und Sinn, etwas, was der Film in seiner narrativen Struktur aufnimmt. Die scheinbare Auflösung der Struktur zieht uns hinein in die traumatische Befindlichkeit der Protagonisten.

Am Ende tritt Trauer, aber auch Beruhigung ein. In der Konfrontation aller Betroffenen erschließt sich die Geschichte im Gesamtzusammenhang auch dem Zuschauer. Es ist das Ziel jeder analytischen Behandlung, am Ende mit dem Betroffenen eine kohärente sinnvolle Geschichte zu konstruieren, die eine Gestalt ergibt. So können die Affekte zur Ruhe kommen. Dadurch, dass am Ende des Filmes die Schuldthemen verhandelt werden, ist unser Verlangen nach Gerechtigkeit befriedet.

Zwischen den Schnitten gibt es Verbindungen auf der Inhaltsebene. Von der ersten Szene an wird eine Geschichte über die verschiedenen Protagonisten hinweg erzählt. Dadurch entstehen Verbindungen, die die traumatische Befindlichkeit auffangen und den zerschnittenen Strukturen wiederum einen Sinn geben. Von Anfang an sowohl Chaos und bedrohlichen Gefühlen ausgesetzt, werden wir jedoch gleichzeitig durch das Versprechen gehalten, dass sich ein Sinn erschließen werde. Die Aktivität, die wir bei unseren Bemühungen aufwenden müssen, um Zusammenhänge herzustellen, wird im Allgemeinen als lustvoll erlebt, solange sie Erfolg verspricht. Neben den Traueraffekten gibt es also auch Wohlbefinden.

Lassen Sie uns die ersten Szenen daraufhin untersuchen:

Szene 1: Ein Paar, sie scheint zu schlafen, er (Sean Penn) sitzt hinter ihr und raucht, nur der aufsteigende Rauch zeigt, dass es sich um kein Standbild handelt. Er schaut auf sie, wie es scheint voller Trauer, ein schmerzhafter Schnitt. Wir sind affektiv eingestimmt in Trauer und Schmerz.

Szene 2: In einem Restaurant: ein Vater mit seinen kleinen Töchtern. Er ist im Aufbruch, sie drängeln zu bleiben.

Szene 3: Eine Frau (Naomi Watts), durch den Hinweis aus der zweiten Szene die Mutter, in einer Selbsthilfegruppe. Sie spricht über ihre Drogenabhängigkeit. Halt hat sie über ihren Mann und ihre Kinder in der bürgerlichen Mittelschichtfamilie gefunden.

Szene 4: Ein Mann (Benicio del Toro) in einem Begegnungszentrum der Kirche mit einem Jugendlichen. Beide sitzen vor einem Turm aus Holzklötzen gebaut. Der Jugendliche soll den richtigen Stein ziehen, damit der Turm im Gleichgewicht bleibt. Er nimmt den falschen.

So prekär scheinen alle dargestellten Situationen zu sein, so wenig stabil. Eine falsche Bewegung und alles bricht zusammen.

Szene 5: Ein blauer Himmel, in den schwarze Vögel aufsteigen; im Dunkel des Hintergrundes ein kastiges Bürogebäude. Zum ersten Mal ertönt die Filmmusik, die nur wenig variiert wird: Trauer.

Alle Protagonisten sind eingeführt, alle durch die Brüchigkeit verbunden, die ihre aktuelle Lebenssituation bedroht. Trauer ist das affektive Thema.

Die Auflösung der Zeitstruktur

In der komplexen Erzählweise des Filmes werden alle Zeitstrukturen aufgelöst. Dies entspricht zum einen den neuen Denkstrukturen in unserer modernen Welt, zum anderen findet sich diese Erzählweise auch in der lateinamerikanischen Gegenwartsliteratur. Der Roman *Hundert Jahre Einsamkeit* von G. G. Marquez ist ein Beispiel dafür, wie einzelne Erzählstränge zerstückelt und neu zusammengesetzt werden.

Die Auflösung der Zeitstruktur entspricht dem Erleben des Menschen in traumatischen Momenten. Als Zuschauer werden wir hineingezogen in diese Stimmung, auch über die Erzählstruktur des Filmes. Im Moment des Traumas wird die Wahrnehmung verändert, die Bilder werden zerstückelt in einzelne Versatzstücke, wie die Bilder in einem zerbrochenen Spiegel. Sobald traumatische Momente in sogenannten Flash-Backs wieder belebt werden, tauchen einzelne Versatzstücke auf, fast wie in der narrativen Struktur des Filmes.

Und wenn im günstigsten Fall das Trauma einigermaßen bewältigt und in die psychische Struktur integriert worden ist, die einzelnen zersplitterten Momente sich in die Form einer Narration finden, dann schließen sich für den Zuschauer gegen Ende die zersplitterten Teile in eine kohärente Erzählung.

Filmästhetik

Auch wenn die meisten von uns nicht derartig dramatische Verluste erlitten haben, treten doch unsere eigenen Verlustthemen in den Vordergrund, immer mit der Möglichkeit, dass eine Entwicklung angestoßen werden kann. Wieso eine Entwicklung? Entwicklungen blockierter, eingefrorener Lebensthemen, wie vielleicht die nie vollendete Trauer der Schauspielerin Naomi Watts, sind nur dann möglich, wenn diese Themen emotional lebendig werden. Nicht in der intellektuellen Kühle, nur in der Hitze der Affekte, dosiert wie z.B. im Film, sind Veränderungen möglich.

Wir Zuschauer können teilhaben an der Entwicklung, die die Themen von Verlust und Trauer im Film nehmen. Die Protagonisten stellen sich am Ende des Films alle ihren Themen, keiner deckt mehr irgendetwas zu, keiner läuft weg. Vielleicht gefällt mir der Film auch deshalb so gut, weil dies für mich als Psychoanalytikerin ein Ziel ist.

Aufgefangen werden die traumatischen Elemente in der Filmästhetik. Es wurde bewusst, wie bereits in *Amores Perros*, ein ästhetischer visueller Stil gesucht. Das Team orientierte sich an Fotos, in denen es Künstlern gelungen ist, Verfall darzustellen, und an Bildern, die Fotokünstler in Memphis aufgenommen haben.

Das Filmmaterial wurde bearbeitet, um intensivere Farben zu erreichen, die die Affekte dramatisieren. Dramatisierung ist ein Moment in der Ästhetik und löst angenehme Gefühle aus. Künstler haben sich dies immer schon in allen Kunstformen als Mittel zu Eigen gemacht.

Die Farbgebung unterstreicht die Unterschiedlichkeit der einzelnen Personen und deren jeweilige Affektlage:

Pauls Welt ist blau, wie seine Garderobe, und drückt seine tiefe Melancholie und Einsamkeit aus. Die Nachtszenen haben alle einen Grünstich, was durch die Beleuchtung erreicht werden konnte. Jacks Welt ist in Gelb-Rottönen gehalten. Christinas Welt ist eher golden mit kleinen Sprenkeln von Rot. Als sie in die Drogenszene zurückkehrt, wird dies durch dramatische Rot-, Amber- und Grüntöne unterstrichen. Die gesteigerte Farbwirkung erzeugt in uns ein Wohlbefinden.

Diese Maßnahmen bilden eine Differenzierung der Wahrnehmung zur gewöhnlichen oder alltäglichen Erfahrung, es entsteht eine ästhetische Erfahrung, eine Sinnlichkeit, eine andere Affektlage als die, die durch die Inhalte induziert wird.

Kunsthistoriker beschreiben als ein weiteres Merkmal einer ästhetischen Erfahrung die Möglichkeit, die der Künstler dem Betrachter bietet, durch den Bildraum zu gleiten, wodurch ein dynamisches Sehen ermöglicht wird.

Ich folge jetzt Knellessen und Reiche (2007) und betrachte unter rein formalen Gesichtspunkten die ersten Szenen, in denen unser Auge, bzw. unser Ohr von Szene zu Szene gleiten kann. Dieses Herstellen von Zusammenhängen erzeugt Wohlbefinden in uns.

Die erste Szene: Ein Mann und eine Frau, sie schläft, er sitzt hinter ihr, fast ein Standbild. Er raucht, hebt den Kopf und bläst den Rauch zur Decke.

Schnitt: Restaurantlärm, ein Vater mit seinen zwei kleinen Töchtern. Er drängt zum Aufbruch, hebt den Kopf und ruft den Kellner. Über das Heben des Kopfes wurde die formale Verbindung hergestellt, die unser Auge mehr oder weniger bewusst wahrnimmt, unser Auge gleitet durch den Film. Die Personen reden oder schreien durcheinander: »Mama wartet auf uns.« Schnitt.

Christina in einer Selbsthilfegruppe. Über die Sprache wurde die Verbindung hergestellt: Mama ist da.

Noch eine Verbindung, Szene 11: Jack ist im Gefängnis. Man sieht die Gitterstäbe des Gefängnisses.

Schnitt: Christina im Schwimmbecken aus der Unterwasserperspektive: die Reihe der Bahnen und Seile mit Korkelementen wie Gitterstäbe. Wieder ist eine Verbindung hergestellt worden. Das Finden versteckter Ähnlichkeiten löst Wohlbefinden aus.

In der gelungenen Ästhetik des Filmes wird unsere traumatische Befindlichkeit, die durch den Inhalt ausgelöst wurde, aufgefangen. Unser Gerechtigkeitsgefühl wird beruhigt darüber, dass in der Konfrontation aller Betroffenen die Schuldthemen am Ende des Filmes verhandelt werden. Verleugnung und Verdrängung, die das Leben aller Protagonisten bis zur ersten Stabilisierung geprägt haben, sind nicht mehr möglich. Unsere traumatische Befindlichkeit, die der Film ausgelöst hat, wird aufgehoben dadurch, dass die zerstückelte narrative Struktur in eine kohärente Gesamterzählung mündet, und der Film zu einer geschlossenen Gestalt findet.

Im Abspann meiner Filminterpretation möchte ich noch auf die Filmmusik zu sprechen kommen. Reimut Reiche und Olaf Knellessen beschreiben es so (Knellessen/Reiche 2007, S. 1217f.):

> »Die Musik besteht aus einem kleinen Repertoire von vier bis fünf Klangfolgen, die einzelne Szenen lautmalerisch unterstreichen oder markieren. Es sind meist sphärische Gitarrenklänge, mal von Dissonanzen überlagert, mal untermalt mit perlenden Akkorden ... Ganz am Ende, sozusagen im Ausklang des Films, kommt das Repertoire dieser Tonfolgen zusammen und mündet in den Song des Abspanns.«

Der Film hat seine Form gefunden und uns trotz der schweren Inhalte, die uns zugemutet wurden, wieder aufgefangen.

Literatur

Knellessen, Olaf und Reiche, Reimut (2007): 21 Grams. Psyche 12, 1211–1225.

Soldt, Philipp (Hg.) (2007): Ästhetische Erfahrungen. Neue Wege zur Psychoanalyse künstlerischer Prozesse. Gießen (Psychosozial-Verlag).

Wood, Jason (2006): The Faber Book of Mexican Cinema. London (Faber and Faber).

Amores Perros

Mexiko 2000, 148 Min.
Regie: Alejandro Gonzales Inarritu
Hauptdarsteller: Emilio Echevarria, Gael Garcia Bernal, Goya Toledo, Alvaro Guerrero, Vanessa Bauche

Sabine Wollnik

Einleitung

Amores Perros heißt wörtlich übersetzt *Hundeliebe*. Ein mexikanischer Film: Hunde findet man überall in Mexiko. Schon der aztekische Gott Xolotl, der Gott des Monströsen, hat einen Hundekopf. Der englische Titel *love is a bitch* – die Liebe ist eine Hündin, eine Hure, eine schwierige Angelegenheit.

Amores Perros erzählt die Geschichte dreier Paare, die sich je in einem komplizierten Gefüge aus mörderischer Rivalität, Hass, Neid und Eifersucht befinden. Über einen Unfall, bei dem es einen Toten und zwei Schwerverletzte gibt, verzahnen sich die einzelnen Geschichten.

Das eigentliche Thema des Filmes ist die Beziehungsgestaltung in einer Megastadt der modernen, globalisierten Welt. Durch die traumatische Geschichte der Protagonisten wird die Erzählung dramatisiert. Wir, die Zuschauer, werden über die Kameraführung zu Beteiligten des Geschehens und über die grandiose Ästhetik aufgefangen mit unseren Gefühlen.

Der hochemotionale, vielschichtige Film mit Überlänge (insgesamt 148 Minuten) spielt vor allem über seine Bilder und den Soundhintergrund mit den Assoziationen der Zuschauer. Jenseits von Sprache »sprechen« die vielen Appelle auf einer Handlungsebene direkt unser Unbewusstes an; die Zuschauer werden durch Umgehung bewusster Strukturen erreicht.

Gedreht wurde der Film in Mexiko City im Jahr 1999, einer Stadt, die durch Zuzug und Geburtenrate zu den größten und am schnellsten wachsenden Stadtregionen der Erde (Wikipedia) wurde. Mit über 20 Millionen

Einwohnern ist sie eine der modernen »Hypercities« (Davies 2006, S. 5) der Welt. In der zweitgrößten Metropolregion der Erde leben 22 Millionen Menschen und eine Million frei laufende Hunde, in einem Hochtal auf 2300m Höhe gelegen, auf drei Seiten von hohen Bergen umgeben und unter ständiger Smoggefahr.

Immer durch Erdbeben gefährdet. Zudem die unterirdischen Verwerfungen: Durch die Senkung des Grundwassers hat sich der Boden in einigen Teilen der Innenstadt abgesenkt. Die Bodenunregelmäßigkeiten gefährden die maroden Trinkwasseranlagen, die immer wieder zu bersten drohen, sodass Abwasser in die Trinkwasserversorgung einzudringen droht. Also eine Stadt auf unsicherem Boden.

Wie ist die politische Situation? Von 1929 bis 2000 wurde Mexiko von einer Partei regiert, der PRI (Partei der institutionalisierten Revolution). Wahlunregelmäßigkeiten und Korruption waren eine Selbstverständlichkeit. Im Jahr 1999 befand sich das Land im Umbruch: Es zeichnete sich ab, dass die PRI nicht wieder gewählt werden würde. Damit erhielt Mexiko eine Chance zu demokratischen Verhältnissen. Während über Jahrzehnte die Gesellschaft geprägt war durch paternalistische Korruption, gerieten jetzt die Strukturen in Bewegung und Unordnung.

Die Globalisierung hatte das Land erreicht. Die Wirtschaft wurde stark dereguliert und privatisiert. Der Einfluss der Kirche, in Mexiko vor allem der katholischen Kirche, ging zurück, was sich z. B. in der Auflösung der Ehe zeigte. Das Thema Empfängnisverhütung wurde öffentlich diskutiert.

Welches Team steht vor und hinter der Kamera? Der Regisseur Inarritu, ein Anfang-30-Jähriger, der in Mexiko bereits bekannt war, weil er über Jahre als erfolgreicher DJ im Radio und dann als Werbefilmer gearbeitet hatte. Inarritu kann auf der Tonspur und in kleinen visuellen Sequenzen Geschichten erzählen. Dadurch schafft er in dem Film eine hohe Emotionalität.

Guillermo Arriaga, ein bereits bekannter Schriftsteller, gesellte sich als Drehbuchautor dazu. Arriaga verbrachte (wie übrigens auch Inarritu) seine Kindheit (Wikipedia) in einem der gewalttätigsten Viertel der Stadt. Arriaga gilt als der Hochintellektuelle, der komplizierte Geschichten erzählen kann. Die Stimmigkeit und der Rhythmus sind ihm zu verdanken.

Der Dritte im Team ist der Kameramann Rodrigo Prieto, der heute, wie die beiden anderen, internationalen Erfolg hat und in Hollywood dreht.

Bis auf Gael Garcia Bernal wurden überwiegend bekannte mexikanische

Schauspieler eingesetzt. Für den damals 20-jährigen Garcia Bernal war es die erste Filmrolle und der Start in eine internationale Karriere.

Der Film *Amores Perros* ist hoch artifiziell gestaltet, sowohl visuell als auch akustisch. Er fängt darin die Atmosphäre in dieser besonderen Megastadt ein: Den dauernden Smog, die Hitze (in großen Städten ist es bis zu fünf Grad wärmer als im Umland), die Schnelligkeit großer Städte (das Tempo der Fußgänger ist abhängig von der Größe einer Stadt), die emotionale Aufladung durch die Dichte, in der die Bewohner zusammenleben, die Gewalt, die Erotik, die Sehnsucht nach Liebe.

Interpretation

Amores Perros ist ein hochemotionaler Film. Etliche, auch filmerfahrene Zuschauer reagieren mit Ablehnung, manche fast traumatisiert. Auch nach wiederholtem Sehen verliert er kaum an Wucht, und trotz der gewalttätigen Inhalte bleiben Hoffnung und ein Gefühl tiefer Menschlichkeit zurück. Dies liegt zum einen an der Entwicklung, die im Film aufgezeigt wird, zum anderen an formalen, also ästhetischen Elementen.

Zentral ist ein Autounfall, der insgesamt viermal aus unterschiedlichen Einstellungen gezeigt wird, jeweils mit einem anderen Hintergrundsound. In diesen sind zwei der Protagonisten verwickelt, die körperlich versehrt zurückbleiben. Der dritte beobachtet den Unfall und wird dadurch an der Durchführung seiner Pläne behindert. Er wird seelisch verändert.

Ausgehend von dem zentralen Autozusammenstoß gibt es Vor- und Rückblenden sowie Einschübe, die auf die nächste Geschichte vorbereiten.

Hunde spielen in allen Teilen eine Rolle und verbinden diese: Kofi, der Rottweilermischling im ersten und im letzten Teil, und Richi, der kleine Hund im mittleren Teil, mal abgesehen von den vielen anderen Hunden in den Hundekämpfen oder als Begleiter El Chivos, des Protagonisten des dritten Teiles.

Der Film selbst hat die Form eines Triptychons, wobei die einzelnen Teile sich stellenweise überlappen und überschneiden, sodass über die formalen und inhaltlichen Strukturen Beziehungen und Verbindungen hergestellt werden.

Erzählt werden drei Geschichten aus drei verschiedenen Klassen: der Unterschicht, der modischen Oberschicht von Modells, Zeitungsmachern, Medienleuten, und die Geschichte von einem aus der intellektuellen Mittelschicht, der zu einem Guerilla und nach Verbüßung einer zwanzigjährigen Haftstrafe zu einem Auftragskiller geworden ist.

Drei Männer spielen die Hauptrollen: ein 20-Jähriger am Ende der Adoleszenz, ein Mittvierziger in seiner Midlife Crisis und ein 60-Jähriger auf dem Weg ins Alter. Alle sozialen Schichten und alle erwachsenen aktiven Lebensalter werden berücksichtigt. Ich bin außerdem der Meinung, dass ein durchgängiges Thema dargestellt und allmählich einer Entwicklung zugeführt wird.

Jeder Teil wird durch Titel angekündigt, die die Namen der einzelnen Paare darstellen. Alle Paare stellen die Auflösung der sozialen Strukturen dar. Von den Gesetzen der Kirche, den zehn Geboten, regeln sieben das soziale Zusammenleben. Werden Regeln der sozialen Ordnung außer Kraft gesetzt, entsteht Unordnung.

Das erste Paar: Octavio und Susana

Hintergrund ist, wie in allen anderen Erzählungen, Eifersucht, Verrat und Betrug. Die Mutter zieht den älteren Bruder Ramiro Octavio vor. (Bereits hier ist das Kain-Abel-Thema angespielt, das im dritten Teil weitergeführt wird.) Octavio verliebt sich in dessen Frau, seine Schwägerin, die bereits ein Kind von Ramiro hat und ein zweites erwartet. Versucht er so das Problem, von seiner Mutter zurückgesetzt zu werden, zu bewältigen, indem er dem Bruder die Frau und die Kinder nimmt? Religiöse Symbole, Kreuze, Madonnenfiguren sind allenthalben zu finden. Octavio bricht das zehnte Gebot: »Du sollst nicht begehren deines Nächsten Weib«, später das sechste Gebot: »Du sollst nicht ehebrechen.« Octavio versucht sich durch die Teilnahme an Hundekämpfen mit seinem Hund Kofi aus dem Elend zu befreien. Ramiro verübt Einbrüche, bei einem wird er erschossen. Am Ende der Episode, als Ramiro tot ist und Octavio schwer verletzt, bleibt Susana dem toten Ehemann treu. Sie hält an den alten Strukturen fest, für Octavio gibt es keinen Aufbruch nach Ciudad Juarez. Er steigt in den Bus nicht ein.

Die Auflösung der sozialen Strukturen zeigt sich auch darin, dass die Väter in diesem Teil, wie in allen weiteren auch, fehlen oder versagen. Die Frauen müssen sich, ohne Solidarität untereinander, alleine durchschlagen. Die patriarchalischen Strukturen werden allmählich abgeschafft. Die Auflösungen klarer Ordnungen beinhalten Verluste, in diesem ersten Teil dargestellt durch

Tod und Verlust der körperlichen Unversehrtheit. Allerdings gibt es noch keine weitere Entwicklung nach dem Strukturverlust, nur Tod oder Verletzung und eine Rückbesinnung auf das Vertraute. Kofi, der verletzte Hund, als Projektionsfigur für die seelische Dynamik der Geschichte, wird von El Chivo gerettet und führt über diesen Kunstgriff die Geschichte und die seelische Dynamik weiter.

Der zweite Teil: Daniel und Valeria

Ein Mittvierziger, verheiratet, zwei Kinder, Herausgeber eines Hochglanzmagazins, verlässt seine Frau, mit der er kurz vorher noch im großen Ehebett unter einem Kreuz gezeigt wird, und zieht mit einem 20-jährigen Modell zusammen, Valeria. Dieser Teil bleibt vielleicht am unverständlichsten. Er ist mit einem anderen Filmmaterial gefilmt und in größerer Distanz zu allen Beteiligten. Zudem ist ein entscheidendes Moment, das im Drehbuch steht, im Film ausgespart: Valeria hat ein Kind abgetrieben. Setzt man dieses fehlende Puzzlestückchen ein, dann wird die ganze Geschichte plötzlich stimmiger. Man versteht, warum Valeria ihren Schoßhund Richi ihr *Baby* nennt, warum die Beziehung zu Daniel von Anfang an, wie die Stadt Mexiko City, auf tönernem Untergrund steht, der einbricht, als Valeria auf Daniel zuläuft.

Arriaga und Inarritu, die beide über Jahre an dem Drehbuch arbeiteten, haben hier einmal mehr ein Bild für die Ambivalenz in einer Beziehung gefunden, die diese destruktiv unterhöhlt. Nimmt man den Hund Richi als Symbol für das abgetriebene Kind, dann verschwindet das Thema im Untergrund, das heißt im Unbewussten. Dieser unbewusste Komplex treibt sein destruktives Unwesen, führt auf einer unbewussten Ebene dazu, dass die körperliche Unversehrtheit Valerias verletzt wird und das Paar in destruktives Fahrwasser gerät. Warum ist dieser wichtige Teil ausgespart?

Zum einen erhöht das Vage für die Zuschauer das Assoziationsfeld. Zum anderen gäbe der Regisseur hier etwas preis, was zu persönlich wäre. Inarritu hat über Monate an diesem Teil geschnitten und versucht, ihn zu bearbeiten. Er bleibt merkwürdig blass, ist eigentlich zu lang, man gewinnt wenig Empathie für die Figuren. Künstler versuchen, mit ihren kreativen Produkten persönliche Themen darzustellen, zu bearbeiten und einer Lösung zuzuführen. Gewidmet ist der Film im Abspann Luciano: »Weil wir auch das sind, was wir verloren haben.« Luciano ist Inarritus Sohn, der zwei Tage nach seiner Geburt verstarb. Meine Hypothese ist, dass Inarritu in *Amores Perros* versucht, den Verlust zu verarbeiten. Dieser mittlere Teil rückt zu nah an sein eigenes Thema (die Szenen in Daniels Büro wurden z.B. in Inarritus eigenem Büro gedreht). Er hat um eine Verarbeitung gekämpft, was nur teilweise gelungen ist.

Dafür spricht auch die Ebene der Abwehr, die in diesem Teil aufscheint. Zum einen wird die Abtreibung ausgespart, zum anderen wird der Hund Richi auf wunderbare Weise und fernab aller Realität gerettet. Wie hätte Richi tagelang überleben können unter all den Ratten? Anstoß für diese Sequenz gab übrigens eine reale Begebenheit. In einem Interview (vgl. Wood 2006, S. 80) erzählt Inarritu, dass die Geschichte einem Freund von ihm zugestoßen sei, als beide elf Jahre alt waren. Damals aber verlief die Sache dramatischer, der Hund starb und das Appartement stank entsetzlich.

Inarritu lässt Richi überleben. Betrachtet man meine Eingangsthese, dass in diesem Film Verluste, sowohl individuelle als auch gesellschaftliche durch dramatische Umbrüche, aufgezeigt und verarbeitet werden, dann befinden wir uns in diesem Teil auf der Ebene der Verleugnung und wunderbaren Rettung. Valeria aber verliert ein Bein. Sie bleibt beschädigt zurück. An dieser Stelle findet der Verlust Ausdruck. Trauer setzt sich als Affekt in den letzten Szenen dieser Episode durch.

Die dritte Geschichte: El Chivo und Maru

Ein Vater, ein ehemaliger Guerillakämpfer, der nach 20-jährigem Gefängnisaufenthalt zu einem Auftragskiller wurde, und seine erwachsene Tochter, die er, als sie zwei Jahre alt war, verlassen hat. Auslöser für die Entwicklung El Chivos ist der Tod seiner Frau, von dem er über eine Todesanzeige in der Zeitung erfährt. Als er heimlich und versteckt zur Beerdigung geht, sieht er seine Tochter, jetzt eine junge Frau.

Der inhaltliche Zusammenhang zum ersten Teil wird hergestellt durch einen ähnlichen Hintergrund der Geschichte: zwei eifersüchtige Brüder, Gustavo und sein Halbbruder Luis. Eine rhythmische Verbindung der Geschichten entsteht durch fahrende Autos. Zu Beginn des dritten Teils sehen wir den Yuppie-Geschäftsmann Gustavo im Auto mit dem korrupten Cop Leonardo. Leonardo stellt den Kontakt zu dem Auftragskiller El Chivo her, der mit einer Horde von Hunden durch die Stadt streunt und in einem Verschlag lebt. Als er Luis ausspäht, wird er Zeuge des zentralen Unfalls und rettet den verletzten Hund Kofi. Kofi wird später alle anderen Hunde und damit alle Rivalen tot beißen. Einmal mehr wird, auf die Ebene der Hunde projiziert, das zentrale Hintergrundthema von Eifersucht und Rivalität verhandelt, hier erneut Geschwisterrivalität.

Der erste und der dritte Teil weisen schon durch die gleiche Bearbeitung des Filmmaterials Ähnlichkeiten auf und rahmen den mittleren Teil ein. Im ersten Teil schaut Octavio mehrfach in den Spiegel, als wolle er sich erkennen, was ihm nicht gelingt. Das Hinsehen wird im Film immer wieder thematisiert: Valeria schaut am Ende des letzten Teiles, nachdem sie ihr Bein verloren hat, voller Trauer auf die leere Wand, auf der ihr Werbeplakat hing. Im letzten Teil schaut El Chivo auf Kofi, als sehe er sich in einem Spiegel. El Chivo ist zur Selbsterkennung bereit, vielleicht erst, nachdem durch den Tod seiner Frau die Endlichkeit aller Beziehungen als Thema in sein Leben getreten ist. Nach der Selbstanerkenntnis seiner eigenen Destruktivität und des Verlustes seiner treuen Hundegefährten ist er bereit, sich zu ändern. Er schneidet sich die Haare und die Fingernägel, zieht sich ein Jackett an und setzt sich seine Brille auf. Er ist bereit, wieder hinzusehen. Er liegt auf dem Rücken in seinem Bett und sieht an der Decke das Bild seiner zweijährigen Tochter. Damit wird die Verleugnung aufgehoben. Die Zeit ist weiter fortgeschritten, Möglichkeiten sind vergeben. Er wird nie wissen, wie es ist, mit einem Kind zu leben und zu sehen, wie es größer wird. Auch seine Versuche, sich über Fotocollagen in das Leben seiner Familie einzuführen, wirken schon vom formalen Ergebnis her deplaziert. Die Geschichte von etwas, was man nie besessen oder verloren hat, wird weiter geführt: die Liebe einer Mutter im ersten Teil, die man nie besessen hat; ein Kind, das man abgetrieben hat, im zweiten Teil oder eine Tochter, die man verlassen hat, im dritten Teil – im großen gesellschaftlichen Zusammenhang der Verlust Halt gebender gesellschaftlicher Strukturen.

Die Einbettung der Geschichten in einen destruktiven Hintergrund aus mörderischer Rivalität und Eifersucht zeigt auf, wie sehr die Vermeidung von Trauer über Beschädigung und Verlust zu fatalen Folgen führt. Als stamme die menschliche Destruktivität, die sich im Film in den Beziehungen entfaltet hat, daraus, dass wir die Endlichkeit und Vergeblichkeit menschlicher Bemühungen nicht sehen wollen und nicht ertragen können, und dass wir uns dieser Erkenntnis notwendigerweise doch stellen müssen, indem wir hinsehen.

Der Regisseur verarbeitet zudem seinen eigenen Verlust, den Tod seines Sohnes kurz nach dessen Geburt. Im ersten Teil kämpft Octavio um Wiedergutmachung oder Rettung. Er will nicht anerkennen, was unausweichlich erscheint, er wird die Liebe seiner Mutter und die Susanas nicht erreichen. Selbst als der Bruder tot ist, wird dieser ihm vorgezogen. In dem ersten Teil werden die frustranen Bewältigungsversuche aufgeführt: der Versuch, durch Wettspiele (Hundekämpfe) einen unerträglichen Verlust zu kompensieren. Die Destruktivität wird im Film auf die Hunde projiziert, unsere eigene Kampfhundnatur.

Im zweiten Teil wird zwar das zentrale Beziehungsthema zwischen Daniel und Valeria, die Abtreibung, ausgespart, aber die daraus folgende Destruktivität für die Beziehung wird aufgezeigt: Valeria bricht in den Boden ein, als sie auf Daniel zuläuft – in den Boden, unter dem später der Hund Richi, Symbol für das abgetriebene Kind, verloren zu gehen droht. Auch wenn in diesem Teil der Hund wiedergefunden wird, so bleibt die Verletzung bestehen. Valeria verliert in dem zentralen Autounfall und später beim Suchen nach ihrem Hund ein Bein. Häufig wird der Verlust eines geliebten Menschen, zumal eines hochbesetzten Kindes, erlebt wie der Verlust eines eigenen Körperteils.

Im dritten Teil sieht El Chivo den Hund Kofi und dessen die Rivalen tötende Aggressivität wie in einem Spiegel. In Anerkennung seiner Selbst vermag er sich zu wandeln.

Nur wenn man den Hund in sich erkennt, seine barbarischen Triebe anerkennt, seine Wut, seinen Killerinstinkt, sein Verlangen nach Sex, vermag man sich zu wandeln. In diesem dritten Teil gibt es keine Rettungsversuche mehr. El Chivo erkennt seine Schuld an. Die rivalisierenden Brüder werden miteinander konfrontiert und müssen sich mit ihrem Hass von Angesicht zu Angesicht treffen. Der Betrug ist offen gelegt. Damit ist die Zukunft wieder offen, auch wenn El Chivo über ausgetrocknete Erde in eine Leere läuft.

Gedreht wurde der Film an Originalschauplätzen in der Stadt. Das Team geriet einmal zwischen bewaffnete Jugendliche und damit in eine gefährliche Situation. Weite Teile sind mit der Handkamera aufgenommen. Der Zuschauer im Kino ist immer in der Position der Kamera. Unser Kopf sitzt auf dem beweglichen Hals und als Lebewesen sind wir schon durch die Atemtätigkeit ständig in Bewegung. Eine Kameraeinstellung über ein Stativ ist nicht lebensecht und wirkt distanzierend. In diesem Film war es den Filmemachern wichtig, die Kamera ständig in einer beweglichen Position zu halten, und zwar so, wie unser Kopf auf unserem Hals in ständiger Bewegung ist. Die Kamera wurde entweder auf der Schulter oder auf den Knien gehalten. Ruhte sie auf Säcken, so wurden diese sanft bewegt, um den subjektiven Eindruck eines bewegten Objektes zu erzeugen: die Kamera atmet. Wenn, wie in der zentralen Szene des Autounfalls, der Kameramann im rasenden Auto der zwei Jugendlichen neben dem scheinbar schwer verletzten Hund sitzt und das bei hohen Temperaturen, so entsteht eben über diesen Kunstgriff beim Zuschauer der Eindruck, als säßen wir selbst im Auto, und wir können uns unseren Emotionen kaum mehr durch Distanzierung entziehen. Durch diese Kunstgriffe entstehen hohe Emotionalität und Lebendigkeit, als seien wir selbst Teil des Geschehens. Tief in unserem emotionalen Unbewussten werden unsere eigenen Themen von Trauer und Verlust angesprochen, vielleicht gelegentlich von traumatischen Verlusten, ebenso wie unsere Bewältigungs- und Entwicklungsmöglichkeiten.

Außer einer unmittelbaren emotionalen Involvierung und inhaltlichen Teilnahme am Geschehen macht der Film noch ein weiteres Angebot.

Die ungeheure destruktive Wucht der Bilder und des musikalischen Hintergrundes wird aufgefangen durch die grandiose Ästhetik des Filmes. Durch die Rhythmisierung entsteht ein ästhetischer Sinn, im Chaos entstehen Strukturen, die in der entgrenzten menschlichen Megastadt nicht mehr zu finden sind. Hier geschieht vielleicht etwas Ähnliches wie in der modernen Traumatherapie. Nur bei ausreichend hoher Emotionalität können sich die inneren Strukturen verändern, weil diese in ihrer Komplexität nur über Gefühle erreichbar sind. Werden gleichzeitig mit den negativen traumatischen Affekten, die der Film im Betrachter auslösen kann, auch positive Emotionen über die Ästhetik angesprochen, besteht die Chance, dass sich die seelische Struktur verändern und sogar neu organisieren kann.

Welche Elemente fangen die Emotionen auf, machen den Film erträglich, ja bewirken sogar einen ästhetischen Genuss? Die komplexe narrative Struktur wird vor allem durch die Bilder gestaltet. Die Dialoge sind sehr einfach.

Künstlerische Prozesse und Ästhetik scheinen über alle Kulturen hinweg ein angeborenes menschliches Potenzial darzustellen. Bei allen kulturellen Unterschieden gibt es Gemeinsamkeiten darin, welche Phänomene einen ästhetischen Genuss bewirken: Einem Gegenstand, einer Szene wird ein besonderer, attraktiverer, faszinierenderer und lustvollerer Charakter verliehen, durch die Bearbeitung wird der Gegenstand besser erinnerbar. Dabei scheinen bestimmte Farben (z.B. warme), Rhythmen, Wiederholungen und Formen, wie Dreiecke, Diagonalen, Vertikalen und Horizontalen, eine Rolle zu spielen. Asymmetrien und Unterschiede werden aufgefangen und dadurch wird etwas ungezügeltes Wildes gezähmt.

Wie lassen sich diese Vorstellungen über Ästhetik auf einen Film wie *Amores Perros* übertragen? Das Team suchte ganz bewusst einen visuellen Stil und orientierte sich schließlich an den Fotos von Nan Goldin, einer amerikanischen Künstlerin. Man war auf der Suche nach etwas Unperfektem, um das unperfekte Leben in der Stadt darzustellen (vgl. Smith 2003, S. 77). Um diesen Stil zu erreichen, bearbeitete Prieto das Filmmaterial in einem riskanten Verfahren vor dem Filmen, sodass die typische grobkörnige Struktur im ersten und dritten Teil entstehen konnte. Durch die Bearbeitung wirkt die Farbe der Haut blasser, lebhafte Farben, wie Rot oder Blau, kräftiger. Ein bewusst eingesetzter kreativer Akt, um dem Film trotz der dokumentarisch eingesetzten Kamera eine künstlerisch gestaltete Form zu verleihen und im Zuschauer neben den traumatischen auch angenehme Gefühle zu induzieren. Die Farben werden gezielt eingesetzt: Im ersten Teil ist die Welt Octavios blau, vielleicht als Zeichen seiner inneren Einsamkeit, das Zimmer Susanas und Ramiros ist rot, ein Hinweis auf Sex und Gewalt.

Der Blick und Spiegel haben eine hohe Bedeutung. Im ersten Teil wurde das Weiß im Auge von Gael Bernal in der Nachbearbeitung überhöht, um die Intensität des Blickes zu verstärken. Im mittleren Teil werden die Personen in größerer Distanz gefilmt, die Farben sind grau-blau, blasses Grün, viel blasser als in den beiden anderen Teilen, die Kameraführung ist häufig in der Untersicht. Dies alles schafft Distanz. In meiner Interpretation Distanz, weil an diesem Teil die Geschichte recht nah an die persönliche Geschichte Inarritus heranreicht, an den Verlust eines Kindes.

Über Wiederholungen mit Variationen und über die Farbgebung werden die drei Teile miteinander verbunden. Der Film ist ästhetisch durchkomponiert. Alle drei Teile sind mit verschiedenen Kameralinsen gedreht, um die Unterschiedlichkeit hervorzuheben. Dagegen haben die Nachtszenen in allen Teilen ein typisches Grün, was die sonst zerfallende Gesamtstruktur wieder verbindet. So werden über Farbeffekte die disparaten Teile der Geschichten verbunden: z.B. grün fluoreszierendes Licht in Ramiros Supermarkt, in Valerias Krankenhauszimmer, im Beerdigungsinstitut, in dem Octavio und Susana miteinander sprechen (vgl. Smith 2003, S. 74).

Der Kamerastil wird jeweils verändert: Im ersten Teil ist die Kamera rhythmisch und aggressiv, im zweiten eher statisch, im dritten gereizt und elegant. Die Bilder werden häufig in extremer Untersicht gefilmt. Kamerahöhe und Kameraentfernungen ändern sich. So wird der Film an einigen Stellen ganz still, die Kamera bleibt stehen, z.B. bei El Chivos Geständnis auf dem Anrufbeantworter seiner Tochter.

Aber auch inhaltlich werden in einem künstlerischen Prozess die destruktiven Inhalte aufgefangen. Ich habe oben schon auf die formale Gestaltung des Filmes in Form eines Triptychons hingewiesen. Wiederholungen mit Variationen sind Sequenzen, die wir aus gelungenen, Entwicklung fördernden Mutter-Kind-Interaktionen kennen. Ein Beispiel einer Wiederholung mit einer Variation: Zweimal sehen wir eine Szene, in der Kofi ein Revolver an den Kopf gehalten wird. Im ersten Teil will Ramiro Kofi erschießen, im letzten Teil El Chivo. In der zweiten Szene gibt es einen entscheidenden Unterschied: Ramiro wird nie lernen, dass Gewalt nur zu Gegengewalt führt und sterben – für El Chivo ändert sich in dieser Szene alles: Er erkennt seine eigene Gewalttätigkeit und ist in der Lage, sein Leben zu ändern.

Die narrative Kohärenz wird über Szenen hergestellt, in denen Personen aus verschiedenen Teilen zusammentreffen. So entsteht ein Rhythmus: Im ersten Teil werden dreimal Szenen mit Daniel und Valeria eingeblendet, sieben Szenen mit El Chivo (vgl. Smith 2003, S. 33).

Man sieht an verschiedenen Stellen im Film das Reklameposter von Valeria als rhythmischer Sprenkel. Gegen Ende, als El Chivo in seinem Auto an Valerias Poster vorbeifährt, wird es abgerollt.

Nur in einer Szene sind die Protagonisten aus allen Teilen zusammen dargestellt: als im dritten Teil das vierte Mal der Unfall gezeigt wird, dieses Mal aus El Chivos Sicht und in der unverhüllten Brutalität für alle Beteiligten. Der realistische Blick auf die Destruktivität verwandelt El Chivo. Schon in dieser Szene hindert ihn der Unfall an dem geplanten Auftragsmord.

Über die Stilmittel, von denen ich einige aufgezeigt habe, wird der Film künstlerisch gestaltet. Dabei spielen Rhythmen, Farben und bestimmte Formen eine wesentliche Rolle. Der ästhetische Genuss, der darüber entsteht, scheint dem Menschen angeboren zu sein. Dies scheint kulturunabhängig zu sein: der mexikanische Film wurde in weiten Teilen der Welt erfolgreich und mit Preisen überhäuft, sein ästhetischer Stil wurde also verstanden. Entfaltet wird die Fähigkeit sowohl zur Kreation als auch zum Genuss in frühen Interaktionen mit der Mutter und bleibt dann ein lebenslanger innerer Erfahrungsschatz, auf den wir zurückgreifen können, sei es als ästhetischer Genuss, sei es als Trost in großen emotionalen Stürmen.

Im Film *Amores Perros* gelingt es den Filmemachern einerseits, eigene destruktive Themen eines unerträglich erscheinenden Verlustes für sich selbst zu bearbeiten. Über die vielfältigen Angebote wird es aber auch den Zuschauern ermöglicht, daran teilzuhaben.

Unsere eigenen Verlusterfahrungen geraten in Resonanz mit den Verlusterfahrungen, die im Film in einer künstlerischen Form dargestellt sind und werden möglicherweise einer Entwicklung zugeführt, sodass wir mit einem Gefühl von Hoffnung zurückbleiben können.

Literatur

Davies, Mike (2006): Planet of Slums. London, New York (Verso).

Sabbadini, A. (2003): »Not something destroyed but something that is still alive«: *Amores Perros* at the intersection of rescue fantasies. In: I.J. Psycho-Anal. 84, 755–764.

Smith, Paul Julian (2003): Amores Perros. London (British Film Institute).

Wood, Jason (2006): The Faber Book of Mexican Cinema. London (Faber and Faber).

Schmetterling und Taucherglocke

USA/Frankreich 2007, 112 Min.
Regie: Julian Schnabel
Hauptdarsteller: Mathieu Amalric, Emmanuelle Seigner, Jean-Pierre Cassel, Max von Sydow

Isolde Böhme

Bei einer psychoanalytischen Tagung, in deren Rahmen ich diesen Film vorstellte, war eine der Diskussionsbemerkungen, man hätte Musik machen sollen nach diesem Film – Musik, die einen anrühren kann, Musik, die so viel über das Traurigsein weiß. Traurigsein, trauern können, bedeutet als Antwort auf diesen verstörenden Film, Traumatisches bewältigen zu können. Das Verstörende in diesem Film ist der Tod. Das Büchlein Jean-Dominique Baubys, in dem er seine Erfahrungen schildert, die er gemacht hat, als er nach einem schweren Schlaganfall am ganzen Körper gelähmt war, an einem Locked-in-Syndrom litt, ist sicher ein Bewältigungsversuch eigener Erfahrung schwerster, letztlich tödlicher Erkrankung gewesen. Aus seiner Kenntnis Baubys und seines Büchleins macht Schnabel einen eindrucksvollen Film, und ich möchte mein psychoanalytisches Handwerkszeug verwenden, den Film sorgsam zu betrachten und einige Kontrapunkte zu den Melodien dieses Films zu setzen.

Was mich bei diesem eindrucksvollen Film interessiert, ist, wie es ihm gelingt, Unerträgliches so zu verwandeln, dass man fühlen und denken kann, dass man traurig werden kann. Der Film verwendet dabei eine Reihe von Mitteln, die mir als Psychoanalytikerin aus der täglichen Arbeit vertraut sind: das Erzählen, die Zumutung, das Leid des Anderen am eigenen Leib zu erfahren, das Träumen.

(1)

Das Band des Films beginnt mit dem Vorspann auf dem Hintergrund von Röntgenbildern. Knochen-, Gelenk- und Lungenbilder werden von den Namen der Mitwirkenden beschriftet. Dazu singt Charles Trenet ein sehnsüchtiges Chanson. Die Geschichte, die im Seekrankenhaus Berck-sur-Mer spielt, ist mit Symbolen eines Memento mori vorbereitet. Wir erfahren die Geschichte Jean-Dominique Baubys, des Chefredakteurs der Zeitschrift *Elle*, der durch einen Schlaganfall, der den Hirnstamm betroffen hat, am ganzen Körper gelähmt ist und an einem Locked-in-Syndrom leidet. Der Weg aus dem Eingeschlossensein heraus, das innere Lebendigwerden, geschieht in der altvertrauten Geschichte: Leben gibt der liebevolle Blick schöner junger Frauen. Marie ist die Verführerin, die das Begehren weckt, das Begehren nach dem Körper der Mutter. Henriette lehrt die Sprache, die Muttersprache aus den Buchstaben. Sie lehrt ihn, mit dem Blinzeln seiner Augen aus Buchstaben Wörter zu bilden. Ist auch sein erster Satz »Ich möchte sterben«, lässt er sich doch auf das Angebot einer Verbindung zur Welt ein. Claude schließlich begleitet ihn auf seinem Weg, sich mit seinem Erleben und Denken mitzuteilen, begleitet ihn in Verfassungen autistischen Rückzugs, in die Verpuppung der Taucherglocke. In der gemeinsamen Liebesgeschichte wird Jean-Dominique als Auge wiedergeboren, als Auge, das sehen und sich mitteilen kann. So entpuppt er sich als Schmetterling.

Wie sehr diese Beziehungen fantasmatisch sind, wird deutlich, indem wir etwas davon erfahren, wie sehr die jungen Frauen ihre Wünsche in dem prominenten Patienten verwirklichen, aber auch darin, dass Bauby ihnen die Kaiserin Eugénie zur Seite stellt, die Gattin Napoleons III. Sie war Patin des Krankenhauses, als es noch ein Hospital für tuberkulosekranke Kinder war. Eine Büste erinnert an sie. Baubys Fantasie macht sie lebendig als eine, die ihn aus dem Elend wundersam erlösen kann.

Viel schwieriger, fast sprachlos sind die Beziehungen zu den geliebten Personen vor dem Schicksalsschlag. Die Kinder singen und spielen, küssen den Papa, spielen mit ihm Wortspiele. Tränen fließen heimlich. Besonders eindrücklich ist der tapfere kleine Théophile, der dem Papa die Spucke aus dem Mundwinkel wischt, und seine nicht minder tapfere Mutter Céline.

Am Telefon taucht der verzweifelte Vater auf und schließlich Inès, die Geliebte, die das Unerträgliche durch Nicht-Anwesenheit zum Ausdruck bringt, die gerade als Abwesende mit ihm das Hohelied der sexuellen Liebe singt, die erst dann an seinem Bett sitzt, als er wirklich stirbt.

Die neue schreckliche Realität benennen Vaterfiguren, so der Neurologe Dr. Lepage, der sagt: »Sie sind reif für den Rollstuhl.« Der Freund Laurent benennt die Unerträglichkeit, im Krankenhaus zu sein, spiegelt einen Aspekt der Wirklichkeit in seiner eigenen Hilflosigkeit. Jean-Paul, der als Geisel genommen worden war, erzählt vom Eingeschlossensein in einem Keller in Beirut, wo er vier Jahre seines Lebens verbracht hat. Er erzählt von den Versuchen, sich in einen inneren Raum zu retten. Er habe sich immer wieder die Weingüter der großen Weine Frankreichs vorgesagt. Wie kann es gelingen, nicht verrückt zu werden, sich zu bewahren in der Katastrophe, aus dem eigenen Leben ausgeschlossen zu sein? Auch der Vater deutet das Eingesperrtsein, bringt es in Verbindung mit dem, was er kennt, der Beschränkung auf einen kleinen Lebensraum als alter Mann.

In der Stimme der anderen und in ihren Augen hört und sieht Bauby deren Hoffnung und Verzweiflung, liest seine eigenen Gefühle. Seine ungelösten inneren Konflikte, etwa sein Drama mit seinen beiden Frauen, der Mutter seiner Kinder Céline und der Geliebten Inès erscheint vor seinen Augen als Film. Es gibt nichts, was er ändern, nichts, was er versöhnen könnte. Er kann nur darüber traurig sein, für welche Lebensmöglichkeiten er blind gewesen ist.

Die Geschichte, die Bauby zu erzählen hat, entsteht im Spiel dieser Figuren. Sie enthüllen Eigenes und Fremdes, Traum und Wirklichkeit, Reales und Imaginiertes. Gegenwart, Vergangenheit und Zukunft fließen ineinander und schaffen Verdichtungen, eine beseelte Welt.

(2)

Zu Beginn des Films schlüpfen wir in den Erfahrungsmodus Baubys, erwachen in einer Welt, die zunächst keine Orientierung gibt. Störende Geräusche dringen auf uns ein, Fetzen von visueller Wahrnehmung schaffen eine zerstückelte Wirklichkeit. Wir schwingen mit dem inneren Dialog des Protagonisten mit, seiner ängstlichen inneren Stimme, suchen mit ihm Orientierung, zuallererst in den oft nur teilweise sichtbaren menschlichen Gesichtern und den menschlichen Stimmen. Unter den Fremden sind Teilnahmslose, so eine schöne junge Frau, die zur Seite schaut, andere, die sich ihm, also auch uns zuwenden, die die Panik zu beruhigen suchen. Mit den Rosen auf dem Tisch findet Bauby, den wir zunächst nicht sehen, zu einem Stück Erinnerung, zu seiner Geliebten. Inès hängt Fotos auf, weist auf gelebte Zeit hin. Bevor er sich selbst findet, findet er die geliebte Andere – das ist wieder die Geschichte vom Kind und seiner Mutter.

In Hitchcocks *Fenster zum Hof* als ein Paradigma der Filmtheorie sitzt ein Mann unbeweglich in einem Sessel und schaut zum Zeitvertreib durch einen rechteckigen Rahmen auf menschliche Tragödien. Filmemacher und Filmzuschauer sind hier in einer privilegierten Position, blicken durch die Linse, schauen auf die Leinwand und erschaffen neue Welten. Bauby – wie auch der Zuschauer – ist einer ihn überwältigenden Welt ausgeliefert. Die Wahrnehmung, vor allem Auge zu sein, verstört, wandelt sich über den sich zunehmend eröffnenden Zugang des Auges für die innere Welt der Fantasien und Erinnerungen. Das erlittene Trauma wird bildhaft in einer eindrucksvollen Szene gezeigt, in der ein Arzt Bauby das rechte Auge zunäht.

Die Naht vernäht uns als Schauende mit dem Blick der Filmkamera, wir sehen zum ersten Mal den Protagonisten, sehen ihn mit dem vernähten und dem weit aufgerissenen Auge, jeglicher Potenz beraubt. Auch wir sind Sehende, vom Schrecken gepackt, eingenäht in die uns zugemutete Perspektive des Films.

Das Auge erkundet den Raum, die Wände, die kleinen Oberlichter, die Fotos und Bilder, die an den Wänden hängen. Ein heller Vorhang trennt das Zimmer von der Welt draußen, flattert mit dem Wind, schafft eine bewegliche, verlockende Grenze, ähnlich verlockend wie später im Film die flatternden Sommerkleider der Frauen. Der Vorhang ist lichtdurchflutet, schützt vor dem grellen Licht, das beim Öffnen der Tür in den Raum kommt. Der Vorhang ermöglicht ein Lichtspiel, ist Leinwand, bewegliche Grenze zwischen Innen und Außen, zwischen Fiktion und Wirklichkeit. Aus der Welt des Krankenzimmers, des Eingeschlossenseins gelangt Bauby über den Flur, wo er anderen Kranken begegnet, auch der Geschichte des Hospitals, zur Terrasse, die aufs Meer schaut. Bauby nennt diesen Ort »mit dem windschiefen Charme von Filmkulissen« Cinecittà. Hier ist er mit seinen Erinnerungen, seiner Fantasie und der Erschaffung von Symbolen Regisseur einer neu zu entwickelnden Welt. Die erblickte reale Welt knüpft an Gesehenes an, ans Kino, an Fellinis Adriabilder vielleicht. Baracken – so hören wir – erinnern an eine Geisterstadt des Wilden Westens. Der Film, den Schnabel für Bauby gestaltet, reflektiert das Wechselspiel zwischen der visuellen Wahrnehmung der Welt und der medial vermittelten Welt.

Ausschließlich Auge zu sein bedeutet, die Welt als Kinogänger zu betrachten. Kunstfertige Darstellung und Wirklichkeit sind untrennbar miteinander verbunden. Es sind die Landschaften um elektrische Eisenbahnen, die in Baubys Wahrnehmung Modell für die Vorstädte Berck-sur-Mers gestanden haben, nicht umgekehrt. Die Gischt des Meers erscheint so weiß, als sei sie ein Spezialeffekt. Der Leuchtturm in seiner rotweiß gestreiften Livree scheint in der Perspektive der Inszenierung eines Filmbildes Sicherheit zu verheißen, ist als eine poetische Figur beseelt. Schnabel zeigt an den Wänden der Räume, auch der von Bauby geträumten Räume, unzählige Fotos. Sie korrespondieren mit Bildern, die in Bauby aufsteigen, Ausdruck seiner Affekte sind, seines Erschreckens, seiner Verzweiflung – etwa die Gestalt eines schreienden Jungen, der mehrfach kurz auftaucht. Ist es er selbst oder ist es ein anderer, der für ihn schreit?

Das Ohr hört Geräusche, hört die Dialoge und erfährt die Musik. Es hört die Melancholie des ersten Chansons, gerät dann in eine Welt zunächst schwer zu ortender Geräusche, Gegröle, das von irgendwoher in den Raum dringt, dann Satzfetzen, schließlich wenden sich die Figuren dem aufwachenden Bauby zu. Im weiteren Verlauf kommentiert Popmusik der letzten Jahre die emotionale Situation, zieht uns in diese hinein, etwa, wenn sich Bauby als Chefredakteur der Zeitschrift *Elle* mit schmissigem Rock zu seiner Arbeitsstätte begibt. Cantelons für diesen Film komponierte Musik lebt aus der Melancholie, begleitet wunderbare Naturbilder, wird zum Lobgesang auf das Leben. Die Erschaffung des Neuen geschieht nach dem Gesetz der Schönheit der Schöpfung. Die tiefe, warme Stimme Tom Waits' kommentiert Baubys Leben in seiner ganzen Verzweiflung und Sehnsucht.

Am eindrucksvollsten ist die Verwendung des langsamen Satzes aus Bachs Klavierkonzert in F-Dur. Diese so vertraute Musik, die sich anders als die Popsongs zurücknehmen kann, die in so schönen musikalischen Figuren ruhig Zeit strukturiert, öffnet den Raum für Neues, für das Denken, das Träumen, das Sprechen, für die Texte Jean-Dominique Baubys, der seine Erfahrung in Sprache fasst, die im Film aus dem Off erklingen.

Das Ohr hört auch die Literatur, die gelesen wird. Laurent liest Balzac, Claude liest Dumas' *Der Graf von Monte Christo.* Schließlich führt das Ohr zum inneren Erleben des Traumas, des Insults. Der Moment der Lähmung gestaltet sich als unerträgliches Geräusch. Der Motor heult auf; als Bild entsteht, ein Baum werde gefällt. Am Ende, während der Gletscher zur alten Formation zurückkehrt, singt Tom Waits für den Toten.

(3)

Die innere Welt Baubys, die uns Schnabel zeigt, ist eine reiche Welt, in der er hin- und heroszilliert zwischen Bildern, die seine frühere Welt abbilden, und anderen, die versuchen, die neue Welt zu fassen, aus dem Zusammenfügen der Bilder eigene Symbole zu schaffen.

Eindrücklich ist, wie Schnabel die Nähe des Träumens zum Beten postuliert. Lustvoll führt er uns in religiöse Rituale unserer Welt, nach Indien, nach Afrika, erzählt von den Mönchen von Bordeaux. In einer witzigen Persiflage führt er uns mit dem gesunden Bauby nach Lourdes, Ironie trägt die Begegnung des Kranken mit dem hilflosen Pater in Berck. Religion öffnet mit dem Gebet und dem Ritual einen Übergangsraum. Die Pracht der Farben und Formen der fremden Kulte scheint sich der Natur nachzubilden, die sich uns in ihrer vielfältigen Schönheit präsentiert. Es sind freundliche Landschaften, die Geborgenheit versprechen, es sind Unterwasserbilder, die mit dem Bild des Tauchers in seiner Taucherglocke dem Begehren, nicht zu begehren, Bildkraft geben. Es ist das gewaltige Naturschauspiel des kalbenden Gletschers, es ist die Meerlandschaft, in die hinein Bauby den Schiffbrüchigen an den Ufern der Einsamkeit als Symbol seiner selbst erfindet.

Mit den Erinnerungen und Bildern kommt Bauby zu sich selbst. Die Seele wird zum Ort der Wiedergeburt. Zuerst erscheint bei seiner Suche nach dem, der er war, also »attraktiv, lässig, glamourös und verteufelt verführerisch«, ein medial vermitteltes Bild: Marlon Brando. Er sieht sich als Skifahrer in lustvoller körperlicher Bewegung, dann eine Reihe von Schnappschüssen, sich als jüngeren Mann, als Jugendlichen, als Kind, immer weiter zurück bis zum Bild als Säugling – und dann erst kann ein jetziges Bild von ihm erscheinen, beschädigt und wach.

Der englische Psychoanalytiker Winnicott hat Träumen und Fantasieren unterschieden. Das träumende Kind erprobt Wirklichkeit, während es im Fantasieren der Wirklichkeit entflieht.

Die Traumbilder, die ich geschildert habe, dienen der Selbstkonstitution. Träume erscheinen hier als ein Versuch, das Unbewusste als Ort der Kreativität zu restituieren, Erfahrung emotionale Bedeutung zu verleihen, anzufangen, die Unerträglichkeit der Erfahrung zu fühlen.

Als einen solchen Versuch betrachte ich die Fantasie des Theaterstücks, das der Kranke schreiben will, in dem sein Schicksal verhandelt werden soll. Eine Stimme aus dem Off beschreibt die Empfindungen des Mannes, der nach einem akuten Herz-Kreislauf-Versagen an einem Locked-in-Syndrom leidet. Schließlich steht der Protagonist auf, bewegt sich auf unwirklicher Bühne. Aus dem Off ist ein letztes Mal die kommentierende Stimme zu hören: »Scheiße, es war nur ein Traum.« Die fehlende Möglichkeit, sich in die Zukunft zu entwerfen, ist damit eindrücklich formuliert. Der einzige Nachttraum Baubys, aus dem er in beängstigender Weise um Atem ringend erwacht, beginnt im leeren Krankenzimmer. Ein Fleck ist markiert, an dem das Bett *gestanden hat*. Kaiserin Eugénie schiebt einen Rollstuhl in einen großen, unwirtlichen Raum mit den Requisiten einer Baustelle. Die uns vertrauten Mitarbeiter des Krankenhauses stehen um ein Krankenbett. Schließlich tritt Jean-Do dazu, und wir folgen mit der Kamera seinem Blick, zunächst auf die sehr ernsten Umstehenden. Der Blick auf das Bett scheint in einen Abgrund zu führen: *Nichts* ist zu sehen.

Stattdessen bringt uns ein abrupter Schnitt zum Dialog zwischen Jean–Paul und Jean-Dominique. Der überlässt Jean-Paul seinen Platz im Flugzeug, einen Platz in dem Flugzeug, das nicht nach Hongkong, sondern nach Beirut fliegt, damit *den anderen* in den Kerker führt. Die Todesangst Baubys teilt sich uns bei seinem Erwachen mit. Der eigene Tod hat keine Repräsentanz im Unbewussten.

(4)

»›Ein Känguru sprang über die Mauer, die Mauer vom Zoo«, singen die Kinder für den Papa. Die Mauer zu überspringen, hieße doch wohl, wieder mitzusprechen, mitzusingen im Gesang des Lebens. Oder ist die Mauer, die so klein ist, die, die uns vom Tod trennt? In der Fantasie, im Traum können sich Auge und Mund ersetzen. So wird in der Liebesgeschichte mit Claude aus dem Auge, das aufnimmt, das spricht und zärtlich berührt, der Mund, der aufnimmt, spricht und küsst. Am Ende heißt es, Bauby könne mitsingen, mitbrummen, wie er selbst sagt. Das Leben beginnt mit einem Schrei, dem ersten Atemzug, damit, die eigene Stimme aus diesem Schrei und den Stimmen der anderen zu bilden, vor allem aus der Stimme der Mutter. Im Film wird dieses Lautgeben zur Ankündigung des Todes, des letzten Atemzugs. Bauby hat eine Pneumonie. Seine und damit unsere Wahrnehmung zerfällt in Stücke. Das Buch ist geschrieben, veröffentlicht, von der Kritik mit Erschrecken und Wohlwollen gleichermaßen wahrgenommen. Die Stimme des Schiffbrüchigen an den Ufern der Einsamkeit ist vernommen worden. Sie ist zu Bild und Ton dieses wunderbaren Films geworden.

Im Abspann gibt uns der Gletscher die Illusion, alles kehre zur alten Ordnung zurück, aber Tom Waits singt: »You'll never be free of me.«

Literatur

Bauby, Jean-Dominique (1997/2008): Schmetterling und Taucherglocke. Wien (Zsolnay-Verlag).

De Masi, Franco (2003): Das emotionale Unbewusste. PSYCHE – Z.Psychoanal 57, 1–33.

III
Traumatisierung durch politische/ kriegerische Gewalt

Lost Children

DEUTSCHLAND 2005, 103 MIN.
REGIE: ALI SAMADI AHADI UND OLIVER STOLTZ
DARSTELLER: JENNIFER, KILAMA, OPIO UND FRANCIS (KINDERSOLDATEN); JOHN BOSCO UND GRACE ARACH (SOZIALARBEITER)

Ingrid Prassel

Lost Children, *Verlorene Kinder*, ist ein Dokumentarfilm. Er zeigt die Schicksale von vier Kindersoldaten im Alter zwischen acht und fünfzehn Jahren aus Nord-Uganda. Die Kinder erzählen von ihren grausamen Erfahrungen und traumatischen Erlebnissen. Leise, unaufdringlich und emotional sehr zurückhaltend, sprechen sie von ihren Ängsten, ihren Sehnsüchten und ihren Hoffnungen. In einer gleichermaßen erschütternden wie auch berührenden Behutsamkeit kommen die Kinder als Opfer des Krieges zu Wort, eines Krieges, der aus ihnen Mörder und Soldaten gemacht hat. Der Film kommt mit nur wenigen Kriegsbildern aus. Die Bedrohung wird für den Zuschauer unmittelbar emotional spürbar durch die zurückgenommenen affektiven Schilderungen, den Klang der Stimmen, die Sprachmelodie, den Körperausdruck und die Mimik der Kinder. Wenn die Kinder von Zerstückelungen, von kannibalistischen Szenarien und von unvorstellbar brutalen und archaischen Handlungen sprechen, zu denen sie gezwungen wurden, löst dies eine Betroffenheit aus, die den Zuschauer körperlich schmerzt.

Es wird weitgehend darauf verzichtet, auf die Ursachen und Gründe des Krieges einzugehen. Fokussiert wird das Erleben der Kinder und die Folgen, die ein solcher Krieg bei ihnen hinterlässt. Es sind Folgen, die uns alle, als Teil einer globalen Welt, angehen. Denn die Rehabilitierung ehemaliger Kindersoldaten ist schwierig. Wenn Vergangenheitsbewältigung und soziale Integration nicht gelingen, tragen diese Kinder mit Sicherheit ein hohes Gewaltpotenzial in sich.

Die Protagonisten im Film wurden, wie viele andere Kinder auch, von den

Milizen der Lords Resistance Army (LRA) entführt und als Kindersoldaten zum Töten in ihren eigenen Dörfern gezwungen. Die LRA, die systematisch Kinder raubt, beruft sich in ihrem Programm auf die zehn Gebote. »Im Namen des Herrn« müssen die Kindersoldaten morden und plündern. Um ihre letzten Tötungshemmungen zu verlieren und um sich »abzuhärten«, werden sie gezwungen mit anzusehen, wie ihre eigenen Eltern oder Geschwister gequält und getötet werden. Manche wurden auch gezwungen, die eigenen Familienangehörigen umzubringen, damit ihnen der Weg zurück zu ihren Dörfern und Angehörigen versperrt bleibt. Der Ort, der ihr Zuhause war, wird ihnen entrissen.

Den Kindern im Film gelang die Flucht aus der Gefangenschaft. Dies setzte ungeheuren Mut voraus, denn falls sie gefasst worden wären, hätten sie mit bestialischen Strafen und mit dem Tod rechnen müssen. Nun befinden sie sich in einem Auffanglager der Caritas und sollen zurück zu ihren Familien. Diese Kinder haben als Kindersoldaten unfassbare Gräueltaten erlebt und wurden zu ebensolchen genötigt. Der Film zeigt sie bei dem Versuch, wieder zu Kindern zu werden und sich zurechtzufinden in einer Gesellschaft, die sie als Mörder ansieht, wie Täter behandelt und ausgrenzt.

Zu sehen sind auch die Helfer der Kinder, die sich ihrer, um sie zu resozialisieren, mit bemerkenswerter Empathie und heldenhaftem Mut annehmen. Es ist zu vermuten, dass einige der schwerst traumatisierten Kinder unberechenbar geworden sind, wovon im Film weniger zu sehen ist. Er zeigt vielmehr Kinder, die sich nach ihrer Familie und nach Frieden sehnen, ohne je Frieden kennengelernt zu haben. Kinder, die realisieren, dass das Töten von Menschen Unrecht ist. Kinder, die versuchen, mit der Schuld und den Schuldgefühlen umzugehen. Einige der Kinder haben ein fürsorgendes Bewusstsein für den anderen, sie leiden darunter, dagegen verstoßen zu haben und fühlen sich nachträglich in die Opfer ein. Sie leiden unter dieser Einfühlung. Diese Kinder suchen nach einem Weg, ihre Taten und ihre Vergangenheit zu akzeptieren. Sie hoffen auf eine bessere Zukunft, eine bessere Welt, »die weit weg ist« (so Kilama, ein Kindersoldat).

Man sieht Sozialarbeiter, die mit beeindruckender Zivilcourage ihre Arbeit unter ständiger Lebensgefahr (das Lager befand sich mitten im Kampfgebiet) verrichten. Sie sind bereit, durch das Zuhören und durch zärtliche, ruhige und unaufgeregte Annäherung die Last der Schmerzen der Kinder mitzutragen. Dabei sind sie in Gefahr, von den Schilderungen und den Emotionen der

Kinder traumatisiert zu werden. Grace, eine 23-jährige Sozialarbeiterin spricht darüber, wie sehr sie die Erzählungen mitnähmen und dass die Arbeit zu viel für sie sei. Wenn sie die ausgeprägten Gefühle von Ohnmacht und Schutzlosigkeit nachempfindet, wird sie selbst psychisch verwundet. Der Film zeigt, mit wie viel Geduld und Respekt die Sozialarbeiter den Kindern begegnen, wie sie sie liebevoll pflegen, ihre Wunden versorgen, sie vorsichtig berühren und nach jeweils individuellen Lösungen suchen. Ihre Arbeit lässt hoffen, dass Menschlichkeit, Zuneigung, Umsichtigkeit, Klugheit und Liebe überleben können, auch in einer Kriegsumgebung, die geprägt ist von Verrohung und archaischer Brutalität.

Bewundernswert ist auch der Mut der Regisseure, die sich in ein Kriegsgebiet wagten und uns mit ihrem Film und durch ihre Bilder Einblicke in Kinderseelen ermöglichen, die uns sonst unbekannt geblieben wären. Sie sensibilisieren für das eigentlich unvorstellbare Nebeneinander von einerseits unerträglicher Gewalt und andererseits einer ungeheuren Überlebenskraft und Sehnsucht nach Humanität. Die Zuversicht und Hoffnung der Kinder auf Frieden, Bildung, also letztendlich ein Leben nach dem Krieg stellen sich dem Grauen entgegen.

Das Schicksal von vier Kindersoldaten

Schätzungen zufolge kämpfen mehr als 250.000 Kinder unter 18 Jahren momentan in Kriegen in aller Welt. Etwa zwei Millionen Kindersoldaten sind zwischen 1990 und 2000 gefallen. Sechs Millionen sind zu Invaliden geworden, zehn Millionen haben schwere seelische Schäden erlitten. Circa 500 ehemalige Kindersoldaten leben zurzeit in Deutschland, die aber aus Angst vor Ausgrenzung nicht darüber sprechen. Auch Mädchen (ca. ein Drittel) sind Kämpferinnen (terres des hommes, www.kindersoldaten.de und Terra Human vom 12.2.07). Die recherchierten Zahlenangaben sind sehr unpräzise, weil es keine genauen Statistiken gibt. Sie machen aber deutlich, wie brisant die Thematik ist und sensibilisieren für die Gefahren, die weltweit von Menschen und von einer heranwachsenden Generation ausgehen, deren Welt- und Wertesystem auf keiner humanitären Basis mehr steht.

Wie in dem Film die Autoren, so verzichte auch ich auf weitere Hintergrundinformationen zu dem Krieg. Fokussiert wird das Erleben der Kinder, sie kommen zu Wort. Die Kriegsgründe sind dabei gleichgültig und bleiben auch hintergründig im Film.

Jennifer, vierzehn, fünf Jahre in der LRA

Jennifer leidet unter Alpträumen, sie träumt von toten Körpern. Im Krieg hat sie etliche Schussverletzungen davongetragen und wurde sexuell missbraucht, sie hat Angst vor Aids. Da sie ein Mädchen ist, muss ihr Vater über sie entscheiden und dieser möchte, dass sie bei ihm wohnt. Jennifer will aber nicht zu ihm zurück, weil er trinkt, wie viele Männer im Dorf. Sie hat Angst, von ihm und seiner neuen Frau schlecht behandelt zu werden. Der Vater signalisiert ihr, dass sie Schuld am Töten habe. Enttäuscht und missverstanden äußert Jennifer, dass sie eher zu den Rebellen zurückgehen würde, als beim Vater bleiben. Jennifers Sozialarbeiterin erreicht, dass sie zur Mutter heimkehren darf. Diese nimmt sie liebevoll auf, geht auf ihre Bedürfnisse ein und unterstützt ihren Berufswunsch, Näherin zu werden. Als Jennifer wenig später schwanger ist, ist die Mutter zunächst enttäuscht, hält aber weiterhin an einer Berufsausbildung für ihre Tochter fest. Jennifers Mutter weiß, wie wichtig es ist, dass man für sich selbst sorgen und sein eigenes Geld verdienen kann. Jennifers Freund weiß von ihrem Leben als Kindersoldatin, sie hat es ihm erzählt. Er steht zu ihr und zu dem gemeinsamen Kind.

Als geschändetes Mädchen gilt Jennifer in der afrikanischen Gesellschaft als beschmutzt. Erfahren ihre Familie oder ihre Gemeinschaft davon, läuft sie Gefahr, deshalb zusätzlich stigmatisiert und ausgegrenzt zu werden. Mädchen sehen sich deshalb oft gezwungen, über ihre Erfahrungen zu schweigen. Aber Jennifer hat Glück, mit ihrer Mutter und mit ihrem Freund kann sie über ihre Vergangenheit sprechen. Sie wird nicht verstoßen.

Jennifer will nicht zu ihrem Vater zurück, weil sie fürchtet, dort durch schlechte Behandlung erneut traumatisiert zu werden. Sie würde die Rebellen sogar dem Vater vorziehen. Damit wird deutlich, dass Jennifer, trotz aller Peinigung, auch eine Bindung zu ihren früheren Anführern entwickelt hat, die zumindest mehr wiegt als die zum Vater. Häufig flüchten die ehemaligen Kindersoldaten zu den früheren Anführern, wenn sie in ihrer Gemeinschaft schlecht behandelt werden. Es ist zu befürchten, dass sich viele Kinder gar nicht erst von ihren Ex-Anführern lösen, weil sie psychisch und sozial von ihnen abhängig geworden sind.

Glücklicherweise hat Jennifer eine empathische Mutter, die ihr ein Leben zurück in die Normalität erleichtert. Liebevolle frühere Beziehungen und Bindungen sind eine wichtige Basis für das Gelingen einer guten Reintegration. Jennifer hat eine einfühlsame Mutter und somit eine gute mütterliche Objektrepräsentanz ausbilden können, bevor sie entführt wurde. Somit hat sie genügend seelische Ressourcen, um das Erlittene einigermaßen zu überwinden. Sie hat offenbar auch einen Partner gefunden, der gut zu ihr ist. Jennifer ist unter normalen Gegebenheiten eigentlich noch zu jung für ein Kind. Die Schwangerschaft ist für Jennifer ein Heilungsversuch. Ein zärtlicher Mann versorgt die seelischen Wunden der Vergewaltigungen und relativiert das Beschmutzungsgefühl. Ein Kind könnte ein Reparationsversuch sein, den eigenen Mangel an Schutz kompensieren zu wollen. Sich um jemanden zu kümmern, etwas wachsen und lebendig werden zu lassen, ist eine Möglichkeit der Wiedergutmachung für die schuldhafte Mitbeteiligung am Tod anderer. Ein Urvertrauen in schützende, gute Mitmenschen scheint es Jennifer zu ermöglichen, sich mit Mann, Kind und Beruf gut zu integrieren.

Ein Hinweis auf seelische Entwicklung zeigt sich in der zunehmenden Freude und Lust, Menschen zu malen, so sagt sie selbst: »Früher habe ich nur Tote gemalt.« Die Bilder sind die Projektionen ihrer inneren Verfassung, sie hat sich dem Leben zugewandt. Jennifer hatte, statt spielen, lesen, schreiben und malen, töten und foltern gelernt. Das Malen diente im Camp der Verarbeitung, mit dem sie ihre traumatischen Erlebnisse auf gestalterische Weise auszudrücken lernte. Jennifers innere Welt hat sich verändert, sie malt lebendige Menschen, als Hinweis auf die Lebendigkeit, die sie sich bewahrt und wieder entdeckt hat. Jennifers Bilder sind aber auch ein Ausdruck ihrer Hoffnung auf ein Weiterleben, der Tod und das Sterben nehmen nicht mehr den größten Raum ein.

Kilama, dreizehn, ein Jahr in der LRA

Kilama hat keine Eltern mehr, sie wurden beide getötet. Kilamas Traumata sollen mit traditionellen Ritualen geheilt werden. Er wird zur Großmutter gebracht, eine versteinert wirkende, harte Frau. Die Großmutter will ihn nicht, sie äußert: »Vielleicht hat er seine eigenen Eltern umgebracht [...]. Warum sollen wir ihm helfen? Die Kirche soll ihm helfen!« Kilama erzählt, solange er noch bei den Rebellen war, habe er sich gesund gefühlt. Aber jetzt im Auffanglager kommen seine Alpträume und Schuldgefühle, weil er auf Befehl eine Frau und Mutter zweier Kinder getötet hat. Er stach ihr ins Herz und in den Kopf. Der kleine Sohn habe zugesehen, als Kilama seine Mutter tötete. Kilama leidet auch unter der Angst, erneut entführt zu werden. Er wird von seinen Alpträumen durch ein Ritual befreit, das die Großmutter organisiert. Dennoch möchte die Großmutter nicht, dass er bei ihr wohnt. Kilama wird in ein Dorf zu seiner Tante gebracht. Da das Dorf aber zu unsicher ist, weil die Rebellen nachts die Siedlungen überfallen, geht er jede Nacht ins Stadtzentrum, um dort im Freien – auch bei Regen – zu übernachten. Kilama leidet bei seiner Tante. Er spürt, wie die Familie über ihn lästert und dass die Familienmitglieder Angst vor ihm haben. Er wird von der Familie als Rebell abgelehnt. Die Menschen glauben, wer einmal getötet hat, der mache es wieder. Zutiefst gekränkt und enttäuscht verspürt auch er den Wunsch, ähnlich wie Jennifer, zurück zu den Rebellen zu gehen. Dort war er wenigstens anerkannt. Dennoch ist Kilamas Überlebenswille stärker. Er träumt von einer besseren Zukunft und lebt (ähnlich wie Jennifer) von dieser Hoffnung. Er möchte unbedingt zur Schule gehen. Durch die Vermittlung der Sozialarbeiterin gelingt eine Aufnahme in einem Kinderheim, wo Kilama die Schule besuchen kann. Kilamas ernstes und trauriges Gesicht zeigt zum ersten Mal ein Lächeln, als er in dem Heim freundlich aufgenommen und einen Schlafplatz auf dem Boden in einem Gemeinschaftsraum zugewiesen bekommt.

Kilamas Alpträume sind typische Zeichen einer Traumatisierung. Allen Kindern ist gemeinsam, dass sie ihre Kindheit verloren haben, die sie aber, soweit es geht, wieder zurückgewinnen müssen. Kilama drückt dies mit seinem Wunsch aus, eine Schule besuchen zu wollen. Er will etwas lernen, so wie alle Kinder lernen wollen. Von seiner Familie im Stich gelassen und ohne Eltern, ist er ganz auf sich gestellt. Die Beziehung zu Grace, der Sozialarbeiterin, gibt ihm aber die Stärke, sich für einen Ort wie das Kinderheim einzusetzen, wo er Schutz und Freundlichkeit erfährt. Kilama spürt, dass er einen Schutzraum und das unbedingte Gefühl von Sicherheit und Geborgenheit braucht. Solange er in Unsicherheit lebt, wird das Trauma immer wieder wachgerufen.

Das Ritual spielt für Kilama eine wichtige Rolle. Es dient ihm zur Stabilisierung und zur Besänftigung seines Gewissens. Es ist reinigend für ihn und er verliert seine Alpträume. Kilama beschreibt immer wieder den inneren Konflikt, getötet zu haben, um selbst nicht sterben zu müssen. Er betont, aber auch mindestens 20 Menschen gerettet zu haben, weil er ihnen zur Flucht verholfen habe. Sein psychischer Konflikt, sich für sein Leben und somit für den Tod der Frau und Mutter entschieden zu haben, führt zu einer Aufhebung eines schützenden und regulierenden Gewissens. Ein Gewissen, das ihm vorwirft, nicht den Mut gehabt zu haben, anstelle der Frau zu sterben, sondern stattdessen sein Leben durch ihren Tod gerettet zu haben.

Zur Besänftigung von Kilamas peinigenden Gewissensbissen wäre es notwendig, den introjizierten Aggressor loszulassen. Würde dies ansatzweise gelingen, könnte er sich selbst als Opfer sehen und die Täteridentifikation aufgeben. Kognitiv gelingt es Kilama einigermaßen, emotional ist er von seiner Schuldlosigkeit überhaupt nicht überzeugt.

Opio, acht, neun Monate in der LRA

Auch der erst achtjährige Opio beschreibt, wie er zusah, als Kinder zum Töten gezwungen wurden. Anschließend mussten sie die Gehirne der Ermordeten aufessen und die Schädel sauber lecken. Das Blut durften sie sich nicht abwaschen.

Als der Sozialarbeiter John fragt: »Habt ihr das Gehirn erst gekocht?«, lacht Opio und antwortet: »Glaubst du wirklich, wir haben es erst gekocht?« Sie mussten alles aufessen. Roh!

Opio, dessen Familie weiterhin von den Rebellen bedroht wird, kehrt dennoch zu seiner Familie zurück. Nach einem erneuten Angriff ist Opio verschwunden. Es bleibt unklar, ob er ermordet wurde, oder ob er, wegen familiärer Probleme, freiwillig zu den Rebellen zurückgegangen ist.

Opios Lachen signalisiert weder Reue noch ein Unrechtsbewusstsein. Er ist noch zu jung. Er lacht, weil er die Konsequenzen der Handlungen noch gar nicht erfassen kann. Sie sind für ihn irreal, wie die Grausamkeiten im Märchen, aber zugleich so erschreckend real, dass das innere gute Bild eines Menschen überhaupt nicht existiert. Das Urvertrauen in schützende, gute Mitmenschen kennt Opio nicht. Von Opios Familie erfahren wir wenig, es ist jedoch zu vermuten, dass Opio – auch vor den Erlebnissen als Kindersoldat – keine guten Objekte in sich trägt. Bei Opio ist damit zu rechnen, dass er erneut zu sadistischen und gefühllosen Impulsen fähig ist. Zu früh hat er die Macht über andere Menschen gespürt. Für Opio ist Grausamkeit normal und er hat nicht gelernt, dass Menschen eine Würde haben.

Opio steht für die Kinder, die aufgrund ihrer entwicklungsbedingten Empfindsamkeit besonders nachhaltig auf Extremtraumatisierung reagieren. Bei diesen

Kindern besteht die Gefahr der Weitergabe der Traumata an die nächste Generation. Zur Bewältigung traumatischer Erlebnisse wird oft passiv Erlittenes in aktiv Zugefügtes umgewandelt. Dann werden die Opfer zu tatsächlichen Tätern, die ihr Leiden, ebenfalls kalt und innerlich unberührt, anderen zufügen. Dies ist eine häufig anzutreffende elementare Abwehr. In Psychoanalysen entdecken Eltern oft, wie sie unbewusst ihren eigenen Kindern ähnliche Traumatisierungen oder Verletzungen zugefügt haben, wie sie sie selbst erlebt haben. Bei den Kindern der nächsten Generation führt diese Weitergabe zu einem Riss im Selbst und zu einer Zersplitterung von Erfahrung, da isolierte Empfindungen und Affekte im Gedächtnis ohne Sinnzusammenhang gespeichert werden. Die traumatischen Erfahrungen und die übernommenen Affekte können dann nicht erinnert werden, weil die entsprechenden Erinnerungsbilder fehlen, sondern die Erinnerungen kommen wieder als unberechenbare Affekte und Impulsdurchbrüche, als wiederkehrende Träume, die aus der Vergangenheit in die Gegenwart einströmen.

Francis, zwölf, ein Jahr in der LRA

Francis' Vater wurde von den Rebellen getötet. Nach seiner Entführung durch die LRA wurde Francis Chef der kurz zuvor entführten Kinder. Wenn einer der Rekruten wegblieb, wurde er von dem Kommandanten geschlagen.

Francis berichtet, wie er Menschen »zerschneiden« musste. Während er dies erzählt, hat er ein Messer in der Hand und schneidet mit dem Sozialarbeiter John Gemüse. Er berichtet:

> *»Das Mädchen sollte den Kopf des Jungen tragen. Sollte sie den Kopf verlieren, würde auch sie getötet werden. Aber zuerst sollte sie den Kopf hochwerfen und fangen. Vier Mal! Sollte er den Boden berühren, würde man sie zerstückeln. Wir mussten das Lied singen: Wir lieben Jesus unseren Herrn. Wir werden sterben und zu ihm zurückkehren. Der Führer zeigt uns den Weg zum Himmel.«*

Francis träumt von seiner Mutter und von ihrem Feld im Busch. Nun baut er im Lager Gemüse an. Er will für Leben und Wachstum sorgen.

Francis geht zurück zur Tante. Das Lager, wo die Eltern wohnen, ist zu unsicher. Er darf aber bei der Tante nicht erzählen, dass er im Busch war. Er muss schweigen, um nicht ausgegrenzt zu werden. Francis sagt, er rede aber sehr laut im Schlaf und weine. Wenn die Dorfbewohner ihn darauf ansprechen, antworte er, es stimme nicht.

Francis hat eine liebende Mutter. Im Film sieht man, wie die Mutter, als sie erfährt, das Francis ins Dorf zurückkommt, aufgeregt und voller Freude zu ihm hinläuft, den großen Jungen wie ein Baby auf den Arm nimmt und an ihre Brust drückt. Obwohl Francis nicht bei ihr bleiben kann, hat er diese gute und liebende Mutter verinnerlicht. Es ist auch für ihn ein wichtiger Schutz, um mit den überwältigenden Affekten, die ihn flashartig heimsuchen, leben zu können. Es sind die guten früheren Beziehungen, die es dem einen Kind ermöglichen, ohne Gewaltimpulse weiterzuleben. Ohne gute internalisierte Objekte sind die Bindungen an die Aggressoren, aus der inneren Not heraus geboren, zu stark.

In einem Interview mit Francis, zwei Jahre nach den Dreharbeiten, liest er voller Stolz seine Lebensgeschichte vor, die er selbst in einem kleinen Heft aufgeschrieben hat. Durch das Schreiben und das Vorlesen scheint er eine hilfreiche Distanz zu den Geschehnissen zu bekommen, aber auch ein Mitgefühl für sich selbst, für den Jungen, über den er schreibt und der er selbst ist.

Aus Deutschland erhält Francis einen Brief, den Schulkinder, die *Lost Children* in der Schule gesehen haben, an ihn geschrieben haben. Zärtlich öffnet Francis diesen Brief, als wäre er etwas unsagbar Wertvolles. Mit Tränen in den Augen liest er und sagt, der Brief berühre ihn sehr. »Er zeigt mir«, fährt Francis fort, »dass ich nicht alleine bin, dass es Menschen gibt, die Anteil nehmen.«

Francis ist ein traumatisiertes Kind mit viel Gefühl, Sensibilität und großer Weisheit. In dem Interview teilt er mit, wie hilfreich der Kontakt zu anderen Kindern außerhalb des Krieges ist. Er kann sich so mit Kindern identifizieren, die den Krieg nicht kennen und mit ihnen über ihre Kindheit und Spielgewohnheiten sprechen. Kinder sind eben noch Kinder und keine Erwachsene. Sie haben ein Recht, als Kinder zu leben und auch ein Recht auf eine normale Kindheit. Dieses Bewusstsein wird bei den Kindersoldaten durch den Kontakt zu Kindern aus Nichtkriegsgebieten erst geweckt. Ebenso ein Bewusstsein, dass nicht sie unrecht getan haben, sondern mit ihnen unmenschliches Unrecht geschehen ist.

Warum werden Kinder als Soldaten eingesetzt?

Der Film hat mich, und sicherlich viele andere auch, zu der Frage geführt: Warum Kinder?

Nachfolgend der Versuch, Antworten zu finden:

Technologischer Fortschritt macht es möglich

Um Kinder einsetzen zu können, spielt der technologische Fortschritt in der Waffentechnik eine große Rolle. Die Waffen werden immer leichter, sind zunehmend unkomplizierter und einfacher zu bedienen und werden somit auch für Kinder handhabbar. Die Kinder, wie im Film zu sehen, sind oft zu klein, um einen Fahrradsattel zu besteigen, aber durchaus in der Lage, mit den kleinen Waffen zu töten.

Abhängigkeit der Kinder von Erwachsenen

Kinder sind abhängig von Erwachsenen, weshalb sie leichter auf Befehle reagieren und leichter von Erwachsenen gezwungen werden können, alles zu tun, was diese von ihnen verlangen. Außerdem fühlen sich Kinder weniger verantwortlich durch die Tatsache, dass sie zu ihrem Tun gezwungen worden sind – von einem Erwachsenen, dem sie vertrauen möchten. Sie übernehmen die Moral, die ihnen der Erwachsene vorlebt.

»Sie gaben uns Macheten und sagten, geht und schneidet sie in Stücke, so klein, dass sogar die Fliegen sie tragen könnten. Also gingen wir los und zerhackten sie« (Opio, acht Jahre alt, Kindersoldat).

So antwortet auch Jennifer, dreizehn, als Grace sie fragt, warum die Rebellen immer Kinder nehmen: »vielleicht, weil sie den Befehlen immer gehorchen, weil sie sich nicht so gut verteidigen können«.

Durch die Trennung und die Entfernung von ihren Familien ganz auf sich allein gestellt, entwickeln Kinder notgedrungen eine starke Bindung an ihre Anführer. Sie verinnerlichen deren Werte und widersprechen nicht. Sie sind billiger als Erwachsene, essen weniger und sind genügsamer. Der Prozess der starken Bindung an den Aggressor wird verstärkt durch den Umstand, dass viele der betroffenen Kinder ohne elterliche Zuwendung und Betreuung aufgewachsen sind. Die emotional vernachlässigten Kinder sind somit besonders verführbar und manipulierbar. Viele von ihnen sind Waisen, haben ihre Eltern durch AIDS oder den Krieg verloren, oder die Eltern sind selbst schwerst traumatisiert, neigen zum Alkoholismus und zur Abspaltung von Gefühlen. Väterlichen Halt und väterliche Zuneigung kennen die meisten Kinder nicht, da viele Väter entweder tot, selbst im Krieg sind oder sich für die Kinder nicht zuständig fühlen. Männliche Vorbilder werden dann die sadistischen Anführer.

Einige Kinder wurden, wie schon beschrieben, gezwungen, ihre eigenen Eltern zu töten. Diese Waisen haben ohne ihre Eltern in den jeweiligen Gesellschaften keine Chance, sodass die Rebellenanführer leichtes Spiel haben.

Kinder sind hemmungslosere Killer

Unter normalen Bedingungen spielen Kinder, vor allem Jungen, gerne mit Waffen. Es ist für sie Spiel und nicht Ernst. So, wie sie noch keine Vorstellung vom wirklichen Töten haben, glauben sie, den, den sie gerade tot geschossen haben, auch wieder lebendig machen zu können. Bei einem Spiel in meiner Kindertherapie sagte mir ein Kind, nachdem es mich beim ersten Schuss getötet hatte, beim zweiten: »So, nun habe ich dich wieder lebendig geschossen.« Sicherlich sind diese Vorstellungen auch altersabhängig, aber die Kindersoldaten sind noch sehr jung, wenn sie entführt werden. Zudem haben die Gewehre und Pistolen für einen Jungen eine körpernahe Bedeutung, eine phallische Potenzierung, u.a. zur Bewältigung von Angst-, Kleinheits- und Ohnmachtsgefühlen. Lässt man Jungen aus ideologischen Gründen nicht mit Spielzeugwaffen spielen, dann bauen sie sich aus Butterbroten und Stöcken eben welche. In der Regel, bei einigermaßen normaler Entwicklung, ist das Spiel mit Waffen, die Lust am Ballern und Schießen ein ubiquitärer und normaler Entwicklungsabschnitt. Für Jungen ist es ein Spiel, sie können noch nicht unterscheiden, was eine richtige Waffe wirklich anrichten kann.

Kinder können sich leichter von der Realität lösen, weil sie sie noch nicht verinnerlicht haben. Da sie die Folgen ihres Handelns noch nicht kennen und die Konsequenzen noch nicht abschätzen können, haben Kinder weniger Hemmungen zu töten bzw. abzudrücken, wenn sie ein Gewehr haben. »Es ist einfach, wenn du abdrückst, tötest du« (Kindersoldat). Kinder denken noch wie im Spiel: Ich drück ab und die Leute fallen einfach um. Sie haben noch keine Vorstellung davon, dass sie Menschen verletzen oder töten können, weil ihnen der Erfahrungshorizont fehlt.

Kinder sind noch unreif und wenig gefestigt

Die Persönlichkeit der Kinder ist noch nicht gefestigt und ihr Wertesystem noch nicht ausgeprägt. Das macht sie zu leichten Opfern von Manipulation und Gehirnwäsche. In einer von Krieg geprägten brutalen Umgebung, ohne Mitgefühl für den anderen, können sie selber kein Gefühl für Mitleid und Gerechtigkeit entwickeln. Ihre relative Unreife macht sie stressanfälliger, sodass sie weniger Druck standhalten können und so noch schießfreudiger sind als Erwachsene; außerdem stellen sie keine erwachsenen Ansprüche, sind daher besser lenkbar und gehorchen schneller. Diese Konstellation, ohne ausgebildetes Bewusstsein von Werten und Normen, macht Kinder oft zu besonders brutalen und skrupellosen Killern. Zudem haben sie oftmals nichts mehr zu verlieren.

Die heutigen Kinder sind die Erwachsenen von morgen

Ein afrikanisches Sprichwort lautet: »Wenn Elefanten kämpfen, leidet das Gras« (Spiegel 35/1976 vom 23.08.1976, Seite 83). Was soviel bedeutet wie: dann gibt es keine Zukunft, denn die Kinder sind das Gras und damit die Zukunft des Landes. Gibt es keine Zukunft für die Kinder, dann gibt es sie auch nicht für das Land.

In einem Land mit Kindersoldaten wächst eine beträchtliche Zahl von Menschen heran, die – wie im Film zu sehen – viele langfristige, oft lebenslange körperliche Behinderungen erfahren. Es sind Verstümmelungen, Deformationen der Schultern und des Rückens, weil sie zu schwere Lasten getragen haben, Unterernährung, Infektionskrankheiten, AIDS, Geschlechtskrankheiten. Manche müssen ohne Gliedmaßen und ohne Sinnesorgane weiterleben.

Ebenso dramatisch, vielleicht in ihren gesellschaftlichen Auswirkungen noch zerstörerischer, sind jedoch die seelischen Verletzungen. In einem Land mit Kindersoldaten wächst mit der jungen traumatisierten Generation zwangsläufig eine zerstörte Gesellschaft heran, die das Trauma weiter in sich trägt, es transgenerational und über Ländergrenzen hinweg verbreitet. Die Überlebensstrategien des Krieges sind untauglich für den Frieden, den die meisten Kinder und ihre Helfer gar nicht kennen.

Esmas Geheimnis – Grbavica

Österreich/Bosnien und Herzegowina/Deutschland/Kroatien 2005,
90 Min.
Regie: Jasmila Žbanič
Hauptdarsteller: Mirjana Karanovič, Luna Mijovič

Zerstörung und Neubeginn im Film

Rupert Martin

Einleitung

Es handelt sich um einen Film der bosnischen Regisseurin Jasmila Žbanič aus dem Jahr 2005, gedreht zehn Jahre nach dem Ende des Krieges im ehemaligen Jugoslawien, der von 1991–1995 dauerte. Als der Krieg ausbrach, war Jasmila Žbanič 17 Jahre alt. Sie stammt aus Sarajewo, wo der Film auch spielt. Mit dem Film verarbeitete sie die Erfahrung des Krieges, der sie offenbar völlig unvorbereitet traf. So sagte sie in einem Interview (nachzulesen auf der Homepage von *Esmas Geheimnis – Grbavica*): »Als der Krieg begann, habe ich mich gefreut, weil meine Mathe-Klausur abgesagt wurde. Als Teenager war ich hauptsächlich an Sex interessiert, oder mehr noch am Reden über Sex, am Träumen von Sex als größter Erfüllung der Liebe. Aber 1992 war plötzlich alles anders …«

Der Film erhielt im Frühjahr 2006 den *Goldenen Bären* auf der Berlinale, so wie den *Europäischen John Templeton-Filmpreis* der amerikanischen John Templeton-Stiftung und der Konferenz Europäischer Kirchen (KEK) für das Jahr 2006. Er löste in Ex-Jugoslawien ein ebenso großes, wie kontroverses Medienecho aus, wofür allerdings auch die Worte von Jasmila Žbanič bei der Verleihung des *Goldenen Bären* maßgeblich waren.

Ich möchte meine Interpretation in zwei Teile gliedern. Der erste Teil beschreibt die Entwicklung der Filmgeschichte, so wie sie aus der Perspektive des Zuschauers erlebbar wird. Damit wird der zweite Teil vorbereitet, in dem ich mich unter psychoanalytischen Gesichtspunkten vor allem den Aspekten von Zerstörung und Wiederaufbau/Neubeginn widmen möchte.

Die Entwicklung der erlebten Filmgeschichte

Esmas Geheimnis weckt die Erwartung, dass es in dem Film um die Aufdeckung eines Geheimnisses der Hauptperson Esma geht. Geheimnisvoll ist auch das Wort *Grbavica*, an dem man sich als deutschsprachiger Mensch leicht die Zunge brechen kann: *Grbavica* ist der Originaltitel des Filmes und bezeichnet einen Stadtteil Sarajevos, während *Esmas Geheimnis* lediglich der deutschen Fassung vorangestellt ist. Zu Beginn des Filmes sucht die Kamera zunächst einmal Esma in einer Vielzahl von Frauen, die schweigend nebeneinander und aneinander sitzen und liegen, untermalt von melancholisch stimmender Musik, die im Film noch des Öfteren zu hören sein wird. Es handelt sich hier um *Ilahijas,* d.h. »Lieder, die Gott gewidmet« sind. Man denkt an eine Selbsterfahrungsgruppe, möglicherweise an eine Gruppe, in der »Körperarbeit« geschieht. Überhaupt ist die Filmmusik für die Regisseurin Jasmila Žbanič ein wichtiges Mittel, um nicht-verbalisierte Gefühle zu vermitteln.

Allerdings wirken die Frauen der Eingangsszene, die größtenteils verschlossene Augen haben, eigentümlich leblos. Da im Hintergrund der Krieg eine Rolle spielt, können die Zuschauerassoziationen aber auch in Richtung von »Leichenbergen« gehen. Indem Esma von der Kamera aus der Gruppe der Frauen herausgelöst und in den Fokus genommen ist, wird sie als die Hauptperson des Filmes eingeführt. Zugleich deutet sich so an, dass es nicht um Esma allein geht, sondern um Esma, stellvertretend für eine Gruppe von Frauen.

Zunächst einmal kommt das Filmgeschehen eher unspektakulär daher. Im Mittelpunkt steht der Alltag von Esma im unwirtlich-winterlichen Sarajewo. Der Zuschauer lernt Esma als eine Frau kennen, deren Geld hinten und vorne nicht ausreicht. So muss sie sich in dem zwielichtigen Nachtclub *Amerika* verdingen. Wenn Esma im Vorstellungsgespräch mit dem mafiös wirkenden Clubbesitzer verneint, irgendein Problem mit Nachtarbeit zu haben und zudem die Existenz ihrer Tochter verleugnet (die zu diesem Zeitpunkt in der Filmhandlung noch nicht eingeführt ist), so wird daran nachvollziehbar, wie groß die Not des Lebens für Esma sein muss. Dies verweist auf eine weitere Bedeutung von *Grbavica* – das Wort bezeichnet nicht nur den Stadtteil Sarajevos, sondern bedeutet auch »bucklige Frau«.

In die Rolle des »Glücksbringers« für den Clubbesitzer gedrängt, der gerade einen Fußballtoto-Schein ausfüllt, schlägt Esma vor, auf »Zwei« bzw.

Sieg für die Gastmannschaft zu setzen. Da Esmas Tipp sich realisiert, steigt sie schnell in seiner Gunst – wobei allerdings latent spürbar ist, wie schnell sich das Glück auch wieder gegen sie wenden könnte. Denn von dem Nachtclub geht eine Atmosphäre latenter Bedrohung aus. Dies vermittelt sich auch durch die »Turbo Folk-Musik« serbischen Ursprungs, die dort gespielt wird. Es handelt sich hier um eine Musik, welche die Ära Milosevic dominierte und die gemeinhin mit »Krieg«, »Mafia« und »Macho-Kultur« attribuiert wird – ganz im Gegensatz zu den *Ilahijas.*

Esma wirkt im Umfeld des *Amerika* fremd. Man spürt, dass es nicht ihre Sache ist, sich des Trinkgeldes wegen die Bluse weit aufzuknöpfen, so wie es ihr die Kollegin empfiehlt. Im Gegensatz zu ihrer Kollegin scheint Esma nur so weit gehen zu wollen, wie unbedingt erforderlich. Sie scheint eine Mauer um sich errichtet zu haben, was angesichts der zwielichtigen Atmosphäre in der Bar *Amerika* zunächst auch nicht weiter verwundert. Dass sie so gefasst und unnahbar wirkt, vermittelt auch den Eindruck von Tapferkeit und Würde – Esma erscheint als eine Frau, die sich aus der Not ihres Lebens heraus auf viel Unangenehmes einlässt, dabei aber gleichwohl ihre Grenzen hat.

Das Moment latenter Bedrohung zieht sich durch die ganze Filmhandlung. Als Esma mit ihrer Tochter Sara herumtobt, bricht sie plötzlich ab und weist die auf ihr sitzende Tochter barsch zurecht, ohne dass sich dem Zuschauer erschließt, was den plötzlichen Stimmungswechsel begründet. Als im Bus neben ihr ein dickbäuchiger Mann mit behaarter Brust und Kettchen zu stehen kommt, verlässt sie fluchtartig den Bus – um kurz darauf für Freundin Sabina ein Kleid abzustecken, so als habe es die Szene im Bus nie gegeben. Auch hier bleibt es vorerst ein Geheimnis, was Esma so verschreckt hat. Während des Gesprächs erbittet Esma Geld von Sabina, denn sie benötigt 200 Euro für die Klassenfahrt ihrer Tochter. Sabina verneint zwar, Geld dabei zu haben, verspricht aber, dass man »eine Lösung« finden werde. Im Folgenden wird Esma verschiedene Menschen vergeblich bitten, ihr Geld zu leihen, dabei tapfer zu verbergen suchend, wie sehr sie sich dessen schämt.

Als die Therapeutin im »Frauentherapiezentrum« herausstellt, wie notwendig es sei, über belastende Dinge zu sprechen, wird sie von einer Frau aus der Gruppe massiv angegriffen: Das ganze Gerede bringe nichts. Das Einzige, was weiterhelfe, sei Arbeit und Geld. Esma sympathisiert mit der Haltung der angriffslustigen Frau. Die versammelten Frauen beginnen schließlich, ohne ersichtlichen Grund zu lachen. Bei einer anschließenden Geldauszahlung durch die Therapeutin blitzt Esma mit ihrem Wunsch nach einer höheren Summe ab. Auch wenn die Scham Esmas über ihre Bedürftigkeit hinlänglich deutlich geworden ist, so ist spätestens an dieser Stelle deutlich, dass ihr Kampf um die Bewältigung des Alltags auch ein Selbstzweck zu sein scheint. Für ihre Alltagsbewältigung kämpfend, schottet sie sich nach innen und nach außen ab: Nach innen gegen ihr eigenes »Geheimnis«, das sie offenbar selbst sehr belastet, und nach außen gegen emotionalen Kontakt zu anderen Menschen. Der Kampf um das tägliche Dasein erscheint wie ein Deckel, unter dem es heftig brodelt. Berücksichtigt man Esmas Mühe, diesen Deckel dichtzuhalten, so kann man schließen, dass der verborgene Inhalt unter ihm sehr gefährlich sein muss.

Esmas Verhältnis zu ihrer Tochter Sara scheint sehr ambivalent zu sein – einerseits bereitet sie Sara liebevoll ihr Lieblingsessen »Forelle« zu, nachdem sie zuvor mit versteinerter Miene zugesehen hat, wie der Fischverkäufer den Fisch erschlagen hat. Andererseits darf Sara, sichtlich erfreut über das Mahl, nicht in Ruhe essen, da ihre Mutter darauf besteht, dass sie sich sofort die Fingernägel schneiden soll. Esma hilft bei der linken Hand auf rabiate Weise nach. Nach dieser Tortur ist schlussendlich auch der Fisch kalt. Sara auf ihrer Seite scheint ebenso alles andere als frei von Ambivalenzen gegenüber ihrer Mutter zu sein, was allerdings aufgrund ihres Alters auch nicht anders zu erwarten wäre. Sie stellt sich dem Zuschauer als energiegeladene Pubertierende vor, als ein echtes »Früchtchen«, das keinem Konflikt aus dem Weg zu gehen scheint. So beginnt ihre spätere Liebesbeziehung zu ihrem Mitschüler Samir mit einer zünftigen Prügelei beim Fußballspiel, wobei der Lehrer die Streithähne trennen muss. Anlässlich der Forderung des Lehrers, die Eltern von Sara und Samir sprechen zu wollen, erfährt der Zuschauer, dass Sara Tochter eines *Schechids (Shaheed)*, d.h. eines gefallenen Kriegshelden, ist. Angesichts des leidenschaftlich-kämpferischen Auftretens Saras darf man annehmen, dass sie sich mit ihrem unbekannten Vater sehr identifiziert.

Esma wiederum scheint mit dieser Seite ihrer Tochter Schwierigkeiten zu haben, sie als »kleiner« zu behandeln, als sie ist – wie sonst hätte Esma auf die Idee kommen können, mit ihrer Freundin Sabina eine »Babysitterin« für ihre immerhin zwölf Jahre alte Tochter zu engagieren? Auch bringt Esma die Frage der Tochter, was sie vom Vater habe, sehr in Verlegenheit. »Die Haare«, behauptet Esma und spricht auf diese Weise ungewollt von etwas, das sie anscheinend sehr ängstigt – siehe ihre Flucht vor dem brustbehaarten Mann im Bus.

Zum Leidwesen von Esma bekämpfen sich Sara und Sabina offen. Während Sara Sabina als Frau attackiert (»alte Jungfer«), schlägt Sabina mit Anspielungen auf die Vaterlosigkeit Saras zurück und empfiehlt Esma, ihre Tochter einem »Fachmann« psychologischer Provenienz vorzuführen. Angesichts der missglückten Triangulierung von Mutter und Tochter durch Freundin Sabina als Vaterersatz, trifft Sabina mit ihrem Vorschlag ins Schwarze: Sara fehlt ein Mann – kein Fachmann, sondern der Vater. Schwer getroffen lässt Esma ihre Freundin im Schneesturm stehen.

Die Abschottung Esmas wird vor allem durch Pelda, einen der beiden Bodyguards des Nachtclubbesitzers, gefährdet. Dieser erweist sich hinter seiner gewerbsmäßigen Fassade als ein sehr einfühlsamer Mann, der ebenso wie Esma vom Krieg gezeichnet ist. Über seine eigene Rolle im Krieg erfährt der Zuschauer allerdings wenig – zusammen mit seinem Kollegen trifft er seinen ehemaligen »Kriegskommandanten« wieder, der die beiden von ihrem Chef abwerben möchte. Die im Krieg liegenden Hintergründe sind für den Zuschauer allerdings nicht nachvollziehbar. Pelda hat im Krieg seinen Vater verloren und kommt mit Esma über die »Identifizierungen« ins Gespräch. Von Pelda zum Grillen auf einer romantischen Anhöhe oberhalb der Stadt eingeladen, kann Esma mit knapper Not verhindern, dass es zum Austausch von Zärtlichkeiten kommt. Erst als die Übersiedlung Peldas nach Österreich feststeht, sollte Esma sich auf ihn zubewegen und ihm einen Kuss geben können, verschiebt dabei allerdings ihren Abschiedsschmerz in den Vorwurf, dass Pelda nun die Überreste seines Vaters allein zurücklasse.

Was Esma jedoch nicht verhindern kann, ist die Eifersucht ihrer Tochter, die längst Wind von der überaus vorsichtigen und letztlich vergeblichen Annäherung zwischen Pelda und Esma bekommen hat. So hat sie bereits vergeblich versucht, ihrer Mutter das Versprechen abzutrotzen, niemals zu heiraten – mutmaßend, die Mutter wolle sie »nur verlassen«. Überhaupt ist Sara sehr damit beschäftigt, alles, was mit Sexualität zu tun hat, genauestens zu beobachten. Die Tochter scheint zu wittern, dass die Mutter ein Geheimnis um ihre Sexualität macht.

Es gelingt Esma schließlich, mithilfe ihrer Freundin Sabina, die 200 Euro für Saras Klassenfahrt aufzutreiben. Doch womit sie nicht gerechnet hat ist, dass es Sara längst nicht mehr »nur« um die Klassenfahrt geht: Ihr Misstrauen angesichts der Verschlossenheit ihrer Mutter wird für Sara durch das Fehlen einer amtlichen Bescheinigung über den Status ihres Vaters als *Schechid* verstärkt. Für die Tochter ist dieser Umstand der Beweis, dass ihre sie ständig hänselnden Klassenkameradinnen in der Behauptung Recht haben, ihr Vater sei kein *Schechid*. Es kommt zu einer Eskalation zwischen Mutter und Tochter, in deren Verlauf Sara mithilfe der Pistole von Samirs Vater, die sie Samir entlockt hat, die Wahrheit erzwingt. In einer bewegenden Szene prügelt Esma dann auf ihre Tochter ein und brüllt sie an, dass sie der »Bastard eines dreckigen Tschetniks« sei, der sie im »KZ grausam« vergewaltigt habe.

Anschließend sehen wir Esma im Frauentherapiezentrum zum ersten Mal über ihre Geschichte sprechen und trauern. Sara rasiert sich in Identifikation mit ihrer Mutter die Haare ab und intensiviert dadurch ihre Liebe zu Samir. Nachdem sie recht frostig auf die Umarmung der Mutter bei der Verabschiedung in die Klassenfahrt reagiert, stimmt sie im Bus nach einer Weile in das bekannte Lied »Sarajevo, My Love« mit ein, was die Stimmung versöhnlicher werden lässt. Sara scheint nun in den Klassenverband integriert zu sein und von ihm getragen zu werden.

Zerstörung und Neubeginn in *Esmas Geheimnis – Grbavica* psychoanalytisch betrachtet – das Konzept der *Zeugenschaft*

Die versöhnliche Stimmung am Ende des Films gestattet es, an einen Neubeginn im ehemaligen Jugoslawien nach so viel Zerstörung durch den Krieg zu denken: Das »Geheimnis« von Saras Herkunft ist aufgedeckt und steht nicht mehr zwischen Mutter und Tochter, Sara hat ihre erste Liebe gefunden und bricht in die Klassenfahrt auf, der Winter ist durch den Frühling abgelöst. Doch wodurch wurde der Neubeginn möglich? An dieser Stelle ist es notwendig, zunächst einen Schritt zurückzugehen zu jenen zerstörerischen Ereignissen, die zeitlich vor dem Beginn der Filmhandlung lagen: Esma ist während des Krieges in Gefangenschaft mehrfach grausam vergewaltigt worden. Das heißt, sie ist »traumatisiert«. Der Begriff des *Traumas* kommt aus dem Griechischen und bedeutet das »Durchbohren« von Körperteilen, sodass eine »Wunde« entsteht. Im medizinischen Bereich ist das Trauma auch verbunden mit der Vorstellung von einem den Organismus schädigenden »Fremdkörper«. Freud hat den Traumabegriff aus seiner alleinigen Körperbezogenheit gelöst und auf das Psychische übertragen.

So definiert sich »Trauma« im »Vokabular der Psychoanalyse« (Laplanche/Pontalis 1973, S. 513): »Ereignis im Leben des Subjekts, das definiert wird durch seine Intensität, die Unfähigkeit des Subjekts, adäquat darauf zu antworten, die Erschütterung und die dauerhaften pathogenen Wirkungen, die es in der psychischen Organisation hervorruft.«

Ein Trauma ist demnach dann gegeben, wenn der seelische Apparat nicht mehr in der Lage ist, die anflutende Menge psychischer »Reize« zu bewältigen. Es kommt zum »völlige[n] Darniederliegen der Handlungsfähigkeit; kein einziger Ich-Mechanismus ist für die Bewältigung mehr verfügbar« (Mertens 1992, S. 248). Das Trauma wird zur »inneren Katastrophe« (A. Freud 1967b, S. 1834). Die erlebten Folgen sind: unerträgliche Angst, das Gefühl tiefer Leere und Depression, Deprivationserlebnisse, totale Hilflosigkeit und Ohnmacht. Daher gilt: »Alle Traumata sind kränkend und werden als Angriff auf das Selbstwertsystem erlebt« (Mertens 1992, S. 252).

Unmittelbar vor dem Einbrechen des Traumas ergeht im Ich ein »Angstsignal«, wodurch sich nach Freud die »automatische Angst« in eine »Erwartungsangst« (Freud 1999b) transformiert. Auf diese Weise wird nach Werner Bohleber die Angst »symbolisiert und bleibt nicht mehr unbestimmt und objektlos« (2007, S. 306). Dabei beruft sich Bohleber auf Baranger, Baranger und Momm (1988), welche die psychische Unbestimmtheit und Objektlosigkeit als das eigentliche, d.h. als das »reine Trauma« bezeichnet haben: »Der Traumatisierte versucht das reine Trauma zu zähmen und zu mildern, indem er ihm einen Namen gibt und es in ein verstehbares kausales Handlungssystem einfügt« (Bohleber 2007, S. 306).

Die extreme Traumatisierung führt zu regressiven Prozessen, einhergehend mit extremen Formen von Abhängigkeitsbeziehungen. Das Opfer ist dem Täter auf Gedeih und Verderb ausgeliefert. Dies führt zu einer »Identifikation mit dem Aggressor«, einem Abwehrmechanismus, der von Anna Freud ausgearbeitet wurde. Die »Identifikation mit dem Aggressor« (1967a) gibt es auch in nicht-traumatischen Fällen, doch bei Traumatisierungen kommt ihr eine besondere Bedeutung zu. Je ausgelieferter ein Opfer dem Aggressor ist, desto mehr ist es darauf angewiesen, den Aggressor libidinös zu besetzen. Die libidinöse Verstrickung zwischen Täter und Opfer wird sehr plastisch von Jan Philipp Reemtsma in seinem Buch *Im Keller* beschrieben, in dem er das Trauma seiner eigenen Entführung im Jahr 1996 beschreibt und zu verarbeiten sucht. Der Bericht Reemtsmas zeigt, ebenso wie viele Berichte anderer

Trauma-Opfer, dass der Täter auf der inneren Bühne seines Opfers den Platz der Primärobjekte einnimmt, da das Schicksal des Opfers so abhängig vom Täter ist wie vor dem von den Primärobjekten.

Die libidinöse Besetzung des Täters durch das Opfer geht zugleich mit Scham- und Schuldgefühlen einher. Sich mit dem Aggressor identifizierend, mutiert das Opfer imaginär selbst zum Täter, wähnt sich unbewusst »selbst schuld« und schämt sich dementsprechend für das, was ihm widerfahren ist. Sein Selbstwertsystem hat den äußeren Angriff abgewehrt um den Preis, dass es die Aggression in Form von Scham- und Schuldgefühlen gegen die eigene Person weiterführt. Auf diese Weise führt die Traumaverarbeitung mitunter zu noch gravierenderer Selbstschädigung als das traumatische Ereignis selbst.

»Nach« dem Trauma versucht der psychische Apparat, seine durchstoßenen Grenzen wieder aufzubauen. So auch Esma – sie verdrängt ihr Trauma. Mit ihrem täglichen Kampf um die Bewältigung des Alltags versucht sie, ihre Grenzen wieder aufzubauen und sich vor ihren traumatischen Ängsten zu schützen. Doch das »Böse« ist nach Wiedererrichtung ihrer Grenzen nicht mehr außen, sondern auch »innen«, da die traumatische Erfahrung nicht mehr rückgängig zu machen ist. Das »Böse« ist in Esma eingedrungen und nun untrennbar mit ihr verbunden. Dafür steht vor allem Sara, in der Esma und der verhasste »dreckige Tschetnik« untrennbar vereint bleiben. Dies ist als Quelle der tiefen Ambivalenz Esmas ihrer Tochter gegenüber anzusehen.

Was Esma auf der einen Seite schützt, konserviert auf der anderen Seite ihr Trauma. Indem sie sich gegenüber ihrer eigenen Innenwelt abschottet, kann das Trauma dort unkontrolliert sein Unwesen treiben. Als »Introjekt«, das in ihrem Inneren eingeschlossen ist, beeinflusst es Esmas Leben in unheilvoller Weise. Daher scheitert eine mögliche Beziehung zu Pelda schon im Frühstadium, denn Esma ist nicht in der Lage, das nötige Vertrauen zu entwickeln, um sich auf Peldas Annäherung einlassen zu können. Ihre Fähigkeit, emotional befriedigende Beziehungen aufzubauen, ist fundamental geschädigt – ohne dass Esma dies überhaupt bewusst wäre. Sie versucht, die Grenze zwischen ihrem Vorbewussten und ihrem Unbewussten dicht zu halten, das Trauma soll in Letzterem eingeschlossen bleiben.

Ihre Versuche, das traumatische Introjekt eingeschlossen zu halten, führen Esma in einen Circulus vitiosus. Wenn Sara sie fragt, was sie von ihrem Vater habe, so löst dies die tiefe Angst in Esma aus, dass das in Sara steckende »Böse« wieder zum Ausbruch kommen könnte. Bereits die schlichte Gegenwart Saras ist gleichsam ein »Trigger«, mit dem das Trauma jederzeit erneut in Esmas Leben einzudringen droht. Jeder Bezug Saras auf ihren Vater löst den Impuls in Esma aus, die Mauer der Abschottung um sich herum weiter zu befestigen. Ihr traumatisches Introjekt wird auf diese Weise sogar zu einer Art Steuerungsmechanismus, der aus Esmas Innerem heraus Regie führt. Es steuert sie auch in die zwielichtige Bar, in der sie sich verdingt, deren Personal, Besucher und Atmosphäre den gewalttätigen Geist verkörpern, der Massenvergewaltigung als Kriegswaffe hervorgebracht hat.

Das Wiederaufsuchen von »Orten« – realen Orten und psychischen »Orten« –, die der ursprünglichen traumatischen Situation ähneln, ist bei traumatisierten Personen immer wieder anzutreffen. In der Psychoanalyse spricht man hier von »Wiederholungszwang« – das unbewusste Wiederaufsuchen der traumatischen Situation stellt den unzulänglichen Versuch dar, das traumatische Introjekt im eigenen Inneren zu »integrieren«, und ist somit ein Bewältigungsversuch. Was als Opfer passiv erfahren wurde, wird nun aktiv wiederholt – ein Mechanismus, der von Ernst Kris beschrieben wurde und dazu dient, ganz auf der Linie der Identifikation mit dem Aggressor liegend, das Opfer wieder zu einem Subjekt des Geschehens zu machen. Solange die Integration aber nicht möglich ist, bleibt, wie von Mathias Hirsch beschrieben, einzig die Wiederholung als Möglichkeit, in Kontakt mit dem traumatischen Introjekt zu treten, um auf diese Weise zu versuchen, es zu integrieren.

Die »Integration« kann man sich hier so vorstellen: Ein Punkt auf einer weißen Fläche wird »integriert«, indem so viele Punkte um ihn herum gesetzt werden, dass der erste Punkt schließlich nicht mehr von den anderen Punkten zu unterscheiden ist. Das bedeutet: Das Böse wird unschädlich gemacht, indem es mit Gutem amalgamiert wird – eben das ist aber auch, was Esma so sehr fürchtet. Indem Esma ihr Kind zur Welt gebracht und am zweiten Tag nach seiner Geburt auch angenommen hat, hat sie bereits einen ersten wichtigen Schritt zur »Integration« des Traumas gemacht. Allerdings war dies noch kein »endgültiges« Annehmen, sondern eines, das weiterhin von hoher Ambivalenz begleitet bleiben sollte. Dass sie ihrer Tochter die wahren Hintergründe ihrer Existenz nicht von sich aus mitteilte, zeugt davon, dass sie das traumatisch Eingedrungene als integralen Bestandteil ihrer selbst nicht wirklich akzeptieren konnte.

Worauf gründet sich nun die Hoffnung, die der Film an seinem Ende weckt, dass der zu immer neuer psychischer »Zerstörung« führende Teufelskreis der inneren Traumaverarbeitung durchbrochen werden kann, sodass die Möglichkeit eines Neubeginns besteht? Sicherlich darauf, dass Esma ihr Baby annehmen konnte, nachdem sie es im Bauch geschlagen und in den ersten zwei Tagen nach der Geburt jeden Kontakt vermieden hat. Wenn Esma Sara erneut geschlagen hat, nachdem sie das Geheimnis preisgegeben hat, so zeugt dies davon, dass sie nun beide Seiten ihrer Ambivalenz gegenüber ihrer Tochter zulassen konnte und damit einen wichtigen Schritt in Richtung Integration beider Seiten getan hat.

Dass Esma ihr Schweigen über die Umstände von Saras Zeugung gebrochen hat, erzwungen durch die Pistole vor Augen, gehört auch in diesen Kontext. Der Furor, mit dem Sara die »Bestätigung« verlangte, dass ihr Vater *Schechid* war, machte klar, dass es ihr um die Wahrheit im ganz existenziellen Sinne ging. Hierfür verlangte sie nach »Zeugenschaft«, die bestätigt, was war – egal wie es war. Dass sie hierzu die Pistole einsetzen musste, kann m. E. als »rechtens« betrachtet werden. Denn ein Neubeginn nach Zerstörung verlangt »Wahrheit«. Es trägt ebenfalls zur Hoffnung bei, dass dieses noch so bedürftige Kind der Wahrheit so mutig Geltung verschaffen konnte und dabei zugleich mit dem Beginn ihrer ersten Liebesbeziehung einen großen emanzipativen Schritt aus ihrer doch sehr engen Mutterbeziehung unternehmen konnte.

Doch warum ist die »Wahrheit« so wichtig, handelt es sich doch im Falle von Esma und Sara um eine besonders grausame Wahrheit? Ferenczi, seinerzeit ein enger Mitarbeiter Freuds, hob auf eine »Sprachverwirrung« zwischen Täter und Opfer ab: Über das, was geschehen ist, besteht zwischen Täter und Opfer keine Übereinkunft. Ferenczi (1984) bezog dies auf Fälle sexuellen Missbrauchs innerhalb der Familie, wobei für ihn das Traumatisierende gerade darin lag, dass die Gewalt von einer Person ausging, von der sich das Kind Schutz und Fürsorge erwartet hat. Nun könnte man einwenden, dass Esma ihren Vergewaltiger nicht gekannt haben wird – doch dieser Einwand trägt nicht weit. Denn gerade der Bürgerkrieg im ehemaligen Jugoslawien hat Familienmitglieder, Freunde und Arbeitskollegen, die zuvor zum Teil in engen Beziehungen standen, zu scheinbar unversöhnlichen Feinden gemacht.

Laplanche (1988) greift diesen Ansatz Ferenczis auf und führt ihn weiter, wobei er allerdings den Begriff der »Sprachverwirrung« als irreführend verwirft: Es geht hier nicht um unterschiedliche Wörter für ein und dasselbe, die Verwirrung stiften, sondern »dasselbe« ist eben nicht dasselbe, da es aus der Perspektive des Kindes eine ganz andere Bedeutung hat als aus der Perspektive des Erwachsenen. Dies gilt nicht nur für das Tatgeschehen, sondern für die Sexualität generell. Für Laplanche steht auf der einen Seite das Kind, das zunächst das Sexuelle noch nicht kennt. Insofern ist die erste Konfrontation mit dem Rätsel der Sexualität auch in gewisser Weise traumatisch für das Kind. Auf der anderen Seite steht der Erwachsene, zum Beispiel die Mutter, die dem Kind die Brust gibt – wobei der Mutter unbewusst ist, dass sie dem Kind mit der Brust nicht nur ein Versorgungsorgan darbietet, sondern zugleich auch ein Sexualorgan. Indem das Kind auf diese Weise mit der Sexualität und zugleich mit dem Unbewussten der Mutter konfrontiert wird, konstituiert sich nach Laplanche auch beim Kind Unbewusstheit. Daraus ergibt sich, warum der Ödipus-Komplex ein primär unbewusstes Erleben darstellt. Es ist für Laplanche darüber hinaus ein Modell, wie überhaupt Unbewusstes entsteht.

Die pubertierende Sara verfügt jedoch zweifellos bereits über ein Unbewusstes. Sie erahnte unbewusst auch den Zusammenhang zwischen der Sexualität der Mutter und der Gewalt. Insofern war es folgerichtig, dass sie angesichts Esmas Mauerns gegen ihre Nachfragen zur Pistole griff und auf diese Weise Gewalt gebrauchte, um das Geheimnis ihrer Herkunft aufzudecken. Dieses war hier nur mit den Mitteln zu ergründen, mit denen Sara entstanden ist – mit Gewalt. Der Film verbindet dabei die Frage nach der Wahrheit der Herkunft Saras mit der Frage nach der Wahrheit der Ereignisse des Bosnien-Krieges. Die Wahrheit, der die Regisseurin Jasmila Žbanič mit ihrem Film zum Ausdruck verhelfen wollte, drückte sie selbst – in Fortsetzung ihres eingangs zitierten Statements – wie folgt aus: »Aber 1992 war plötzlich alles anders und ich begriff auf einmal, dass ich mich in einem Krieg befand, in dem Sex als Kriegsstrategie benutzt wurde, um Frauen zu erniedrigen und damit die Vernichtung einer ethnischen Gruppe herbeizuführen!«

Für die Verbreitung dieser Wahrheit wurden Jasmila Žbanič und ihr Film in Bosnien gefeiert, während sie in Serbien und in der *Republik Srpska*, der serbischen Teilrepublik des faktischen UN-Protektorats Bosnien-Herzegowina, massiv angefeindet wurde. Beim Belgrader Filmfestival versuchten radikale Kräfte, die Erstaufführung des Films zu verhindern; das einzige Kino im serbischen Teil Bosniens, in dessen Hauptstadt Banja Luka, nahm den Film aus Angst um das eigene Geschäft gar nicht erst ins Programm auf. Übel genommen wurde Jasmila Žbanič vor allem, dass sie bei der Verleihung des *Goldenen Bären* beklagte, dass die Kriegsverbrecher Karadzic und Mladic elf Jahre nach Kriegsende immer noch frei herumliefen. So warf ihr das Massenblatt *Kurir* aus Belgrad »moralisches Lynchen« Serbiens vor. Der serbische Rockmusiker Bora Corba verstieg sich sogar darin, die seit Jahren verbürgten UN-Zahlen von 20.000 vergewaltigten Frauen anzweifeln: »Um Gottes Willen, wie konnten unsere Soldaten das physisch überhaupt schaffen?« (»Der Tagesspiegel«, 17.03.06) Jasmila Žbanič hat sich allerdings nie auf die Polarisierung Bosnier versus Serben eingelassen. So hat sie auch nie davon gesprochen, dass 20.000 Frauen »von Serben« vergewaltigt wurden, sondern lediglich betont, dass laut UNO-Angaben etwa 20.000 Frauen im Krieg vergewaltigt wurden. Dass es ihr nicht um einseitige Parteinahme geht, drückt sich auch in der Zusammensetzung ihrer Schauspieler-Crew aus: Die Hauptdarstellerin Mirjana Karanovič in der Rolle der Esma ist eine Serbin.

Die Ungeheuerlichkeit der Bemerkung Bora Corbas liegt in seiner frontalen Attacke auf die *Wahr*nehmung. Indem von Täterseite in Abrede gestellt wird, was passiert ist, wird die Wahrnehmung des Opfers in Frage gestellt und damit dessen seelische Integrität ein zweites Mal massiv angegriffen. Der Angriff gilt wie das Trauma selbst dem Ich des Opfers – denn das Ich ist nach Freud ein »Wahrnehmungsorgan«. Das traumatisierte Ich kann die Wahrheit nicht mehr wahrnehmen. Vor dem Hintergrund seiner Identifikation mit dem Aggressor läuft ein Opfer Gefahr, an der eigenen Wahrnehmung so grundlegend zu zweifeln, als habe man es einer »Gehirnwäsche« unterzogen. In diesem Sinne wäre der Begriff »Seelenmord« die zutreffende Beschreibung für das Trauma. Das eigentliche Trauma liegt demnach weniger im traumatischen Ereignis selbst als in der Beziehungsverweigerung durch den Täter und seine Mitwisser. Mit dem Angriff auf die Wahrnehmung des Opfers stoßen Letztere das Opfer aus jedweder sozialen Ordnung aus – so wie es in Gefangenenlagern im Zuge von Kriegen oft der Fall ist. Das Opfer wird entmenschlicht und zum Objekt gemacht, das scheinbar ohne Gewissensbisse vergewaltigt werden kann.

Doch nicht nur die Täter verschließen sich für gewöhnlich dem Leid der Opfer, sondern auch die Unbeteiligten. So konstatiert Reemtsma (1999), dass es in jeder Gesellschaft eine Art sozialen Grundaffekt gegen Gewaltopfer gebe, der daraus resultiere, dass das Gewaltopfer nicht nur seinen Peiniger, sondern auch alle anderen Personen, mit denen es in Berührung komme, mit der eigenen Verwundbarkeit und Sterblichkeit konfrontiere. Ähnlich äußert sich auch Bohleber, wenn er sagt, dass die Rede von der Unsagbarkeit des Geschehenen häufig eine Rationalisierung vor einem bestimmten sozialem Hintergrund darstelle, mit der die Unbeteiligten ihr Nicht-hören-Wollen in einem scheinbaren

Nicht-sprechen-Können der Traumatisierten begründeten: »Die Grenzen des Sagbaren haben deshalb immer auch mit gesellschaftlichen Einschränkungen, Umdeutungen und Tabuisierungen zu tun« (2007, S. 313).

Noch gravierender als die Verschlossenheit der Unbeteiligten und die Ausstoßung der Opfer durch die Täter aus der sozialen Gemeinschaft ist aber der im Falle schwerer Traumatisierung immer wieder anzutreffende und bereits oben angedeutete Befund, dass die Opfer sich selbst die Sicht der Täter zu Eigen machen, was ganz auf der Linie der »Identifikation mit dem Aggressor« liegt. So neigen beispielsweise auch Patienten mit schweren Borderline-Pathologien, die häufig unter traumatisierenden lebensgeschichtlichen Umständen entstanden sind, zu der Auffassung: »Mir ist nichts passiert. Ich stelle mich nur an. Anderen geht es auch schlecht, die kommen damit aber besser klar.« Im nächsten Moment können solche Patienten dann wieder unerträgliche psychische Zustände schildern, um dann wieder voller Überzeugung zu behaupten, sie seien gar nicht krank. Dieses Hin-und-her-Kippen zwischen zwei Extremzuständen, ohne dass der eine Zustand bzw. der Patient von dem anderen Zustand »weiß«, hängt damit zusammen, dass das triangulierende »Dritte« fehlt. Über die Bedeutung des »Dritten« führte Samuel Gerson auf dem 45. IPV-Kongress in Berlin unter dem Titel »When the third is dead« aus:

> »What then can exist between the scream and the silence? We hope first that there is a witness – an other that stands beside the event and the self and who cares to listen; an other who is able to contain that which is heard and is capable of imagining the unbearable; an other who is in a position to confirm both our external and psychic realities and, thereby, to help us integrate and live within all realms of our experience. This is the presence that lives in the gap, absorbs absence, and transforms our relation to loss. This is the third – between the experience and its meaning, between the real and the symbolic, is the other through whom life gestates and into whom futures are born. Thirdness is that quality of human existence that transcends individuality, permits and constricts that which can be known, and wraps all of our sensibilities in ways that we experience as simultaneously alien as well as part of ourselves. Thirdness is the medium in which we live and that changes events into history, moments into time, and fragments into a whole.«

Wenn das Dritte »tot« ist, so führt dies zu dissoziativen Zuständen, als wenn ein Kind mit einer psychisch »toten Mutter« konfrontiert ist: Es sind dies Zustände extremer Depression, in denen es kein Verlangen, keine Wünsche, keine Erinnerung, keine Vergangenheit, keine Zukunft und keine Gegenwart, keine Geborgenheit (Containment), keine emotionale Bezogenheit und keinen Widerhall von anderen Menschen gibt. Man könnte auch sagen, dass dort, wo sich normalerweise Lebendigkeit, Kreativität und Bezogenheit entwickelt, eine »Lücke« klafft. Gerson drückt dies so aus:

> »So imagine life when the third is dead; when the container cracks and there is no presence beyond ourselves to represent continuity. It is a world constituted by absence, where meaning is ephemeral and cynicism passes for wisdom; a world in which psychic numbness is the balm against unbearable affects, where feelings of ennui and emptiness replace guilt and shame, and where manias of all sort masquerade as Eros.«

Gerson beschreibt diese Zustände anhand von Opfern des Holocaust, indem er das von André Green entwickelte Konzept der »toten Mutter« von der personalen Mutter-Kind-Beziehung löst und postuliert, dass auch eine Gruppe wie eine »tote Mutter« sein kann (– dass eine Gruppe für ihre Mitglieder »mütterliche« Qualitäten hat, ist ein alter Topos der Gruppenanalyse). Was Esma im serbischen KZ erlebt hat, wird zwar im Film nicht expliziert, doch die Mauer, die sie um sich baut, die Unlebendigkeit und der Mangel an Spontanität, mit der sie durch das Leben geht, enthält zumindest Elemente der von Green und Gerson beschriebenen Zustände. Dabei ist das fehlende Dritte vor allem durch den fehlenden Vater dargestellt. Saras Frage nach ihrem Vater ist die Frage nach der Lücke, die anstelle des »Dritten« klafft. Ohne den Vater als »triangulierende« Instanz besteht auch für die Mutter-Tochter-Beziehung die Gefahr, dass Abhängigkeit und Verschmelzung an die Stelle einer Beziehung tritt, die einerseits liebevoll-zugewandt ist, andererseits der anderen Seite auch hinreichende Autonomie zugesteht. Dass diese Gefahr bei Esma und ihrer Tochter sehr realistisch ist, zeigt sich an dem Mangel an Distanz, den beide füreinander haben – die Gefühle zwischen ihnen kochen sehr schnell sehr hoch.

Vor dem Hintergrund des fehlenden Dritten ist es so wichtig für Opfer, dass sich die Täter zu ihrer Tat bekennen bzw. dass zumindest das faktische Tatgeschehen vom Täter oder/und von dritter Seite zweifelsfrei bestätigt wird. Ohne dass sich zwei gemeinsam auf ein Drittes beziehen, gibt es keine Klärung, beispielsweise darüber, ob eine Vergewaltigung stattgefunden hat oder nicht. Doch obwohl mit der UNO eine dritte Instanz vorhanden war, die das Schicksal der 20.000 vergewaltigten bosnischen Frauen bestätigte, blieb dieses bis zum Erscheinen des Filmes auch in Bosnien weitgehend unbeachtet.

Es ist das Verdienst von *Esmas Geheimnis – Grbavica*, dies geändert zu haben.

Jasmila Žbanič wollte nach eigenen Angaben keinen Dokumentarfilm drehen, auch um die Frauen nicht durch eine Befragung zu retraumatisieren, sondern einen explizit »emotionalen« Film. Damit erleichterte sie auch dem ausländischen Publikum den Zugang zum bosnischen Sujet des Filmes und damit die Übernahme der »Zeugenschaft«. Dass »das Ausland« durch die Verleihung des *Goldenen Bären* die Zeugenschaft übernommen hat, war insofern von großer Bedeutung, als dass man von einer kollektiven Traumatisierung der bosnischen Gesellschaft ausgehen kann.

Die Traumatisierung eines Einzelnen ist immer auch die Traumatisierung des sozialen Umfeldes, der das Opfer angehört. Die Vergewaltigung Esmas richtete sich nicht allein gegen sie als Person, sondern auch gegen sie als Frau und als Bosnierin. Wenn aber das gesamte soziale Umfeld traumatisiert ist, dann kann die Zeugenschaft nicht mehr von Angehörigen der eigenen Gruppe übernommen werden. Wie sonst hätte das Schicksal der vergewaltigten bosnischen Frauen in der bosnischen Gesellschaft so gleichgültig hingenommen werden können, wie es vor dem Erfolg von *Esmas Geheimnis – Grbavica* der Fall war?

Wenn die Traumatisierung auch ein gruppales Geschehen darstellt, dann ist es nur allzu folgerichtig, wenn auch die kurativen Kräfte sich als gruppale Kräfte entfalten. Dieser Zusammenhang macht die Gruppenanalyse laut Mathias Hirsch besonders geeignet für die Behandlung Traumatisierter. Denn die analytische Gruppe stellt nach Hirsch dem Trauma das »Prinzip Öffentlichkeit« gegenüber, die als »dritte Instanz« fungieren kann. Dem »Prinzip Öffentlichkeit« folgt aber auch das Kino, das bekanntlich schon häufig als Gruppenphänomen beschrieben worden ist. Insofern war es sicher eine gute Idee von Jasmila Žbanič, ihr Anliegen in einem Spielfilm umzusetzen.

Dass ein solcher Film möglich wurde, könnte man in diesem Zusammenhang auch als Ausdruck der Selbstheilungskräfte der bosnischen Kultur ansehen. So kann es als ein Erfolg des grenzüberschreitenden Zusammenwirkens von *Esmas Geheimnis – Grbavica* mit den Juroren der Berlinale angesehen werden, dass das bosnische Parlament danach erstmalig den vergewaltigten bosnischen Frauen einen besonderen Rechtsstatus zugesprochen hat, der nicht nur half, ihre soziale, sondern – als Akt der Anerkennung dessen, was ihnen Schreckliches widerfahren ist –, auch ihre psychische Situation zu verbessern.

Somit kann der Film von Jasmila Žbanić als Beitrag dazu angesehen werden, die dritte Instanz wieder in Bosnien zu etablieren – d.h. ein Gemeinwesen mit allgemeinverbindlichen Normen und Regeln für ein halbwegs gedeihliches Zusammenleben, aus denen sich klar ergibt, was »recht« und »unrecht« ist. Erst auf diese Weise wurde die Integration des Traumas möglich – denn dies kann nach Bohleber (2007, S. 312)

> »dem Einzelnen nicht in einem idiosynkratischen Akt gelingen, sondern es bedarf immer auch eines gesellschaftlichen Diskurses über die historische Wahrheit des traumatischen Geschehens sowie über dessen Verleugnung und Abwehr. Die wissenschaftliche Klärung und eine gesellschaftliche Anerkennung von Verursachung und Schuld restituiert überhaupt erst den zwischenmenschlichen Rahmen und damit die Möglichkeit, unzensiert in Erfahrung zu bringen, was damals eigentlich geschah. Nur dadurch kann sich das erschütterte Selbst- und Weltverständnis wieder regenerieren. Herrschen gesellschaftliche Abwehrtendenzen vor, oder existieren Schweigegebote, bleiben die traumatisierten Überlebenden mit ihren Erfahrungen allein. Anstatt durch Verständnis der anderen Rückhalt zu finden, dominiert bei ihnen oft die eigene Schuld als Erklärungsprinzip.«

Letzteres war bei Esma zweifellos der Fall. Es ist das Verdienst von *Esmas Geheimnis – Grbavica*, die gesellschaftlichen Abwehrtendenzen aufgeweicht zu haben, welche die Möglichkeit verhinderten, für »wahr« zu nehmen, was geschehen ist. Auf diese Weise hat der Film einen wesentlichen Beitrag zur Restitution des Dritten, das Bohleber als »zwischenmenschlichen Rahmen« bezeichnete, geleistet und so einen wichtigen kollektiven Schritt in Richtung Wiederaufbau und Neubeginn ermöglicht. Die Zeugenschaft, die durch den Film erreicht werden konnte, stellt das Fundament dar, auf dem ein Neubeginn in sozialen Organisationen und in der Gesellschaft basiert. Damit liegt der Film ganz auf der Linie des Leitmotivs Freuds und der Psychoanalyse – d.h. auf der Verpflichtung für das Ideal der Wahrheitsfindung. Wer Psychoanalyse betreibt, egal ob als Analytiker, als Patient oder als Forscher, der verpflichtet sich nach Möglichkeit, unabhängig von der eigenen Meinung nach der Wahrheit zu suchen.

Literatur

Bohleber, Werner (2007): Der Kampf um die Erinnerung in der Psychoanalyse, Hauptvortrag auf dem 45. Kongress der Internationalen Psychoanalytischen Vereinigung in Berlin, Juli 2007. Vorab veröffentlicht in: Psyche 4/2007, 293–321.

Ferenczi, Sandor (1984): Sprachverwirrung zwischen Erwachsenem und dem Kind., In: Bausteine zur Psychoanalyse, Bd. III Frankfurt/Main – Berlin – Wien (Ullstein-Verlag)

Freud, Anna (1967a): Das Ich und die Abwehrmechanismen. In: Die Schriften der Anna Freud, Bd. I. München (Kindler-Verlag).

Freud, Anna (1967b): Anmerkungen zum psychischen Trauma. In: Die Schriften der Anna Freud, Bd. 6. München (Kindler-Verlag).

Freud, Sigmund (1999a): Jenseits des Lustprinzips. In: GW XIII. Frankfurt/Main (Fischer-Verlag).

Freud, Sigmund (1999b): Hemmung, Symptom, Angst. In: GW XIV. Frankfurt/Main (Fischer-Verlag).

Gerson, Samuel Ph. D. (2007): When the third is dead. Memory, Mourning and Witnessing in the Aftermath of the Holocaust. Vortrag auf dem 45. IPV-Kongreß in Berlin, Juli 2007.

Green, André (1993): Die Tote Mutter. In: Psyche 3/1993. Stuttgart (Klett-Cotta).

Hirsch, Mathias (1996): Wege vom realen Trauma zur Autoaggression. In: Forum der Psychoanalyse, Bd. 12, Heft 1, 31–44.

Hirsch, Mathias (1995): Sexuell mißbrauchte Patienten in der Gruppenpsychotherapie In: Gruppenpsychotherapie und Gruppendynamik, Bd. 12, Heft 1, 301–314.

Kris, Ernst (1977): Die ästhetische Illusion. Phänomene der Kunst in der Sicht der Psychoanalyse. Frankfurt (Edition Suhrkamp).

Laplanche, Jean (1988): Die allgemeine Verführungstheorie. In: Die allgemeine Verführungstheorie und andere Aufsätze. Tübingen (Edition diskord)

Laplanche, Jean & Pontalis, Jean-Bertrand (1973): Das Vokabular der Psychoanalyse. Frankfurt/Main (Suhrkamp-Verlag).

Mertens, Wolfgang (1992): Kompendium psychoanalytischer Grundbegriffe. München (Quintessenz).

Reemtsma, Jan Philipp (1999): Trauma – Aspekte der ambivalenten Karriere eines Konzepts. Stuttgart (Schattauer-Verlag).

Reemtsma, Jan Philipp (1998): Im Keller. Hamburg (Rowohlt-Velag).

Der Tagesspiegel (2006): Jauche und Jubel. 17.03.2006.

Paradise Now

Palästinensische besetzte Gebiete/Niederlande/Israel/Deutschland/
Frankreich 2004, 90 Min.
Regie: Hany Abu-Assad
Hauptdarsteller: Kais Nashef, Ali Suliman, Lubna Azabel, Amer Hlehel, Hiam Abbas, Ashraf Barchoum

Thomas Auchter

Der Film *Paradise Now* entstand unter der Regie des palästinensischen Regisseurs Hany Abu-Assad im Jahr 2004. Der Film erhielt unter anderem den Preis der Internationalen Filmfestspiele Berlin 2005, den »Blauen Engel« für den besten europäischen Film und den amnesty-international-Filmpreis.

Paradise Now erzählt die Geschichte zweier junger palästinensischer Selbstmordattentäter, Said und Khaled.

Der seit 60 Jahren schwelende Konflikt – und schon stocke ich, weil ich fürchte, dass das Wort »Konflikt« schon einer Verharmlosung einer erschreckend destruktiven Interaktion gleichkommt – zwischen Israelis und Palästinensern ist ein äußerst komplexes Gemenge. Dem können wir letztlich nur mit einer entsprechenden multiperspektivischen Betrachtung gerecht werden. Bei meiner Interpretation des Films konzentriere ich mich besonders auf die psychologische bzw. psychoanalytische Sichtweise, weil ich davon am meisten verstehe. Diese Perspektive scheint mir bei dem in diesem Film vordergründigen speziellen Aspekt des Nahostkonflikts, den Selbstmordattentätern, auch die angemessenste. Ich bin mir aber bewusst, dass ich damit nur einen sehr begrenzten Teilbeitrag zum besseren Verständnis des vielschichtigen Gesamtproblems leisten kann.

Wenn Sie sich tiefer mit dem Thema »Selbstmordattentäter« beschäftigen möchten, finden Sie in dem Buch *Das Kindsopfer*, herausgegeben von Mathias Hirsch (2006), einen einschlägigen Artikel von mir unter dem Titel: »Täter und Opfer zugleich«.

Sowohl die israelische Gesellschaft als auch die palästinensische Gesellschaft sind auf einem Trauma gegründet, oder in der Sprache des Kulturwissenschaftlers René Girard: auf einer »Gründungsgewalt«.

> »Der Verlust der Heimat, Flucht und Vertreibung bestimmen bis heute das kollektive Bewusstsein des palästinensischen Volkes. Das Schicksal der Palästinenser ist untrennbar verbunden mit dem Denken und Tun des jüdischen Volkes, das selbst in seiner kollektiven Erinnerung geprägt ist durch ein einzigartiges Schicksal der Verfolgung, Erniedrigung und physischen Vernichtung. Darin liegt das besondere Wesen dieses Konflikts«,

schreibt der Journalist Marcel Pott (2002, S. 47).

Die Verantwortung für die Traumatisierung der Juden durch die Shoah tragen in erster Linie die Deutschen, an der Verantwortung für die Traumatisierung der Palästinenser (»al-Nakbah«, die Katastrophe nennen sie das) durch die Gründung des Staates Israel sind ursprünglich verschiedene Urheber beteiligt, darunter auch die Israelis.

Diese Ur-Traumata und die damit verbundenen tiefen Ängste wirken seelisch weiter (sie werden unbewusst generationsübergreifend »seelisch« vererbt). Sie halten unbewusst den Teufelskreis der Gewalt zwischen Israelis und Palästinensern mit aufrecht. Die fortdauernde Besetzung der Westbank, die Isolierung des Gaza-Streifens und vor allem der ununterbrochene Siedlungsbau der Israelis auf enteignetem palästinensischen Grund und Boden leisten dazu ihren eigenen Beitrag! Sie machen den Konflikt zu einer nunmehr seit über 60 Jahren scheinbar »unendlichen Geschichte«.

Ohne Zweifel haben die »palästinensischen Selbstmordattentate unsägliches Leid über die Menschen in Israel gebracht«, schreibt Marcel Pott (2002, S. 16). Sie haben das historische Trauma der Ohnmacht und Wehrlosigkeit der Juden vertieft (vgl. Pott 2002, S. 16) und bei vielen neben Trauer und Schrecken auch Rache- und Vergeltungsbedürfnisse gesät. Das israelische Militär reagiert auf diese Akte brutaler Gewalt gewöhnlich mit nicht weniger brutaler Gewalt gegen Personen und Sachen. Diese militärischen Gewaltaktionen wiederum vertiefen das historische Trauma der Ohnmacht, Wehrlosigkeit und die narzisstische Kränkung der Palästinenser. Und das erzeugt neben Trauer und Angst auch bei ihnen Rachebedürfnisse und Vergeltungsimpulse. Deren Realisierung, also ihre Umsetzung in gewaltsame terroristische Aktionen, erzeugt dann wieder neue Traumata. So wird der Teufelskreis der Gewalt geschlossen. »Beide Völker sind Opfer, aber auch Täter« formuliert Marcel Pott (2002, S. 16).

Meine Anmerkungen zu diesem Film möchte ich unter das Thema stellen: »Opfer und Täter zugleich«.

Paradise Now ist ein Film über kollektive und individuelle Gewalt. Seine zentrale Aussage ist nach meiner Auffassung, dass Gewalt nichts anderes als Gewalt produzieren kann. Untergründig geht es in diesem Film auch um die Spannung zwischen Verzweiflung, Aussichtslosigkeit, Hoffnungslosigkeit und eine »Hoffnung gegen jede Hoffnung«, verkörpert durch die Menschenrechtsaktivistin Suha.

Bereits die Eingangsszene des Films ist voller Gewalt, voll subtiler Gewalt. Da begegnen sich am Checkpoint – die Checkpoints selbst sind schon ein Instrument gewaltsamer Unterdrückung – eine junge Palästinenserin und ein junger israelischer Soldat. Beide haben höchstwahrscheinlich Angst. Sie schauen sich kontraphobisch fest in die Augen, jeder versucht, nicht nachzugeben. Später im Film wird das »Jemandem-standhaft-in-die-Augen-Schauen« den Selbstmordattentätern als Widerstand gegen israelische Soldaten, als Machtdemonstration empfohlen.

Der Soldat, schwer bewaffnet, ist der äußerlich offensichtlich Mächtigere gegenüber der unbewaffneten Frau. Er demonstriert ihr ihre Unterlegenheit, als er ihr den Ausweis zurückgibt. Sie will ihn greifen und blitzschnell hält er ihn etwas höher, sodass sie nachgreifen muss. Zwischen den beiden fällt kein einziges Wort, keine menschliche Geste. Nur mit der Bewegung seiner Augen befiehlt er ihr weiterzugehen. Sie leistet Widerstand, indem sie nicht sofort, sondern erst nach einem Moment des Zögerns seinem Befehl folgt.

Solchen Szenen der Schikanierung, Drangsalierung, Gewalt und Demütigung gegenüber Palästinensern an den Checkpoints versucht die israelische Menschenrechtsgruppe »Machsom Watch« durch genaue Dokumentation der Unmenschlichkeiten entgegenzuwirken. Dafür wurde sie im Jahre 2007 mit dem Aachener Friedenspreis ausgezeichnet.

Später im Film wiederholt sich die Szene mit dem Augenbefehl zwischen Khaled und dem Jungen, der ihm die Gläser mit heißem Tee bringt. Khaled schickt ihn als den Schwächeren weg, obwohl der offenbar mit der Bezahlung nicht zufrieden ist. Für mich ist Khaleds »Augenbefehl« ein Beispiel für das, was wir psychoanalytisch die »Identifikation mit dem Aggressor« nennen. Dieser unbewusste seelische Mechanismus wird eingesetzt, um durch die Identifizierung mit dem Stärkeren, dem Angreifer, aus der eigenen unerträglichen Position der Schwäche, Ohnmacht und Unterlegenheit hinauszugelangen.

Der unbewusste Mechanismus der Identifizierung mit dem Angreifer leistet ebenfalls einen wichtigen Beitrag zum Aufrechterhalten der Gewaltspirale.

Khaled rastet aus, als er von einem Kunden der Autowerkstatt – wohl willkürlich und ungerechtfertigt – beschuldigt wird, die Stoßstange seines Autos nicht haargenau gerade angebracht zu haben. Er wird von dem Kunden in seiner Ehre als Automechaniker gekränkt. Das Erleben oder Wieder-Erleben von Willkür und Entehrung ist wohl der seelische Schlüssel für das Auslösen von Khaleds gewalttätiger und letztlich selbstzerstörerischer Reaktion – er verliert dadurch seinen Arbeitsplatz. Vermutlich knüpft sein Ohnmachtsgefühl gegenüber dem Kunden an unzählige vorausgegangene, schmerzhafte Willkürerfahrungen mit den israelischen Besatzern an.

Gewöhnlich hängt der Mensch an seinem Leben. Insofern muss man fragen: Was kann einen Menschen dazu bringen und was sind die Bedingungen dafür, dass er sich dazu veranlasst sieht, sein eigenes Leben neben dem Leben anderer für etwas oder jemanden zu opfern? Wie kann etwas wichtiger werden als das Leben?

Ein Mensch, der ein Selbstmordattentat begehen will, muss vor allem zwei innere Hindernisse überwinden. Erstens das Tötungsverbot gegenüber dem oder den anderen und zweitens das Selbsterhaltungsprinzip, seinen Lebenstrieb. Wie sieht eine Persönlichkeitsstruktur aus, die das möglich macht, und wie entwickelt sie sich dahin?

Zum Selbstmordattentäter wird man nicht geboren, sondern »gemacht«. Selbstmordattentäter sind Menschen mit je einer spezifischen Geschichte, die sich bei genauem Hinsehen nicht selten als eine Leidensgeschichte entpuppt. Diese motiviert sie auf direkten und indirekten, unbewussten seelischen Wegen dazu, sich und anderen grenzenloses Leid zuzufügen.

Sowohl Said als auch Khaled sind lebensgeschichtlich familiär traumatisierte Menschen, sie sind Opfer. Said ist im Elend eines Flüchtlingslagers in der Westbank aufgewachsen. Er habe sein gesamtes Leben im Gefängnis (der Besatzung) zugebracht, sagt er an einer Stelle. Und für sein Selbstwert- und Ehrgefühl noch gewichtiger: Sein Vater wurde von den eigenen Leuten als Kollaborateur der Israelis hingerichtet. Said war zu dem Zeitpunkt ein Junge von zehn Jahren. Vielleicht fühlt er neben der Scham unbewusst auch Schuldgefühle für seinen Vater?

Khaleds Vater stellten die Israelis bei der Ersten Intifada vor die unmenschliche Entscheidung, welches seiner Beine sie ihm zerbrechen sollten. Seitdem hinkt er. »Ich hätte mir eher beide Beine brechen lassen, als diese Demütigung zu ertragen«, verkündet der beschämte Khaled. Könnte es sein, dass er unter einer Art »Überlebensschuld« gegenüber seinem verletzten Vater leidet? Und könnten beider Schuldgefühle nur durch einen »ehrenhaften Tod« gesühnt werden?

Durch ihre lebensgeschichtlichen Traumatisierungen sind Said und Khaled seelisch vorbelastet. Zu dieser sogenannten »Prämorbidität« gehören bei beiden unter anderem ein gewaltiges Angstpotenzial und ein gewaltiges Aggressionspotenzial, die ins Unbewusste verdrängt sind. Aber aus der Psychoanalyse wissen wir um die unbewusste Wirksamkeit solcher Verdrängungen. Damit verbundene Affekte wie die Angst oder Wut behindern das rationale Denken, die Vernunft: »Angst macht dumm«.

Ein Mensch, der in derartig traumatisierenden Verhältnissen lebt, wird unbewusst versuchen, dem gefühlsmäßigen Dauerbeschuss (zum Beispiel durch ständige Bedrohungen oder Demütigungserfahrungen) mit einer Gefühlsabstumpfung entgegenzuwirken. Dabei werden allerdings auch alle einfühlsamen, zärtlichen und liebevollen Gefühle und vor allem die Schmerzempfindlichkeit mit »eingefroren«. Das Ergebnis ist eine weitgehende Gefühlsarmut oder Gefühlskälte. Sie ist eine der seelischen Voraussetzungen, ein Selbstmordattentat begehen zu können. Im Endstadium, wenn der Zeitpunkt des Attentats näherrückt, verstärkt sich die Gefühlsabschottung bis zur seelischen Erstarrung, im Film dargestellt durch das starre Gesicht von Said in der Schlussszene des Films.

Aber wie der Film auch zeigt, ist die Gefühlstaubheit nicht vollständig und nicht vollkommen.

Andere Folgen der emotionalen Abstumpfung sind eine gewisse Beziehungsleere und ein grundlegendes Gefühl innerer Leere. Dies ist das vorbereitete Feld, der Nährboden für ideologische und fundamentalistische Rattenfänger, die sich anbieten, die Hörigkeitsbedürfnisse solcherart traumatisierter Menschen zu befriedigen und deren innere Leere mit Beziehungssurrogaten, mit Ideologie und mit religiösen Verheißungen zu füllen.

Der Terrorfunktionär Jamal, ein Technokrat des Tötens, ist ein solches Beziehungssurrogat für Said. Was der Film dem Betrachter vorenthält, ist ein wichtiges Stück auf dem Weg zum Selbstmordattentäter, nämlich die geistige Indoktrination und die technische Ausbildung dazu. Diese hat der »Lehrer« Jamal zuvor geleistet.

Wie wenig der Mensch als Individuum auch bei den palästinensischen Terrorfunktionären tatsächlich zählt, wird in der Szene deutlich, als Khaled sich abmüht, seinen Abschiedstext auf dem »Märtyrervideo« gefasst und überzeugend vorzutragen. Als er endet, stellt sich heraus, dass die Aufnahmekamera nicht funktioniert hat. Der Technokrat Jamal fordert kalt: »Machs einfach noch einmal [...]. Jetzt wo du schon Übung hast« und kaut dabei ungerührt auf seiner Teigtasche. Offensichtlich hat er keinerlei Empfinden für die Situation, dass hier ein Mensch von seinen Lieben und seinem Leben Abschied nimmt. Offensichtlich hat diese Videoaufnahme – und damit der Mensch, der den Text spricht – für Jamal keinerlei persönliche Bedeutung oder menschlichen Wert. Jamal scheint selbst emotional abgestumpft. Er schläft auch in der Nacht vor dem geplanten tödlichen Attentat seelenruhig, während Said nicht schlafen kann. Seine Bemerkung am Abendbrottisch von Saids Familie »Ausbildung ist Zukunft« lässt sich zu diesem Zeitpunkt nur als zynisch begreifen. Im Brustton der Überzeugung (wohl wissend, dass er das überhaupt nicht wissen kann) verspricht er im Auto auf der Fahrt zur Grenze, dass die beiden Selbstmordkandidaten am Eingang des Paradieses von zwei Engeln erwartet werden, »einhundertprozentig«.

Der Selbstmordattentäter und sein Handeln werden (religiös) verklärt, idealistisch und narzisstisch überhöht, damit der schlichte Akt des Tötens und Sich-Tötens nicht wahr-genommen werden muss. Durch Jamals Sprechblasen wird die Banalität des Bösen ideologisch und religiös verbrämt. Die Selbstaufopferung wäre ohne diese narzisstische Aufblähung vielleicht gar nicht vollziehbar.

Zur Ideologie gehört die kollektive narzisstische Idealisierung der Selbstmordattentäter zu »auserwählten« Märtyrern. Helden werden sie allerdings erst nach ihrem »Heldentod«. Der Psychoanalytiker Arno Gruen (2002, S. 140) spricht deswegen von der »heldischen Selbstzerstörung«. Damit erhalten diese in der Regel perspektivlosen jungen Menschen eine narzisstisch verlockende Perspektive: Anerkennung, Ruhm und Ehre. Gleichzeitig erhalten sie das Versprechen, dass ihre Familien bis zum Lebensende materiell versorgt und geschützt werden.

Wer auf der Erde keine Perspektive mehr finden kann, der sucht sie vielleicht im Himmel. Die unerträgliche Realität wird durch (Wunsch-)Fantasien zu einer Pseudo-Realität gewandelt. »Allein von der Vorstellung vom Paradies«, bemerkt Khaled bei der nächtlichen Autofahrt mit Suha zum Friedhof, »habe ich mehr als vom täglichen Leben in dieser Hölle«. Diese ideologischen, idealisierten (»religiösen«) Positionen sind so weit entrückt von der tatsächlichen Wirklichkeit, dass das alltägliche Leben, das eigene Leben und das Leben anderer, demgegenüber jeglichen Wert verliert und dann keine Rolle mehr im Denken und Fühlen spielt.

Der Selbstmordattentäter versucht mit aller Gewalt, »mit einem Schlag«, einen sicheren, angst- und schmerzfreien, perfekten Zustand herzustellen: »Paradise Now«. Der Himmel soll auf die Erde gebombt werden und er selbst mit einem Knall direkt ins Paradies.

Der israelische Kollaborateur, der Said und Khaled in Tel Aviv kutschiert, hat offensichtlich ebensowenig menschliche Gefühle. Nur so ist zu verstehen, dass er den beiden, die im Begriff sind, in wenigen Augenblicken sich und andere zu töten, zum Abschied »viel Glück« wünscht. Mit denselben »coolen« Worten hatte sie vorher der Terrorfunktionär Jamal verabschiedet.

Als Erster zweifelt Said an der Mission: »Machen wir wirklich das Richtige?« Sein Name Said bedeutet übrigens »der Glückliche«. Khaled, sein Name bedeutet »der Ewige«, zweifelt in dieser Situation verbal nicht. Als Said dann die Gelegenheit hat, einen Bus mit Zivilisten in die Luft zu sprengen, zögert er, wohl gefühlsmäßig verunsichert durch das Kind im Bus – seine emotionale Kälte ist nicht perfekt –, und er entschließt sich, den Bus fahren zu lassen.

Der Film zeigt klare Bilder der Gewalt und benennt ihre Urheber. Er rechtfertigt nichts, aber sucht nach Erklärungen für die destruktive und die autodestruktive Gewalt.

Als wesentlichstes Motiv für die Destruktivität arbeitet der Film die Verletzung der Würde der Menschen, ihre seelische Erniedrigung – oder psychoanalytisch: ihre »narzisstische Kränkung« heraus. »Lieber der Tod als ein Leben ohne Ehre«, und: »Man kann uns im Leben die Würde nehmen, aber nicht im Tod« lauteten zwei der ideologischen Formeln dazu. Dem Selbstmordattentäter werden Ruhm, Stolz und Ehre, also narzisstische Gratifikationen, verheißen. Khaled wünscht sich, dass die Poster von ihm mitten im Zentrum der Stadt aufgehängt werden. Und Said verspricht sich eine Wiederherstellung der durch seinen »Verräter-Vater« befleckten Familienehre durch seine Selbstaufopferung.

Der Film benennt präzise die Konflikte und wirft viele Fragen auf. Dies ist kein Film ohne Moral, aber ein Film, der in wohltuender Weise auf Moralisieren verzichtet. Der Film stellt unterschiedliche Reaktionen auf die Erfahrung von

Gewalt nebeneinander. Er nimmt aber keine Stellung zu den verschiedenen Lösungsmöglichkeiten, sondern überlässt das dem Betrachter.

Die Handlungsalternative zu den gewalttätigen Aktionen wird durch die Menschenrechtsaktivistin Suha repräsentiert. Ihr Vater ist beziehungsweise war Abu Assan, einer der gefeierten Märtyrer. »Lieber wäre es mir, wenn er noch lebte, von dem Stolz habe ich nicht viel«, meint allerdings Suha. Suha ist es auch, die den Teufelskreis der Rache klar benennt: »Du tötest und wirst genau wie sie […]. Durch den gewaltlosen Kampf haben die Israelis kein Alibi, immer weiter zu töten«.

Suha, ihr Name bedeutet übrigens »Stern«, ist überdies die Repräsentantin des »reflektierenden Modus« im Ich des Menschen: »Widerstand kann vielerlei Formen annehmen«, meint sie. Sie überzeugt schließlich auch Khaled. Er sagt zu Said: »Wozu hat Allah uns die Fähigkeit gegeben nachzudenken, bevor wir handeln?« Die Reflektion wird bemerkenswerterweise (in einer männerdominierten Gesellschaft) durch eine Frau, Suha, verkörpert, während die Männer sich der Aktion verschrieben haben. Während die »Mütter« im Film eher das stille, duldende Moment repräsentieren, weist das Verhalten der jungen Frau Suha in eine mögliche Zukunft.

Aber zwischen Said und Suha stehen Welten: Suha, die weit herumgekommen ist, Said, der im großen Gefängnis der Westbank eingeschlossen war, Suha, aus einem »besseren Viertel« von Nablus gegenüber dem »armen« Said. Kann Said neben dem »großen« Vater von Suha, dem »Helden«, überhaupt einen Fuß auf den Boden bekommen? Oder ist die sich anbahnende Liebe zwischen beiden von vorneherein zum Scheitern verurteilt. Trägt das zu seiner Entschlossenheit, den Tod zu suchen, bei?

Im Verhalten jugendlicher Selbstmordattentäter fließen im Sinne einer »Ergänzungsreihe« (Freud 1905d, S. 141) mindestens drei psychische bzw. psychosoziale Komponenten zusammen:

(1) Die altersentsprechende narzisstische und allgemeine Destabilisierung des Heranwachsenden ruft unbewusst an stabilisierenden Elementen eine besondere Empfänglichkeit für Ideologien des »Heilen und Ganzen« und eine Unterwerfungsbereitschaft unter »Führer«, Vaterfiguren hervor (vgl. Auchter 2002).

(2) Bei lebensgeschichtlich narzisstisch traumatisierten, seelisch »vorgeschädigten« Jugendlichen, also vormaligen »Opfern«, verschärft sich die »normale« Adoleszenzkrise und verstärkt das Bedürfnis nach vor

allem narzisstisch-kompensatorischen Stabilisierungsfaktoren durch aktive Täterschaft, Handeln, Agieren (vgl. Auchter 2005).

(3) Religiöse, ideologische und politische Interessenten missbrauchen diese »Schwäche« und den Idealismus der Adoleszenten – insofern sind die Jugendlichen wieder »Opfer«. Sie werden indoktriniert und ausgebildet – zu »Tätern«. Dabei wird das Heil ausschließlich in der Destruktion gesucht, »möglichst viele Israelis töten«. Das Opfer hat keinen sonstigen Sinn. Indem die Adoleszenten sich dann im Selbstmordattentat selbst mittöten, sind sie *Täter und Opfer zugleich*.

In dieser Hinsicht sind Said und Khaled einerseits Opfer der politischen und sozialen Verhältnisse, unter denen sie aufwachsen sind. Sie werden andererseits von der Terrororganisation für deren politische Zwecke instrumentalisiert und damit wieder »Opfer«.

Lassen Sie mich schlussendlich noch einmal einen Bogen zum Beginn meiner Ausführungen schlagen, nämlich der Gründungsgewalt, auf der sowohl Israel wie Palästina gebaut sind. Auf dem Wege zu einer Beendigung des Teufelkreises der Gewalt, in dem sie gefangen sind, scheinen mir drei Aspekte besonders wichtig.

Der erste (1) wäre der Versuch der »leisen Stimme der Vernunft« (Sigmund Freud), also das Bemühen, sich nicht ausschließlich von seinen unreflektierten Affekten und unbewussten Impulsen bestimmen zu lassen, sondern vor dem Handeln den Denkapparat einzuschalten.

Den zweiten (2) Aspekt hat der israelische Psychologe Dan Bar-On (2001) trefflich beschrieben: Es ist die Anerkennung des »Narrativs des Anderen«, die Anerkennung seiner Darstellung der Geschichte, die Anerkennung seiner Leidensgeschichte: »Nicht nur ich bin ein Opfer, nein, auch der andere ist ein Opfer.« Dazu gehört die Bereitschaft, dem Anderen zuzuhören. »Worte öffnen Fäuste«, schrieb einmal der deutsche Theologe Friedrich Schorlemer.

Der dritte (3) Aspekt ist: Die Gewalt zwischen Konfliktparteien wird dadurch vermindert, dass jede Seite ihre Gewalt zu sich nimmt, statt sie projektiv immer nur beim Anderen zu finden (nach dem Motto: »Immer ist der Andere schuld«). Das würde bedeuten, dass jede Seite auf die einseitige Sicht verzichten muss: »Ich bin nur das Opfer«, und statt dessen auch die andere Seite offen wahr-nimmt: »Ich bin auch ein Täter.« *Täter und Opfer zugleich.*

Die Übernahme der Täterschaft für das eigene Leben im weiteren Sinne ermöglicht darüber hinaus den Ausstieg aus der passiven Leidensposition in den Modus aktiven Handelns, die konstruktive Tat anstelle des destruktiven und autodestruktiven Tuns!

Literatur

Auchter, Thomas (2002): Gewalt als Zeichen von Hoffnung? Zur psychoanalytischen Theorie der jugendlichen Gewalt bei D. W. Winnicott. In: Schlösser, Anne-Marie & Gerlach, Alf (Hg.): Gewalt und Zivilisation. Gießen (Psychosozial Verlag), S. 595–613.

Auchter, Thomas (2005): Über Zusammenhänge zwischen Fundamentalismus, Terrorismus, Narzissmus und (anti)sozialem Verhalten. In: Gruppenanalyse 15, 171–184.

Auchter, Thomas (2006): Täter und Opfer zugleich – Zur Psychoanalyse adoleszenter terroristischer Selbstmordattentäter. In: Hirsch, Mathias (Hg.): Das Kindesopfer. Gießen (Psychosozial Verlag), S. 135–164.

Bar-On, Dan (2001): Die »Anderen« in uns. Dialog als Modell der interkulturellen Konfliktbewältigung. Hamburg (edition Körber Stiftung).

Freud, Sigmund (1905d): Drei Abhandlungen zur Sexualtheorie. GW V.

Gruen, Arno (2002): Der Kampf um die Demokratie. Der Extremismus, die Gewalt und der Terror. Stuttgart (Klett-Cotta).

Hirsch, Mathias (Hg.) (2006): Das Kindesopfer. Gießen (Psychosozial-Verlag).

Pott, Marcel (2002): Schuld und Sühne im gelobten Land. Israels Sonderrolle im Schutz der westlichen Welt. Köln (Kiepenheuer & Witsch).

Hiroshima mon amour

Frankreich 1959, 90 Min.
Regie: Alain Resnais
Hauptdarsteller: Emmanuelle Riva, Eiji Okada

Brigitte Ziob

Der Film *Hiroshima mon amour*, nach einem Drehbuch von Marguerite Duras, zeigt die Bearbeitung, Erinnerung und die Integration eines schweren Traumas, das eine junge Französin während des zweiten Weltkriegs erlitten hat. Der Film führt durch mehrere Stationen der Traumaverarbeitung über die Verleugnung, die Schuldgefühle bis hin zur Integration der abgespaltenen inneren Katastrophe.

Die Handlung des Films ist zunächst einfach: Eine Französin, Schauspielerin, die eine Rolle in einem Film über die Auswirkungen der atomaren Katastrophe hat, begegnet einem Japaner und sie erleben eine kurze, aber sehr heftige Liebesaffäre miteinander. Der Film beginnt mit der Einstellung auf zwei Körper. Diese Körper wirken zunächst wie mit Asche bestreut, wie Opfer von Hiroshima, aber allmählich verwandelt sich die Asche in Schweiß auf den glatten, unversehrten Armen des Mannes und der Frau, die einander umschlingen. Von Anfang an werden immer wieder Bilder des Grauens denen der Liebe gegenübergestellt.

Duras kommentiert die Eingangsszene:

> »Diese so ungewöhnliche, so alltägliche Umarmung findet statt an dem Ort der Welt, an dem sie am schwersten vorstellbar ist: Hiroshima … Es ist eine der eigentlichen Absichten des Films, Schluß zu machen mit der Schilderung des Entsetzlichen durch das Entsetzliche, denn das ist schon durch die Japaner getan worden, sondern das Entsetzliche wieder auferstehen zu lassen aus jener Asche und es sich einprägen zu lassen in einer Liebe, die notwendig zu einer besonderen werden muß, zu einer hinreißenden« (Duras 1973, S. 9).

So versucht Duras in *Hiroshima mon amour* die atomare Katastrophe in die private Welt des Individuums zu übertragen, das traumatisiert ist durch den Krieg. Julia Kristeva schreibt dazu: »Unter dem Blickwinkel des moralischen Schmerzes besteht zwischen einer geschorenen Geliebten in Frankreich und einer durch die Atombombe verbrannten Japanerin letztlich kein Rangunterschied« (Kristeva 2007, S. 242). Aber im Film geht es um die Französin und Hiroshima steht für das persönliche Hiroshima der Französin, für eine persönliche Katastrophe.

Ungewöhnlich für Liebende ist der Eingangsdialog, mit dem der Film beginnt:

ER: »Nichts hast du von Hiroshima gesehen.«
SIE: »Alles habe ich gesehen. Alles.«
SIE: »Das Hospital habe ich gesehen [...].«
ER: »Kein Hospital hast du in Hiroshima gesehen [...].«
SIE: »Viermal im Museum in Hiroshima [...].« Dort hat sie sich die Exponate angeschaut.

Dazu fährt die Kamera durch das Krankenhaus von Hiroshima und zeigt die dort liegenden Kranken und fährt dann weiter zu Szenen, die verletzte Menschen zeigen. Aus der Perspektive eines subjektiven Beobachters heraus, sieht der Zuschauer das, was die Frau dort gesehen hat. Dann fährt die Kamera ruhig durch das Museum und bleibt an einzelnen Exponaten, die das Ausmaß der Zerstörung durch die Atombombe bezeugen, hängen. Man sieht Tafeln, Stadtmodelle, verwüstete Eisenträger, Hautfetzen, verbranntes Haar und anderes.

Während des Anfangsmonologs wird die Stimme der Französin immer unpersönlicher, je mehr ihr Geliebter sagt, sie wisse gar nichts von Hiroshima. Aber sie scheint auf der Suche zu sein, in den Bildern der Zerstörung ihre eigene Geschichte zu finden. Dies stellt den Versuch dar, durch Konfrontation mit dem Grauen immer wieder mit dem abgespaltenen, eigenen Trauma in Kontakt zu treten, um die Situation, die früher ihre Ich-Kräfte hat zusammenbrechen lassen, im Nachhinein zu meistern. Sie beantwortet die Frage des Japaners nach ihrem Interesse an Hiroshima: »So denke ich zum Beispiel, wenn man richtig hinsieht, muss man am Ende auch begreifen.«

Die Frage ihres japanischen Liebhabers danach, wo sie war, bevor sie nach Hiroshima kam, beantwortet sie lapidar: »In Paris.« So fragt er weiter, wo sie davor gewesen sei und sie antwortet: »In Nevers.« Der Japaner fragt weiter, ob sie nach Nevers gehe, wenn sie fertig sei mit ihrer Rolle, die sie in einem Friedensfilm spiele, der in Hiroshima von Franzosen gedreht werde. Er möchte mehr über sie erfahren. Nach Nevers gehe sie nie wieder. »Nevers [...] ist die Stadt auf der Welt, [...] von der ich am meisten träume. Während es gleichzeitig auf der ganzen Welt die Sache ist, an die ich am wenigsten denke« (Duras 1973, S. 41). Sie versucht, das Traumatische aus dem Bewusstsein fernzuhalten und der Ort der traumatischen Erfahrung war Nevers. Damit entsteht eine Verbindung zwischen Hiroshima und der Kleinstadt an der Loire, in der die Französin aufgewachsen ist.

Etwas später steht die Frau im Bademantel in der Tür zur Terrasse, sie schaut auf den Japaner, der auf dem Bett eingeschlafen ist. Die Frau blickt auf seine Hände und es folgt ein Schnitt auf einen jungen Mann, der in der gleichen Haltung auf dem Boden liegt. Der junge Mann liegt im Sterben, aus seinem Mund kommt Blut und die Französin, hier mit langen lockigen Haaren, liegt auf ihm. Dieses Bild ist ein Flashback, eine kurze Erinnerung an das traumatische Geschehen. »Flashbacks geben keine exakte Reproduktion des traumatischen Ereignisses. Vielmehr unterliegen auch sie einem rekonstruktiven Prozess mit allen Verzerrungen der Erinnerung. Weniger als eine Beschreibung der objektiven Gegebenheiten liefern sie einen metaphorischen Ausdruck des emotionalen Einflusses« (Wöller 2006, S. 407).

Das Paar hat mittlerweile das Hotelzimmer verlassen, sie mussten sich trennen, die Frau ist im Krankenschwesterkostüm zu ihrem Drehort gefahren. Später findet der Japaner sie dort. Große Friedensdemonstrationen werden für den Film inszeniert. Die Japaner tragen Plakate mit Bildern von Verwundeten. Darauf folgen Tanzgruppen usw. Die Demonstration ist der Versuch, das Trauma der Atomkatastrophe nicht zu vergessen, sondern es in Erinnerung zu behalten. Die Französin sagt: »Wir müssen alles erinnern, sonst wird sich alles wiederholen.« Sie scheint vom Wiederholungszwang angetrieben, der sie dazu bringt, das Krankenhaus zu besuchen, immer wieder ins Museum zu gehen, sich immer wieder mit dem Entsetzen zu konfrontieren, ohne den inneren Zusammenhang sehen zu können, oder Liebschaften zu haben, in denen sie ihren früheren, verlorenen Geliebten wiederzufinden hofft. Etwas später erfahren wir, dass sie ihren Geliebten in Nevers während des Kriegs verloren hat. Als 18-Jährige hatte sie eine geheime Liebesbeziehung zu einem jungen deutschen Soldaten. Sie waren verliebt, sie waren glücklich in Nevers und haben Pläne gemacht, gemeinsam wegzugehen nach Bayern. Als er an einem Treffpunkt auf sie wartete, wurde er aus dem Hinterhalt erschossen. Er starb in ihren Armen und sie konnte ihn nicht alleine sterben lassen, sondern versuchte, solange mit ihm in Verbindung zu bleiben, bis er tot war. Dort wurde sie bei ihm von der Befreiungsarmee gefunden. Die Psychoanalytikerin Marion Oliner »nimmt an, dass schwere Traumatisierungen abgespalten von den normalen Erinnerungen registriert werden, aber die nackte Realität dieser Erinnerungen werde [...] vor allem als Abwehr gegen Schuldgefühle genutzt« (Bohleber 2000, S. 832). Die Französin hat Gewissensbisse, da sie sich mit ihrem Geliebten an dem Platz, an dem er gestorben ist, treffen wollte. Als Kollaborateurin ist sie dann geschoren und durchs Dorf getrieben worden, was sie innerlich nicht mehr spürte, denn der Schock des Verlusts saß tief. Wie von Sinnen schreiend, kehrt sie zu ihrem Elternhaus zurück und wird später von ihren Eltern, die sie totgesagt haben, im Keller versteckt.

Diese Geschichte rekonstruiert sich im Laufe des Films. Mit einer monotonen Stimme wiederholt die Französin zu Beginn des Films immer wieder die gleichen Worte. Sie spricht in Halbsätzen, als ob innere Verbindungen durch das Trauma abgerissen seien und ihr Inneres fragmentiert sei. Viermal ist die Französin in Hiroshima im Museum gewesen und hat sich die entsetzlichen Bilder der verletzten Menschen nach der Atomkatastrophe angesehen. Wir können vermuten, dass sie noch viel öfter dorthin gegangen ist. Sie ist im depressiven Affekt der unbewältigten Trauer um das verlorene Objekt gefangen und versucht immer wieder, in den Bildern von Hiroshima eine Verbindung zu ihrem persönlichen Trauma zu finden. Man könnte dies als Versuch erklären, etwas integrieren zu wollen, was bisher nicht symbolisiert werden konnte. Der Psychoanalytiker Cooper definiert das psychische Trauma folgendermaßen:

> »Ein psychisches Trauma ist ein Ereignis, das die Fähigkeit des Ichs, für ein minimales Gefühl der Sicherheit und integrativen Vollständigkeit zu sorgen, abrupt überwältigt und zu einer überwältigenden Angst oder Hilflosigkeit führt oder dazu führt, dass diese droht, und es bewirkt eine dauerhafte Veränderung der psychischen Organisation« (Cooper 1986, S. 44, zitiert nach Bohleber 2000, S. 830).

Dennoch sind die seelischen Auswirkungen eines psychischen Traumas nicht als absolut zu verstehen. Sie sind immer wieder an die Ressourcen, den inneren Entwicklungsstand, die Ich-Stärke des Einzelnen gebunden.

Der Japaner greift den Sprachstil der Frau auf und antwortet immer wieder monoton und wiederholend, sie habe nichts gesehen in Hiroshima. Es wirkt wie ein Mantra, beruhigend und gleichzeitig herausfordernd. Der Japaner ist für die Frau exotisch und fremd, damit rückt er in die Nähe des früheren Geliebten, des jungen Deutschen. Beide Männer sind mit dem Tod behaftet. Der Deutsche ist von Widerständlern erschossen worden, der Japaner hat seine Familie in Hiroshima bei der Atombombenexplosion verloren. So entsteht eine Verschmelzung in der Liebe, die mit dem Tod belastet ist – oder in der Liebe zum Tod eine Erotisierung des Verlusts. Die Französin ist identifiziert mit dem Objekt ihrer Trauer. Dadurch wird die Trauer unmöglich gemacht und die Heldin verwandelt sich nach Krysteva »in eine von einem lebenden Leichnam bewohnte Krypta« (2007, S. 241). »Vor Liebe gestorben in Nevers«, sagt die Französin von sich und bringt so ihr Gebundensein am verlorenen Liebesobjekt zum Ausdruck. Duras schreibt: »Daß er tot ist, hindert nicht, dass sie ihn begehrt« und lässt die Französin sagen: »Ich vermochte nicht mehr den geringsten Unterschied zu erkennen zwischen seinem Körper und dem meinen. Ich vermochte zwischen seinem Körper und dem meinen nur mehr eine schreiende Ähnlichkeit zu sehen« (Duras 1973, S. 861). Der Tod des Geliebten stellte für sie ein plötzliches, überraschendes Erlebnis dar, das sie überwältigt hat. Die Schuldgefühle, durch ihre Liebe für seinen Tod verantwortlich zu sein, lassen ihn in ihr weiterleben. Sie scheint in einem inneren Dialog mit ihm gefangen zu sein, was auf eine Negation seines Todes verweist und zur Abwehr der Schuldgefühle dient. Das alles kann sie nicht in eine Narration binden. Das Trauma wird zu einem inneren Loch, d. h. das Trauma wird aus dem Bewusstsein abgespalten. Ihre Wut und Trauer kann sie nur noch durch einen Aufschrei zum Ausdruck bringen, der für die emotionale Überwältigung steht. Der Schrei entsetzt die Eltern. Sie wird daraufhin in den Keller gesperrt. Sie verliert nicht nur den Geliebten, sondern auch ihre vertraute Heimat, die sich wandelt von dem Ort, an dem sie aufwuchs und lesen lernte, zu einem Ort, der zu einem Gefängnis wurde, sie musste sich in dem Keller verstecken. Dieser Umstand kann auch als psychischer Zusammenbruch verstanden werden – die Zeit im Keller, in der sie sich die Finger blutig kratzte, um über den Geschmack des Blutes wieder eine Erinnerung an den Geliebten zu bekommen. Das selbstverletzende Verhalten reguliert die starken Verlustgefühle. Sie ist in ihrem Schmerz gefangen. Der Verlust macht sie hasserfüllt und boshaft, sie spuckt ihre Mutter im Keller an, als diese ihr sagt, dass sie 20 Jahre alt geworden sei. Im Trauma verstummt das innere gute Objekt als empathischer Vermittler zwischen Selbst und Umwelt, das früher einmal die Mutter war. Das internalisierte, gute innere Objekt ist nun beschädigt. Sie flüchtet in einen Kokon des Schmerzes.

Der Französin und dem Japaner bleiben nur noch einige Stunden Zeit, denn am nächsten Vormittag fliegt sie wieder nach Paris zu ihrer Familie. Sie ziehen durch das nächtliche Hiroshima und finden ein Café. Immer wieder fragt der Japaner sanft und ruhig nach Nevers, sie will ausweichen, aber er bleibt beharrlich. Der Japaner als exotischer Geliebter verschmilzt mit der Erinnerung an den früheren Geliebten, der auch aus einem anderen Land stammte. Langsam setzt sich die Erinnerung wieder zusammen und die Französin rekonstruiert ihre Geschichte. Immer wieder fragt er nach, spricht in der Ich-Form und geht darauf ein, dass die Französin in ihm den verlorenen Geliebten sieht und sich damit wieder erinnert. Sie findet Worte für ihre Geschichte, die sie erzählt und die sie bisher noch nicht einmal ihrem Mann erzählen konnte. Sie durchlebt die Katastrophe noch einmal, mit heftigen Affekten der Trauer, der Verzweiflung. Sie hat ihren Geliebten verloren und sie hat Nevers verloren, den Ort, an dem sie aufgewachsen ist. Vorsichtig kann sie Gefühle für die Heimat und ihre Sehnsucht an die Loire mit ihrem geheimnisvollen Licht zulassen. Denn Nevers war der Ort ihrer Kindheit und Jugend, an dem sie lesen gelernt und gelebt hat. Das Schreckliche verbindet sich mit früheren guten Erfahrungen und kann nebeneinander existieren wie das Paradox Hiroshima und die Liebesgeschichte mit dem Japaner. Der Japaner führt sie immer weiter in ihre eigene Geschichte hinein, an die sie sich mit seiner Hilfe erinnern kann, da er das verlorene Liebesobjekt verkörpert. Die Französin überwindet ihre Sprachlosigkeit und das Festhalten des verlorenen Objektes in der Erinnerung an das verleugnete Geschehen. Dabei bleibt der Mann immer in ihrer Nähe, engagiert und offenbar innerlich stark an ihrer Geschichte beteiligt. Wahrscheinlich ist er selbst traumatisiert und nach dem Verlust seiner Familie durch die Atombombe genauso von inneren Schuldgefühlen geplagt wie die schöne, fremde Frau. Stellvertretend kann er in der Geschichte der Französin sein eigenes, unbewältigtes Trauma durchleben.

Traumata, die allgemein unter dem Begriff »man made desasters« gefasst werden, wie Holocaust, Krieg, ethnische Verfolgung und Folter zielen auf die Zerstörung der geschichtlich-sozialen Existenz des Einzelnen. Zur Überwindung des Traumas bedarf es eines gesellschaftlichen Diskurses über die historische Wahrheit des traumatischen Geschehens. Diese Anerkennung der historischen Wahrheit von einem traumatisierenden Ereignis findet sie in Hiroshima, in den Museen, den Krankenhäusern und auf der Demonstration. Ihre persönliche Geschichte bringt sie mithilfe des Japaners in eine Narration.

»Erst in Gegenwart eines empathischen Zuhörers können die Fragmente zu einem Narrativ zusammenwachsen und die Geschichte bezeugt werden. Durch die Erzählung wird Distanz geschaffen« (Bohleber 2000, S. 821).

Wir sehen, wie sie sich erinnert, dargestellt in Rückblenden, wie sie jung und glücklich zu den geheimen Treffen mit ihrem Geliebten läuft. Über die Erinnerung kann sie Kontakt zu ihrer eigenen Geschichte bekommen, in der Nevers nicht nur ein Ort des Schreckens ist, sondern auch ein Teil von ihr selbst, der mit positiven Erinnerungen verbunden ist. Der Französin gelingt es, die Verzweiflung zu durchschreiten und in dem Trauerprozess ihre Geschichte zu rekonstruieren, diese damit in eine Narration zu fassen und darüber verlorene innere Verbindungen wiederherzustellen, wie in einem therapeutischen Prozess. Der Japaner wirkt dabei wie ein Begleiter, ein Therapeut, der durch sein wirkliches Interesse an ihrem Schicksal einen Weg eröffnet, die schwere Vergangenheit in die Lebensgeschichte zu integrieren.

Literatur

Bohleber, Werner (2000): Die Entwicklung der Traumatheorie in der Psychoanalyse. Psyche – Z Psychoanal 9/10 2000, 797–839. Stuttgart (Klett-Cotta).

Duras, Marguerite (1973): Hiroshima mon amour. Frankfurt (Suhrkamp).

Kristeva, Julia (2007): Schwarze Sonne Depression. Frankfurt (Brandes & Apsel).

La vita è bella

ITALIEN 1997, 116 MIN.
REGIE: ROBERTO BENIGNI
HAUPTDARSTELLER: ROBERTO BENIGNI, NICOLETTA BRASCHI,
HORST BUCHHOLZ

Thomas Auchter

Vor dem Hintergrund von Faschismus und Antisemitismus in Italien erzählt Roberto Benignis 1997 entstandener Film *La vita è bella (Das Leben ist schön)* die Geschichte von Guido und Dora, eine im ersten Teil komisch-märchenhafte Liebesgeschichte, die sich im zweiten Teil zur Tragödie wendet, als der Jude Guido und sein kleiner Sohn Giosué in ein Konzentrationslager deportiert werden. Dora, die keine Jüdin ist, folgt ihnen aus Liebe freiwillig.

Schon der Titel des Filmes ist paradox. Denn Roberto Benigni zeigt im zweiten Teil seines Films, dessen Schöpfer, Regisseur und Hauptdarsteller er ist, das Sterben – und das Überleben – in einem fiktiven nationalsozialistischen Konzentrationslager in Italien. Der Vater Guido versucht, seinem Sohn Giosué die Hoffnung und das Leben durch eine (humorvolle) Wirklichkeitsumdeutung der traumatisierenden Grausamkeit des Konzentrationslagers zu bewahren. In seiner surrealen Tragikomödie gelingt Benigni eine Annäherung an das Entsetzliche, für das es eigentlich keine angemessenen Bilder gibt.

Der Vater von Roberto Benigni hat zwei Jahre in einem deutschen Kriegsgefangenenlager verbracht. Roberto Benigni selbst wird 1952 in dem italienischen Dorf Misericordia in der Nähe der Stadt Arezzo geboren.

Neben drei Oskars 1999 für den besten fremdsprachigen Film, die beste Musik und den besten Hauptdarsteller erhält der Film eine Fülle von nationalen und internationalen Auszeichnungen.

Als der Film 1998 uraufgeführt wird, erhebt sich sogleich eine heftige publizistische Debatte darum, ob Holocaust und Humor miteinander vereinbar seien.

Theodor Adorno hatte über 40 Jahre zuvor, 1951, in seinen *Minima Moralia* jede künstlerische Auseinandersetzung mit der Shoah strikt ausgeschlossen: Nach Auschwitz ein Gedicht zu schreiben, sei barbarisch. Die Shoah ist eine menschliche Erfahrung, vor der jegliches Wort und jegliches Bild immer schon fehlgehen müssen. »Je mehr ich darüber nachdenke, umso mehr wird mir klar, dass es unmöglich ist – jedenfalls für mich –, das Leben in Auschwitz zu beschreiben«, formuliert die Auschwitz-Überlebende Anita Lasker-Wallfisch (1996, S. 135). »BELSEN ist im wahrsten Sinne des Wortes unbeschreiblich« (1996, S. 149). »Es gibt keine Worte, die auch nur annähernd dem Wahnsinn der damaligen Zeit nahe kommen können … [Es] verbleibt immer ein unantastbares Gebiet, das der Alleinbesitz derer ist, die auf unerklärliche Weise verschont geblieben sind« (1996, S. 219). Und Ruth Elias (1988, S. 7), eine Überlebende des Konzentrationslagers Theresienstadt, schreibt entsprechend: »Es verfolgt mich, es hat seine tiefen Spuren hinterlassen. Ich kann es nicht loswerden. Ich kann dieses Gefühl niemandem, welcher nicht selbst durch diese Hölle gegangen ist, schildern, denn niemand kann dieses Unverständliche verstehen.«

Roberto Benigni versucht einen Zugang zu diesem Unsäglichen über den noch schwierigeren Weg der Komödie, des Humors. Vielleicht kann man nur auf dem Wege der Fabel, des Märchens, des Spiels versuchen, sich dem unvorstellbaren und undarstellbaren Grauen, das sich weder in Bilder noch in Worte fassen lässt, anzunähern, um das unerträgliche schreckliche Wissen und die furchtbare Wahrheit überhaupt aushalten zu können, ohne traumatisiert zu werden? Konsequent bleibt das filmische Konzentrationslager – trotz optischen Anknüpfungen an reale Orte – »offensichtlich« eine Theaterkulisse aus Pappmaché. Und wir wissen – wenn wir wissen wollen –, dass das im Film Gezeigte nur ein blasses Abbild der wirklichen Gräuel der Konzentrations- und Vernichtungslager ist. Benigni gibt uns die Möglichkeit und regt uns an, die im Film »angedeuteten« Bilder, entsprechend unserem Wissen und unserem Wissenwollen, zu eigenen Vorstellungen zu verdichten.

Der ungarische Auschwitz-Überlebende und Schriftsteller Imre Kertész, der mehrere Bücher über seine Leidenszeit im Konzentrationslager Auschwitz veröffentlicht hat, schreibt 1998 in der ZEIT zu dem Film: »Der Geist, die Seele dieses Films sind authentisch, dieser Film berührt uns mit der Kraft des ältesten Zaubers, des Märchens. Die Dramaturgie des Films funktioniert mit der einfachen Genauigkeit guter Tragödien.«

Die italienische Originalversion von *La vita è bella* und seine deutsche Fassung unterscheiden sich in einem wesentlichen Punkt, den ich hier erwähnen möchte[1]. Die Originalversion beginnt mit einem bildlichen Vorgriff (im Nebel auf den Leichenberg) und einem gesprochenen Prolog, der in der Übersetzung von Pia Bowinkelmann (2001a) lautet: »Dies ist eine einfache Geschichte und doch ist es nicht einfach, sie zu erzählen. Wie in einer Fabel gibt es Schmerz und wie in einer Fabel ist sie voller Wunder und Glück«. Zudem taucht gleich anfangs eine Schriftzeile auf: »Arezzo, Italy 1938«. Am Ende der italienischen Version wird deutlich, wem die Erzählerstimme gehört, nämlich dem erwachsenen Giosué, der sagt: »Dies ist meine Geschichte. Dies ist das Opfer, das mein Vater gebracht hat. Das ist sein Geschenk für mich gewesen.«

Dieser Rahmen, der in der deutschen Version des Films fehlt, erlaubt dem Zuschauer von Beginn an eine Einstimmung und Einordnung des Gesehenen und Gehörten auf der Gratwanderung zwischen Tragik und Komik. Dagegen pointiert die deutsche – verstümmelte – Fassung unvermittelter den Kontrast zwischen Komik im ersten und Tragik im zweiten Teil des Filmes. Die deutsche Version verzichtet darüber hinaus auf jeglichen Bezug zur Gegenwart und das Weiterwirken der traumatischen Erfahrungen (vgl. Pia Bowinkelmann 2001b). Über diese Auslassung kann man sich seine Gedanken machen.

Der meinem Empfinden nach kitschige, rührselige, harmonisierende, hollywoodreife Schluss des Filmes mit dem grinsenden amerikanischen Soldaten ist das Einzige, was mir an ihm nicht gefällt. Vielleicht meinte Benigni, dem Zuschauer ein offeneres Ende – anstelle der Mutter-Kind-Harmonie – nicht zumuten zu können? Bei mir hätte der Film in dem Moment geendet, als Giosué aus seinem Versteck kommt und der amerikanische Panzer um die Ecke biegt. Denn in der Perspektive des »Spiels«, das Guido erfindet, um seinen Sohn Giosué vor der Vernichtung zu bewahren, ist ja der »echte« Panzer der versprochene (Überlebens-)Preis für den Sieger.

»Tragikomödie« ist für diesen Film die absolut treffende Bezeichnung. Gekonnt balanciert Benigni zwischen Lachen und Weinen, die Gratwanderung zwischen beiden gelingt ihm meisterhaft. Benigni treibt mit dem Entsetzen Scherz, aber er verharmlost es an keiner Stelle, sondern arbeitet es durch den Kontrast zwischen Komik und Tragik nur umso deutlicher heraus. Auch wenn uns der Film in vielen Szenen zum Lachen bringt, löscht er das Grauen nicht

1 Ich verdanke diesen Hinweis Pia Bowinkelmann aus einer gemeinsamen Tagung zu dem Film 2001.

aus. Und immer wieder bleibt uns das Lachen im Halse stecken, den Film begleitet ein ständiger bitterer Beigeschmack. Der Film zieht seine Spannung immer wieder aus den humorvoll inszenierten Situationen und den »Geschichten« Guidos im Konzentrationslager und dem Wissen des Betrachters um die unvorstellbar grausame »Realität« der Shoah, die dahintersteht.

Der Film erschüttert im eigentlichen Sinne des Wortes. In beiden Vorführungen im Kino, die ich seinerzeit besuchte, begannen Menschen zu weinen.

Als Antithese gegen das traumatisierende, unvorstellbare und undarstellbare Grauen setzt Benigni die Kraft der Fantasie, die Macht des »Spiels« und vor allem die Stärke des Humors.

Gestatten Sie mir daher zunächst einige wenige psychologische Überlegungen zur Funktion des Humors im seelischen Leben.

Nach Friedrich Nietzsche ist der Mensch das einzige Tier, das lachen kann[2]. »Vielleicht weiß ich am besten, warum der Mensch lacht«, schreibt Nietzsche (zit.n. Thielicke 1974, S. 92; vgl. Critchley 2004, S. 111), »er allein leidet so tief, dass er das Lachen erfinden musste«. Vielleicht sprechen wir deswegen auch – ich lebe in Aachen, wo jedes Jahr der entsprechende Orden verliehen wird – vom *tierischen Ernst*. Durch die Abfuhr vordem gehemmter Regungen, Impulse und Affekte können Lachen und Weinen[3] innere Spannungen lösen – auch körperlich ist die Lockerung der Muskulatur nachzuweisen –, sie können so von einer seelischen Belastung befreien (– das wäre die »Entlastungstheorie« des Humors). Der evangelische Theologe Helmut Thielicke (1974, S. 27) vermerkt: »Der Humor […] ist ein Sicherheitsventil für den Überdruck dessen, was zu bewältigen ist und was man sonst in sich ›hineinfressen‹ müsste […]. Ein Ventil also für *das* Unterdrückte – und für *die* Unterdrückten.«

Eine recht verbreitete Definition für Humor lautet: »Humor ist, wenn man trotzdem lacht.« Sie stammt ursprünglich von dem Schriftsteller Otto Julius Bierbaum (zit.n. Titze/Eschenröder 1998, S. 12). Das »trotzdem« in

2 Ein Gedanke, der schon bei Aristoteles auftaucht (vgl. Seibt 2002, S. 753; Helmstetter 2002, S. 764; Critchley 2004, S. 37).

3 Die Formulierung »Tränen lachen« verdichtet die Nähe der beiden (eigentlich kontradiktorischen) Affekte. Wir fühlen uns an Freuds (1910e) »Gegensinn der Urworte« erinnert, in der er in der ägyptischen, lateinischen und anderen Sprachen auf Worte verweist, die entgegengesetzte Bedeutungen in sich vereinen. In den Therapien begegnet uns nicht selten der Abwehrmechanismus der *Verkehrung ins Gegenteil*: der Patient lacht, um nicht weinen zu müssen.

Bierbaums Definition weist darauf hin, dass die Wurzeln des Humors in einer ganz gegenteiligen Erfahrung stecken. Humor erwächst aus widrigen Situationen, in denen zuerst unlustvolle Gefühle erweckt werden; in welchen Veranlassung besteht, Schmerz zu empfinden, zu leiden, sich zu erschrecken, sich zu grausen, sich zu ärgern, zu klagen oder vielleicht zu verzweifeln. »Auch beim Lachen kann das Herz voll Gram sein«, heißt es in der Weisheit der Bibel (Sprüche 14, 13). Wir reden entsprechend ja auch vom »schwarzen Humor«. Und Sigmund Freud, der Begründer der Psychoanalyse, stellt sicher nicht zufällig an den Beginn seiner kleinen wissenschaftlichen Arbeit über den *Humor* (Freud 1927d, S. 383; vgl. 1905c, S. 261) ein Beispiel von Galgenhumor: Sagt der »Delinquent, der am Montag zum Galgen geführt wird: ›Na, die Woche fängt aber gut an‹«.

Im Hintergrund des Humors stehen also die menschlichen Leidensmöglichkeiten, oder wie Charlie Chaplin es einmal poetisch ausgedrückt hat: »Auf dem Grunde des Lächelns schwimmt eine Träne.« Wenn die Not am größten ist, dann schlägt die Stunde der Komödianten[4]. »Wir lachen aus verwandeltem Schmerz«, schreibt der Schriftsteller Wilhelm Genazino (2004, S. 176).

Der Humor charakterisiert den Umgang mit dem Tragischen und Widrigen einer leidbereitenden Welt, die aber nicht als überwältigend und unüberwindlich erscheint, sondern als notwendige und unvermeidliche Größe, die einen weder umwirft, noch aus der Fassung geraten lässt. Der Ursprung des Humors liegt zunächst in einer Bedrohung, ihre innere Bearbeitung führt zu einer Bewältigung von Veränderbarem oder einer Akzeptanz von Unveränderbarem und damit zu einer Entspannung, die sich dann in einem befreiten Lachen äußern kann. Humor hat nach dem Psychoanalytiker Roy Schafer (1972, S. 886) etwas mit der Zuversicht zu tun,

> »dass kein Dilemma so groß ist, dass es nicht gelöst werden könnte, kein Hindernis unverrückbar, dass es Mühe und guter Absicht widerstände, kein Schaden so vollständig und so tief, dass er nicht wieder gutzumachen sei, kein Leiden so schwer, dass es nicht gelindert werden und kein Verlust so endgültig, dass er nicht ungeschehen gemacht oder ausgeglichen werden könnte«.

4 Für den Philosophen und Kulturanthropologen Helmuth Plessner (1941) resultiert das Lachen aus »Grenzlagen« und »Krisensituationen«, wenn wir mit etwas »eigentlich nicht fertig werden« (zit. n. Genazino 2004, S. 135ff.).

Helmut Thielicke (1974, S. 77ff.) bezeichnet diese Art des Humors deshalb auch als den »tragischen Humor«. Der britische Philosoph Simon Critchley (2004, S. 125) spricht vom »goldenen Lachen tragischer Bejahung«. Dieser Humor überspielt die beängstigende und schmerzhafte Realität, indem er so tut, als ob sie nicht existiere (vgl. Thielicke 1974, S. 86). Er entwindet sich also der Bedrohung durch das Schicksal, »indem er sich in die Distanz des Spieles begibt« (Thielicke 1974, S. 92). Die Realität, die Welt, das Leiden und der Tod lassen sich natürlich nicht wirklich überwinden. Es geht, wie Helmut Thielicke (1974, S. 93) formuliert, »immer um eine gespielte Weltüberwindung«. Die humorvolle Einstellung geht jedoch damit um, als wolle sie sagen: »Sieh her, das ist nun die Welt, die so gefährlich aussieht, ein Kinderspiel, gerade gut genug, einen Scherz darüber zu machen!«, so Sigmund Freud (1927d, S. 389). Genau diese Position verkörpert Guido im Film. Der Humor dient somit einer Relativierung von Leiden (– das wäre die »Relativitätstheorie« des Humors).

Der Humor dient dem Menschen nach dem Psychoanalytiker Heinz Kohut (1975, S. 163), selbst als Jude aus Deutschland vertrieben, im Letzten der innerlichen Meisterung, die »Erkenntnis seiner Endlichkeit im Prinzip und selbst seines bevorstehenden Endes zu ertragen«. Der Humor erlaubt uns, »den Tod ins Auge zu fassen, ohne zu Verleugnung greifen zu müssen […]. Die tiefsten Formen des Humors […] bieten daher nicht ein Bild von Größenideen und Hochstimmung, sondern das eines ruhigen inneren Triumphes mit einer Beimischung unverleugneter Melancholie« (Kohut 1975, S. 163f.).

Narren sind weise, Toren sind dumm und einfältig. Narren gab es zu allen historischen Zeiten unter den verschiedensten Namen. »Lachenmachen ist eines der ältesten Gewerbe der Welt« (Helmstetter 2002, S. 772). Schon in den ägyptischen Grabkammern finden wir Darstellungen von Gauklern und Narren (vgl. Dietl 1967, S. 81). Bei den Griechen wurden Mimusspiele aufgeführt, bei den Römern Atellanenspiele. Die Atellanen waren die »Schildbürger« Roms.

»Der große Clown karikiert das typisch und ewig Menschliche« (Grotjahn 1974, S. 104), und dazu gehört natürlich auch der Tod. Vor allem in der Gestalt des »weißen Clowns« – unvergesslich seine Darstellung durch Jean-Louis Barrault in dem Film *Die Kinder des Olymp* (Marcel Carné 1943) – wird der Clown zum Todessymbol. »Sein Schweigen und seine Maske, so verbreitet und beliebt bei Clowns, sind Todessymbole; sie erinnern uns an die bleiche Farbe der Skelette oder an den Totenkopf« (Grotjahn 1974, S. 104). Sein Kostüm repräsentiert das weiße Hemd, die weiße Weste, die wir in der Wiege tragen und in unserem Sarg, unser Totenhemd. Der Clown verkörpert »die Traurigkeit aller Dinge und repräsentiert in der Person des tragischen, wahrhaft großen Clowns schließlich auch den Tod«, so der Psychoanalytiker Martin Grotjahn (1974, S. 211), ebenfalls von den Nazis aus Deutschland vertrieben.

Humor und Witz können auch eine subversive Funktion übernehmen. »Subversiv ist [...] die elementare Botschaft des Komischen: Keine Ordnung ist zwingend, schlüssig, endgültig« (Maase 2002, S. 880). »Der Humor hat immer etwas Anarchisches« (Genazino 2005). »Deshalb kann der [politische] Witz eine Waffe gegen Machthaber werden« (Gay 1992, S. 19; vgl. Bender 2002). Nichts fürchten autoritäre Regime oder Diktatoren mehr als den politischen Witz. Im Laufe der Geschichte haben viele weise Menschen ihre schwierigen Wahrheiten in Humor, Witz, Persiflage und Parodie verpackt. Ich erwähne nur exemplarisch: die *Komödien* des Aristophanes, Dante Alighieris *Göttliche Komödie*, das *Lob der Torheit* von Erasmus von Rotterdam, *Don Quijote de la Mancha* von Miguel de Cervantes, Heinrich Bölls *Ansichten eines Clowns* und die *Blechtrommel* von Günter Grass.

Für die subversive Funktion des Humors finden wir viele Beispiele in *Das Leben ist schön*. Wir lachen über die Bloßstellung der Mächtigen, schon in der Szene der Einfahrt mit dem Auto in das Spalier der Zuschauer am Straßenrand oder dem Blumentopf und den verschiedenen Eiern auf dem Kopf des faschistischen Verlobten von Dora. Oder wenn der Möbelhändler seine Söhne – dem Zeitgeist entsprechend politisch korrekt – Benito und Adolpho nennt und anschließend Benito zurechtweist. Oder wenn Guido in der Schule anhand von Knie und Bauchnabel die Überlegenheit der arischen Rasse demonstriert. Und wir wissen, dass die tatsächlichen »wissenschaftlichen« oder z. B. »medizinischen« Erklärungen über die Rassenunterschiede der damaligen Zeit – aus heutiger Perspektive – ebenso absurd und damit Realsatire waren. Sie brauchen sich dazu nur die »großen arischen Gestalten« Adolf Hitler, den dicken Heinrich Himmler oder den kleingewachsenen, geifernden Josef Goebbels vor Augen zu führen. Den faschistischen Größenwahn nimmt Benigni schon mit der Einfahrt der Honoratioren in das Dorf auf die Schippe: Die »große« Frau mit dem überdimensionierten Hut und daneben das lächerliche kleine »Männchen« in ordenübersäter Uniform. Lächerlich macht Benigni auch die Lagermächtigen, indem er ihre auf Deutsch gebrüllten Regeln für das Lager in Spielregeln für seinen Sohn Giosué »übersetzt«.

Das Wesentliche der griechischen Tragödien und Komödien besteht in der »Katharsis«, d.h. einer Art seelischer Reinigung durch Einfühlung in und Identifikation mit den Protagonisten und einem kathartischen Ausdrücken der Gefühle, einem »Tun als ob«. Dieses Gefühl von Katharsis können wir in guten Theaterstücken, Filmen, Büchern und Konzerten erleben, und ebenso bei Humor, Witz und Komik (– das wäre die »Katharsistheorie« des Humors). Der Film erlaubt uns eine »distanzierte Identifikation« mit den Opfern und den Tätern, die aus unserem deutschen Volk stammen.

Das Leben ist schön ist jedoch meines Erachtens primär überhaupt kein Film über den Holocaust, es geht um etwas ganz anderes. Der Film ist ein Plädoyer für das (Über-)Leben, für Liebe, Hoffnung und Humanität angesichts total lebensfeindlicher, hasserfüllter, hoffnungsloser und unmenschlicher, traumatisierender Zustände. *Das Leben ist schön* spricht von der Kraft der Illusion und der über-lebens-notwendigen Macht des Spiels. »Das Gelächter ist der Hoffnung letzte Waffe«, vermerkt der britische Theologe Harvey Cox (1972).

Die Filmkritik vergleicht *Das Leben ist schön* mit den Filmen *Der große Diktator* (Charlie Chaplin), *Sein oder Nichtsein* (Ernst Lubitsch), *Jakob, der Lügner* (Jurek Becker/Frank Beyer), oder *Zug des Lebens* (Radu Mihaileanu). In allen diesen Filmen geht es um die lebens- und hoffnungsspendende Macht der Illusion, der Täuschung, des Märchens, des Spiels.

Guido versucht, seinem Sohn durch die konsequente Wirklichkeitsumdeutung eine Weiterführung seiner Spiele im Frieden (Panzer, Verstecken im Nachtkasten, Weigerung, zu duschen) in die furchtbare Realität des Konzentrationslagers zu ermöglichen. Und er rettet damit letztlich erfolgreich das Leben von Giosué, während er selbst jedoch nicht überlebt. Der Film beschwört einerseits die dem Trauma entgegengesetzte Kraft des Traumes, aber warnt andererseits zugleich vor einer Flucht ins Träumen. »Wacht auf, – denn eure Träume sind schlecht« dichtete einst der Schriftsteller Günther Eich (1953).

Der Film macht auch andere wichtige Zusammenhänge deutlich. Die Täter – zumindest die unteren Chargen – sind keine sadistischen Monster, sondern ganz normale Menschen. Die Soldaten und Aufseher verrichten ihre Aufgaben mit deutscher Gründlichkeit, sie funktionieren einfach. Sie haben die Individualität ihres eigenen Denkens und Fühlens aufgegeben und sind zu einem willenlosen Werkzeug der Machthaber geworden.

Der Film beschwört nicht die laute Opposition, nicht den offenen Widerstand, sondern die leise Variante der Verweigerung, des Nicht-Aufgebens, der

Bewahrung der Integrität und Individualität und des Triumphs des Überlebenden – zumindest in der Person von Giosué.

Guidos Onkel bewahrt bis zum bitteren Ende gegen die »Barbaren« die Würde seiner Kultiviertheit und seines Humanismus, indem er noch kurz vor seiner bevorstehenden Vergasung die Aufseherin, die stolpert, auffängt und besorgt und höflich fragt, ob sie sich verletzt habe. Sie schaut ihn nur kalt und schweigend an. Auch als Guido den ungehobelten deutschen SS-Besucherkindern im Lager das italienische *Gracie* beibringt – ein Geistesblitz, um seinen Sohn, dessen Identität aufzufliegen droht, zu retten –, beweist er indirekt die humane Überlegenheit der unterdrückten »Untermenschen«.

Die »Rätselspiele« des Dr. Lessing – der paradoxerweise den Namen des großen jüdischen Dichters und Humanisten Gotthold Ephraim Lessing trägt – pervertieren zum völlig inhumanen, »bösen Spiel«, als er im Konzentrationslager dem vollkommen fassungslosen Guido statt des erhofften Rettungsplans ein erneutes Rätsel präsentiert. An dessen Unlösbarkeit leidet Dr. Lessing angeblich so, wie in der Wirklichkeit der unter Todesangst stehende Guido. Guido wendet sich von dem Rätsel – dessen Lösung er selbst, »der Jude« ist – stumm ab. »Das Schweigen ist der lauteste Schrei«, hatte der Onkel nach dem Überfall in seinem Haus im ersten Teil des Films gesagt.

Der Film kommt uns dadurch nahe und rührt uns, dass wir immer wieder die furchtbare Wahrheit hinter Guidos »Geschichten«, die er seinem Sohn erzählt, wissen. Wir wissen zum Beispiel, dass die Ermordeten tatsächlich vorher und nachher ausgeschlachtet und ihre Körper oder Körperteile »verwertet« wurden. So bleibt uns unser Lachen immer wieder im Halse stecken.

Am berührendsten ist für mich die Szene, in der Guido im Konzentrationslager auf dem Plattenspieler die *Bacarole* aus *Hoffmanns Erzählungen* auflegt, die an das frühere Glücksmoment zwischen Guido und Dora bei der Aufführung im Theater erinnert. Die Melodie sucht sich, verfolgt von der Kamera, ihren Weg durch Nacht und Nebel ins Frauenlager zu Dora. Die Kamera hält dann auf Doras tränenüberströmtes Gesicht, wohl ahnend, dass dies zugleich ein Lebens- und Liebeszeichen von Guido und der endgültige Abschied von ihm ist. Diese ergreifende, letzte, entfernte »Begegnung« von Guido und Dora und sein »Traum« vom gemeinsamen Frühstück werden jäh gegen den angedeuteten Leichenberg im Nebel geschnitten. Nur kurze Zeit später wird Guido bei seinem Versuch, als Frau verkleidet zu Dora zu gelangen, erschossen.

Bevor Sigmund Freud am 4. Juni 1938 nach vielen Repressalien gegen sich und seine Familienmitglieder das von den Deutschen okkupierte Österreich verlassen durfte, musste er den Nazis ein Dokument mit folgendem Wortlaut unterschreiben:

»Ich, Professor Freud, bestätige hiermit, dass ich nach dem Anschluss Österreichs an das Deutsche Reich von den deutschen Behörden und im besonderen von der Gestapo mit der meinem wissenschaftlichen Ruf gebührenden Achtung und Rücksicht behandelt wurde, dass ich meiner Tätigkeit ganz meinen Wünschen entsprechend frei nachgehen konnte und nicht den geringsten Grund zu einer Beschwerde habe.«

Freud fragt den Nazibeamten, der ihm das Papier vorlegt, ob er noch einen Satz hinzufügen dürfe. Mit sarkastischem Humor, der den SS-Männern glücklicherweise offenbar nicht bewusst wird, schreibt er darunter: »Ich kann die Gestapo jedermann aufs beste empfehlen« (nach dem Zeugnis seines Sohnes Martin Freud 1957, S. 217). Sigmund Freuds Schwestern Rosa, Mitzi, Dolfi und Paula dürfen nicht ausreisen und werden 1942 von den Nazis in Auschwitz, Treblinka und Theresienstadt umgebracht (vgl. Krüll 1979, S. 254f.).

Ist es nicht eigenartig, dass gerade die Menschen uns mit der Wahrheit konfrontieren oder konfrontieren dürfen, die von Berufs wegen eine Maske tragen oder in einem Kostüm herumlaufen, wie Clowns, Schauspieler oder literarische Figuren? Können wir vielleicht die Wahrheit nur oder leichter aushalten, wenn sie »verkleidet« ist? Diese Menschen »machen uns etwas vor«, das wahrer ist als unsere alltäglichen Täuschungen und Selbsttäuschungen, die wir »Wahrheit« zu nennen pflegen. Sie halten uns den »Narrenspiegel« – bisweilen auch einen Zerrspiegel –, vor, der die Dinge so vergrößert, verkleinert oder verschärft, dass wir schließlich nicht mehr daran vorbeisehen können. Vielleicht sind wir Psychoanalytiker in diesem Sinne auch Narren und Clowns, wenn wir versuchen, mittels unserer »Spiegelfunktion« den Menschen, die uns aufsuchen, zu »etwas mehr Wahrhaftigkeit und Aufrichtigkeit« (Freud 1915b, S. 340) gegenüber sich selbst zu verhelfen.

Die Wahrheit, mit der Kinder und Narren uns konfrontieren, ist die Wahrheit unserer begrenzten Welt und unseres begrenzten Lebens, unseres Fehlens, unserer Unvollkommenheiten und unseres letztlichen Sterbenmüssens. »Das Lachen […] bezieht sich in der Regel […] auf unser Ungeschick. Es meint immer einen Mangel«, erklärt Wilhelm Genazino (2004, S. 182). Aber im Narrenspiegel erscheinen uns diese schmerzlichen und beängstigenden Wahrheiten nicht mehr nur als etwas »Tod-ernstes«. Der Humor bietet uns die Möglichkeit, uns emotional so zu distanzieren, dass wir uns darüber hinwegsetzen und die Angst überwinden können, indem wir uns darüber lustig machen. Der Humor schafft uns Möglichkeitsräume (Auchter 2004) jenseits des todernsten und vielleicht unerträglichen Realitätsprinzips (Rycroft 1974).

Literatur

Adorno, Theodor W. (1951): Minima Moralia. Frankfurt (Fischer).

Auchter, Thomas (2001): Erinnerung. Über den schwierigen Weg, sich der eigenen Vergangenheit anzunähern. In: Freie Assoziation 4, 209–228.

Auchter, Thomas (2004): Zur Psychoanalyse des Möglichkeitsraumes (Potential Space). In: Freie Assoziation 7, 37–58.

Auchter, Thomas (2006): »Das Gelächter ist der Hoffnung letzte Waffe« (H. Cox). Psychoanalytische und anthropologische Aspekte von Lachen, Humor, Komischem und Witz. In: Mauser, Wolfram & Pfeiffer, Joachim (Hg.): Jahrbuch für Literatur und Psychoanalyse, Bd. 25, S. 29–55.

Becker, Jurek (1969): Jakob, der Lügner. Berlin (Aufbau Verlag).

Bender, Peter (2002): So lachte der Osten. Über politische Witze. In: MERKUR 56, 854–859.

Bowinkelmann, Pia (2001a): »Das Leben ist schön« – Eine Geschichte zur Vernichtung der europäischen Juden. Unveröffentl. Manuskript.

Bowinkelmann, Pia (2001b): mdl. Mittlg.

Cox, Harvey (1972): Das Fest der Narren. Das Gelächter ist der Hoffnung letzte Waffe. Stuttgart/Berlin (Kreuz Verlag).

Critchley, Simon (2004): Über Humor. Wien (Turia + Kant), 2002.

Dietl, Ernst (1967): Clowns. München (Markus).

Elias, Ruth (1988): Die Hoffnung erhielt mich am Leben. München (C.H. Beck).

Freud, Martin (1957): Glory Reflected. Sigmund Freud – Man and Father. London (Angus and Robertson).

Freud, Sigmund (1905c): Der Witz und seine Beziehung zum Unbewussten. GW VI.

Freud, Sigmund (1910e): Über den Gegensinn der Urworte. GW VIII.

Freud, Sigmund (1915b): Zeitgemäßes über Krieg und Tod. GW X.

Freud, Sigmund (1927d): Der Humor. GW XIV.

Gay, Peter (1992): Einleitung. In: Freud, Sigmund: Der Witz und seine Beziehung zum Unbewussten. Der Humor. Frankfurt (Fischer), S. 7–22.

Genazino, Wilhelm (2004): Der gedehnte Blick. München/Wien (Hanser).

Genazino, Wilhelm (2005): Lesung auf der 29. Arbeitstagung Literatur und Psychoanalyse in Freiburg.

Grotjahn, Martin (1974): Vom Sinn des Lachens. Psychoanalytische Betrachtungen über den Witz, den Humor und das Komische. München (Kindler), 1957.

Helmstetter, Rudolf (2002): Vom Lachen der Tiere, der Kinder, der Götter, der Menschen und der Engel. In: MERKUR 56, 763–773.

Kohut, Heinz (1975): Die Zukunft der Psychoanalyse. Frankfurt (Suhrkamp).
Krüll, Marianne (1979): Freud und sein Vater. München (C.H. Beck).
Lasker-Wallfisch, Anita (1996): Ihr sollt die Wahrheit erben. Die Cellistin von Auschwitz. Erinnerungen. Frankfurt (Fischer).
Maase, Kaspar (2002): »Wer findet denn so etwas komisch?« Die Massen und ihr Lachen. In: MERKUR 56, 874–885.
Rycroft, Charles (1974): Jenseits des Realitätsprinzips. In: Psyche 28, 340–352.
Schafer, Roy (1972): Die psychoanalytische Anschauung der Realität I u. II. In: Psyche 26, 881–898 u. 952–973.
Seibt, Gustav (2002): Der Einspruch des Körpers. Philosophien des Lachens von Platon bis Plessner – und zurück. In: MERKUR 56, 751–762.
Thielicke, Helmuth (1974): Das Lachen der Heiligen und Narren. Freiburg (Herder).
Titze, Michael & Eschenröder, Christoph T. (1998): Therapeutischer Humor. Grundlagen und Anwendungen. Frankfurt (Fischer).

Geheime Staatsaffären

Frankreich 2006, 110 Min.
Regie: Claude Chabrol
Hauptdarsteller: Isabelle Huppert, Francois Berleand, Patrick Bruel

Sabine Wollnik

Claude Chabrol, nunmehr 76-jährig, hatte mit seinem 2006 erschienenen Film *Geheime Staatsaffären* nach längerer Zeit wieder einen Publikumserfolg. Ein Hinweis darauf, dass es ihm wieder – wie in den 70er Jahren – gelungen ist, Zeitströmungen in eine künstlerische, visuelle Form zu bringen, die das Publikum anspricht.

Er bleibt dabei seinem alten Thema treu, die Abgründe der bürgerlichen Gesellschaft aufzuzeigen. In dem Film *Geheime Staatsaffären* zeigt er korrupte Wirtschaftseliten, die sich durch Betrug und Machtmissbrauch außerhalb jeder gesellschaftlichen Ordnung stellen und die ohne Schuldgefühle die gesellschaftlichen Übereinkünfte stören. Durch ihre Gier und Willkür untergraben sie das Vertrauen der Menschen.

Der Film kam im Jahr 2006 in die Kinos. Die Ereignisse der letzten Jahre mit Finanz- und Wirtschaftskrise bestätigen, dass Chabrol ein Thema aufgenommen hat, das sozusagen in der Luft lag. Allerdings bewegt er sich auf der Ebene der gesellschaftlichen Abwehr. Er lenkt ab von den korrupten Eliten, stellt die Person der Untersuchungsrichterin in den Mittelpunkt des Films und zeigt deren Beziehungen zu den Protagonisten. Darin ähneln die Szenen denjenigen, die in Familien stattfinden, in denen ein Missbrauch aufgedeckt wird. Die Verantwortung wird häufig nicht bei den Tätern gesucht. Oft werden die Opfer oder diejenigen, die es wagen, die Verursacher der Traumatisierung anzugreifen, diffamiert. Warum spreche ich in diesem Fall von Traumatisierung? Ich glaube, die Verhältnisse sind ähnlich: Auf »Täterseite« sehen wir destruktiven Narzissmus; es werden ohne offensichtliche Scham-

und Schuldgefühle riesige Geldsummen öffentlicher Mittel veruntreut. Die korrupten Eliten haben sich aber nicht nur selbst bereichert, sondern ihre Geldmacht missbraucht, indem sie z.B. in Afrika massiv politisch interveniert haben, um ihre Wirtschaftsinteressen zu schützen und um Macht und Einfluss zu garantieren. Solche Interventionen entfachen Bürgerkriege und führen zum Tod vieler Menschen – etwas, das der Film nicht aufzeigt. Man kann aber davon ausgehen, dass dies als Hintergrundwissen zumindest in Frankreich präsent war, da der Fall über Jahre die Presse beschäftigt hat. Der Film nimmt auf, inwiefern die Öffentlichkeit solche Betrüge akzeptiert und die Macher dadurch stützt. So führen Verdrehungen und Abwertungen der Untersuchungsrichterin, wie sie der Film von Chabrol als Person darstellt, zu Verzerrungen der Verhältnisse und perpetuieren dadurch das Unrecht. Nebenbei zeigt der Film Diffamierungen des Weiblichen. Ein Charakterzug, der zu destruktiv narzisstischen Persönlichkeiten, Machtmissbrauch und Gier zu gehören scheint. Damit werden abhängige, sich nach Liebe und Zuwendung sehnende Anteile abgewehrt, die zuvor auf das Weibliche projiziert worden sind.

Ausgangspunkt von Chabrols Film *Geheime Staatsaffären* ist die »Elf-Aquitaine-Affäre« in Frankreich. Die französische Untersuchungsrichterin Eva Joly, die im Mittelpunkt von Chabrols Film steht – dort unter dem Namen Jeanne Charmant Killman –, war eine der Vorreiterinnen bei den Ermittlungen.

Chabrol scheint nicht so sehr an den äußeren Ereignissen interessiert zu sein – er inszeniert keinen Thriller, die Geschichte scheint ihm sogar etwas zu entgleiten –, sondern er rückt die Person der Untersuchungsrichterin in den Mittelpunkt seines Filmes und deren Beziehungen zu den männlichen Protagonisten.

Meine Interpretation zielt auf die Untersuchung ab, welche Fantasien und Ängste eine mächtige Frau weckt, die die Spitze der Gesellschaft angreift und der Korruption überführt. Vielleicht können wir durch den Film auch etwas über uns erfahren, wie wir Machtmissbrauch und die Gier der Eliten stützen. Die Abwehrbewegungen, die der Film verfolgt, entsprechen teilweise denjenigen in der französischen Öffentlichkeit, die durch die Medien vorgegeben worden sind.

Interpretation

Methode

Interpretiere ich einen Film, so bemühe ich mich, die psychoanalytische Methode zu finden, die am besten zu dem Untersuchungsgegenstand, also dem jeweiligen Film, passt.

Den Film *Geheime Staatsaffären* möchte ich betrachten wie einen künstlerisch gestalteten Traum, den der Regisseur Claude Chabrol träumt und uns zur Verfügung stellt, sodass wir ihn mitträumen können.

Welche Funktionen haben Träume und welche Bedeutung könnte der Film für uns, die Zuschauer, haben? Träume sind Verarbeitungsversuche, um die für das Seelenleben bedeutenden Tagesereignisse in unsere vorhandenen inneren Konzepte des Lebens zu integrieren, diese zu überprüfen und eventuell neu zu gestalten. Träume folgen aber auch Abwehrbewegungen. Unerträgliches wird in eine verdauliche, bekannte Form gebracht.

Warum fasse ich diesen Film wie einen künstlerisch gestalteten Traum auf? Chabrol selbst sagt, er befinde sich unterhalb der Realität. Sein Film enthält Elemente des Traumes, z.B. die Ansiedlung im Zwischenreich zwischen Fantasie und Realität. Auch der Traum nimmt Alltagsereignisse des Vortages auf, kann also Aspekte der äußeren Wirklichkeit zitieren. Dann bettet er diese in Erinnerungen, Fantasien, unsere Bewältigungs- und Abwehrbewegungen, eben in unser gestaltetes seelisches Innenleben ein und sucht nach Darstellung oder manches Mal auch Lösungen. Chabrol arbeitet mit Techniken, deren sich auch der Traum bedient, wie Verdichtung, Verschiebung – oft auf Nebenfelder – und symbolische Darstellung.

Thema

Es geht dem Regisseur weniger um die reale Geschichte oder um einen Thriller. Dann hätte er den Film anders konzipiert. Es geht ihm um etwas anderes, nämlich um die Figur der Untersuchungsrichterin und um ihre Beziehung zu verschiedenen männlichen Personen. Welche seelischen Verarbeitungsangebote macht er an die Zuschauer für das Phänomen einer Frau, einer Untersuchungsrichterin, die qua Amt durch ihren Mut und ihr Durchhaltevermögen eine der mächtigsten Frauen Frankreichs war; die die fünftwichtigste Person des Staates, Roland Dumas, zu Fall brachte; die den Gotha der Hochfinanz dezimierte, wie es zwei Journalisten in ihrem Buch beschreiben; die Spitzenmanager hinter Gitter brachte und acht Minister bzw. ehemalige Minister juristischen Untersuchungen aussetzte; die sich nicht einschüchtern ließ, selbst als sie Morddrohungen erhielt und jahrelangen persönlichen Diffamierungen durch die rechte und linke Presse ausgesetzt war?

Jetzt ein kleiner Exkurs, um die Tragweite des Falles und den Mut von Eva Joly aufzuzeigen. Der Fall betraf Länder rund um den Globus, entsprechend der dichten Verzahnung der wirtschaftlichen Interessen von Elf-Aquitaine in der ganzen Welt. Ich schwenke um auf ein anderes Land, ein Land, das uns vertraut ist – auf Deutschland: In Deutschland ist eine Strafverfolgung nicht zustande gekommen. Der Fall Elf-Aquitaine endete an der Grenze. Folgende Zahlen scheinen möglich zu sein: Für den Verkauf des Minol-Tankstellennetzes und der Leuna-Raffinerie soll die Firma Elf insgesamt 80 Millionen Mark an Schmiergeldern gezahlt haben. Darüber erhielt der Konzern den Zuschlag und zusätzlich 1,4 Milliarden Mark an öffentlichen Subventionen. In diesen Zusammenhang werden häufig die Wahlkampfspenden an Helmut Kohl gesetzt, was jedoch nie nachgewiesen werden konnte. Die frühere Kohl-Vertraute Agnes Hürland-Büning bekam, was sie eingestanden hat, ein Beraterhonorar von 570.000 DM. Der frühere FDP–Wirtschaftsminister Friedrichs fungierte sowohl als Berater für Elf als auch als Aufsichtsratsvorsitzender für Minol, befand sich also in einer bezahlten, irritierenden Doppelfunktion auf beiden Seiten der Verhandlung. Im Zusammenhang mit dieser Affäre fallen Namen wie Dieter Holzer und Holger Pfahls. Die deutsche Staatsanwaltschaft weigerte sich, den Hinweisen auf Schmiergeldzahlungen, die sowohl aus Frankreich als auch aus der Schweiz eingingen, zu folgen.

Der Tagesrest

Bei den Interpretationen von Träumen gehe ich häufig zuerst vom Tagesrest aus. Welches reale Ereignis des Tages, das sich im Traum wiederfindet, hat diesen angestoßen? So möchte ich zuerst einige Daten der Elf-Aquitaine-Affäre als Hintergrund darstellen und danach mein Interesse auf die Person der

Untersuchungsrichterin Eva Joly richten, im Film Jeanne Charmant Killman genannt, gespielt von Isabelle Huppert.

Zuerst zur Elf-Aquitaine-Affäre

Der Fall gilt als der größte Finanzskandal Europas, zumindest bis zum Jahr 2006. Die Ereignisse der letzten Jahre haben die Zahlen, die im Zusammenhang mit der Elf-Aquitaine-Affäre aufgetaucht sind, in den Schatten treten lassen. Bis 1994 in Staatsbesitz, ist Elf-Aquitaine das größte französische Industrieunternehmen. Der Staat besitzt die meisten Anteile. Es handelt sich also im Folgenden auch immer um die Veruntreuung öffentlicher Gelder.

Ein Großteil der internationalen Geschäfte lief über schwarze Kassen und Schmiergelder, die teilweise über ein kompliziertes System an die Manager des Konzerns und Politiker zurückflossen. Teilweise waren 50 Firmenanwälte an den Verschleierungsaktionen beteiligt. Über eine Firma in der Schweiz und Briefkastenfirmen in Liechtenstein wurde die Hälfte des Gewinns in schwarze Kassen verschoben. So konnte über Elf-Aquitaine massiv auf die Politik in vielen Ländern Einfluss genommen werden, z. B. im frankophonen Afrika, wohl auch in Venezuela und Usbekistan.

Um nur ein Beispiel für die Geschäftspraktiken zu nennen: Der damaligen Geliebten des französischen Außenministers Roland Dumas, Christine Deviers-Joncours, wurden vom Elf-Konzern innerhalb von vier Jahren zehn Millionen Euro gezahlt, damit sie ihren Liebhaber überzeuge, dem Verkauf von sechs Fregatten an Taiwan zuzustimmen. Zusätzlich wurden Dumas auf Kosten des französischen Steuerzahlers über Firmenkonten teure Geschenke gemacht. Eva Joly, die in den Anfangsjahren versuchte, die öffentliche Meinung über die Presse zu beeinflussen, um so Unterstützung für ihre Arbeit zu erreichen, lancierte den Preis seiner Schuhe: 11.000 Francs. Im Film gibt es eine Szene, die dies anspielt, als bei der Hausdurchsuchung teure Uhren gefunden werden.

Die drei Topmanager des Konzerns – im Film laufen sie unter anderen Namen, sind aber unschwer erkennbar –, der Präsident Loik Le Floch-Prigent, Alfred Sirven und der »Monsieur Afrique« genannte Andre Tarallo rissen sich zwischen 1989 und 1993 insgesamt mehr als 200 Millionen Euro persönlich unter den Nagel.

Aufgrund der Ermittlungen, an denen Eva Joly beteiligt war, konnte der Prozess stattfinden, der mit folgenden Urteilen endete: Le Floch-Prigent wurde insgesamt zu fünfeinhalb Jahren Haft verurteilt, von denen er unter Einrechnung der Untersuchungshaft knapp zwei Jahre absaß. 2004 wurde er aus gesundheitlichen Gründen entlassen. Alfred Sirven wurde zu fünf Jahren Haft verurteilt und wurde nach drei Jahren und drei Monaten entlassen. Er ist zwischenzeitlich im Alter von 77 Jahren verstorben. Andre Tarallo wurde zu vier Jahren Gefängnis verurteilt.

Jetzt zu Eva Joly

Ich habe mich bemüht, ein eigenes Bild zu bekommen, sie zu verstehen, um die Bearbeitungen Chabrols dann aufzeigen zu können. Es war nicht leicht, die Person Eva Joly zu fassen. Zwar gibt es etliche Bücher, unter anderem zwei von ihr selbst geschriebene, sowie eine Biografie und zahlreiche Zeitungsinterviews. Die Elf-Aquitaine-Affäre war über Jahre in den Schlagzeilen der Medien. Aber die Person dahinter war schwer greifbar.

Ich glaube, wir sind es gewohnt, dass mächtige Männer als reale Personen nicht auftreten. Es gibt nur in begrenztem Rahmen Diskussionen über die familiären Hintergründe, den Werdegang. Mächtige Frauen, die hinter ihrem Amt verschwinden, sind noch ein ungewohntes Phänomen. Allerdings wird das Thema »Frauen und Macht« zurzeit von vielen Medien aufgegriffen und dort diskutiert. Wecken mächtige Frauen nicht sofort Fantasien an unzugängliche, mächtige, manches Mal verführerische Mütter der frühen Vorzeit, unserer Kinder- und Jugendzeit? Fühlten wir uns nicht ehemals diesen ausgeliefert, manches Mal im guten, manches Mal im schlechten Sinne. War dies nicht Anlass zu Spekulationen und Fantasiebildungen, die immer noch den Bodensatz unseres Seelenlebens bilden? Auch Eva Joly wurde zur Projektionsfläche von Fantasien, intriganten, gezielten Darstellungen, um sie auszuschalten. Diese öffentlichen Projektionen überfluteten die Wahrnehmung zeitweilig in einem Ausmaß, dass sich Eva Joly in den Beschreibungen nicht wiedererkannte. Bei meiner Lektüre fiel es mir schwer, sie hinter all diesen Fantasien zu finden. Ich will nun nicht behaupten, dass ich mit meinen Ausführungen die Person realistisch fassen könnte, aber es ist immerhin ein (natürlich auch subjektiver) Versuch einer Annäherung.

Eva Joly wurde als Gro Farseth im Dezember 1943 in Norwegen geboren. In einem ihrer Bücher beschreibt sie den bäuerlichen Hintergrund ihrer Vorfahren und sich selbst als norwegische Walküre in der Tradition der Wikinger. Sie fühlte sich umso mehr als eine solche, da sie während der Zeit der Untersuchung insgesamt fünf Kilogramm an Gewicht zugenommen hatte. 1943, zum Zeitpunkt ihrer Geburt, war Norwegen im Kriegszustand, von den Deutschen okkupiert, der norwegische König im Ausland. Haakon VII wurde von vielen sehr bewundert, weil er im Krieg mit den Deutschen nicht kollaborierte. Sicherlich war das für die Identitätsbildung vieler Norweger wichtig. Norwegen war damals noch ein armes Land. Es war erst 1905 nach jahrhundertelanger Besatzung durch Dänemark oder Schweden unabhängig geworden. Die Gesellschaft ist bis heute kaum hierarchisch gegliedert, es gibt keine Eliteschulen und keine Eliteuniversitäten. Für jeden ist der Aufstieg möglich. Die Steuerzahlungen aller Bürger, einschließlich der des Königs, werden einmal pro Jahr veröffentlicht, und das Buch findet dann reißenden Absatz. Das ist der kulturelle Hintergrund, der in die Identität als etwas eingeht, das die moralischen Strukturen, unser Über-Ich, prägt. Eva Jolys Vater betrieb ein Schneideratelier, in dem Uniformen für die Leibgarde des Königs genäht wurden. Ihre Kindheit schildert sie als liebevoll und behütet. Wie fast alle Norweger verbrachten sie und ihre Familie viel Zeit in der Natur.

In der Grundschule hatte Eva Joly neun Stunden protestantischen Religionsunterricht pro Woche – Norwegen ist ein protestantisches Land. Dies hat sie sicher geprägt, auch wenn die Familie der Religion etwas distanziert gegenüberstand.

Eva Joly absolvierte das Abitur, was für Mädchen ihrer Herkunft damals noch eine Besonderheit war und studierte dann Französisch, Latein und Philosophie. Zur Verbesserung ihrer Sprachkenntnisse kam sie im Alter von 20 Jahren als Au-pair-Mädchen nach Frankreich in die Familie Joly – in eine andere Welt.

Die Familie Joly gehört zur französischen Bourgeoisie. Seit 200 Jahren gehen Ärzte, Wissenschaftler und Künstler aus ihr hervor. Ihr zukünftiger Schwiegervater war ein bekannter Augenarzt. Die Familie besitzt ein Haus in der Nähe des Jardin du Luxembourg, ein Haus auf dem Land mit Schwimmbad und Tennisplatz, Immobilien, Vermögen. Einer der Söhne, Pascal, ein Medizinstudent, verliebte sich in das Au-pair-Mädchen. Was anfangs belächelt wurde, entwickelte sich zu einem echten Problem, sodass die Familie versuchte, die beiden zu trennen – erfolglos. Es existiert ein Brief, in dem Pascal von der Verbindung mit E. Joly abgeraten wird: Sie sei aus keiner guten Familie, weder sei sie reich noch habe sie eine glänzende Zukunft vor sich. Sie sei nicht hübsch und die Familie Joly habe immer attraktive Mitglieder gehabt, nämlich französisch aussehende: dunkelhaarig, zierlich, zartgliedrig. Als das Paar sich dann auch noch in der linken Bewegung des Mai 68 engagierte, fiel es in Ungnade. Beide mussten ausziehen und sich selbst versorgen. Eva sorgte für den Unterhalt, indem sie tagsüber als Sekretärin arbeitete und abends Jura studierte. Sie zeigte immer wieder auch unternehmerisches Interesse und Geschick, eröffnete zum Beispiel ein Atelier für Cocktailkleider, die sie selbst entwarf und vorführte. Als das Paar zwei Kinder, eine Tochter und einen Sohn, bekam, und Pascal sein Studium beendet hatte, kaufte es sich ein Haus in 40 km Entfernung von Paris. Es lebte in den nächsten Jahren quasi in einer WG mit einer linken, sozial engagierten Adeligen zusammen, der ehemaligen Hausbesitzerin. Pascal arbeitete als Landarzt, Eva Joly als Juristin in einem psychiatrischen Krankenhaus mit vielen, damals üblichen Teamsitzungen. Als sie Mitte 30 war, bewarb sie sich als Richterin. Von 11.000 Bewerbern bestand Eva Joly das Auswahlverfahren als 30. und begann am konservativen Gericht von Orléans. Später wechselte sie in einen Pariser Vorort zu einer Gruppe linksorientierter, fortschrittlicher Richter. Im Finanzministerium, ihrer nächsten Position, arbeitete sie an der Rettung mittelständischer, vom Konkurs bedrohter Unternehmen. Obwohl sie Ausländerin ist, mit Akzent spricht, grammatikalische Fehler macht, von keiner Eliteschule kommt, machte sie schnell Karriere. Sie beeindruckte durch ihre Vitalität, schnelle Lernfähigkeit und ihr Engagement. Nebenbei erlernte sie durch ihre Einheirat in die Familie Joly auch den Verhaltenskodex der Elite. Sie weiß, wie man sich anziehen muss, welche Farben man trägt, wann man redet, wann man schweigt etc. Die kleinen Details im Auftreten, die so schwer erlernbar sind, an denen sich Klassenunterschiede und Gruppenzugehörigkeiten festmachen lassen, beherrscht sie. Eine leitende Funktion im Finanzministerium blieb ihr jedoch wegen des Mangels an elitärer Schulausbildung und einem Abschlusszeugnis einer Eliteuniversität versagt. Sie wechselte erneut und ging als Untersuchungsrichterin für Wirtschaftskriminalität zum Justizministerium. Das Justizministerium befindet sich auf der Ile de la Cité. Quasi in Nachfolge der französischen Könige repräsentieren sich hier die ganze Macht der Geschichte und das Selbstbewusstsein der französischen Elite. Mittendrin ist Eva Joly, die ein früherer Arbeitgeber, als sie sich gewerkschaftlich organisierte, die Schlange an seiner Brust nannte. Sie fand hier völlig ineffiziente, antiquierte Verhältnisse vor: ein Büro ohne Fax, ohne Computer, ohne Anrufbeantworter. Eva Joly, ein Organisationstalent, verschaffte sich eine moderne Büroausstattung auf eigene Kosten.

In Frankreich leiten Richter die Ermittlungen. Die Polizei, dem Innenministerium unterstellt, arbeitet mit den Richtern zusammen, was zu häufigen Problemen und Rivalitäten führt. Joly aber gelang es, ein stabiles, loyales Team von zwölf Personen, ihr ergebenen Polizeibeamten, zusammenzustellen, mit denen sie über die gesamten, acht Jahre dauernden Ermittlungen arbeitete. Ihre vielfältigen Erfahrungen, in Gruppen zu arbeiten, kamen ihr dabei sicher zu Hilfe.

Während der Elf-Aquitaine-Affäre ging ihre Ehe mit ihrem Ehemann, der zeitlebens depressiv war, nach über 30 Jahren auseinander. Sie war zahlreichen Anfeindungen bis hin zu Einbrüchen und Morddrohungen ausgesetzt. Am meisten hat sie, wie sie in einem ihrer Bücher schreibt, unter den zahlreichen Diffamierungen durch die Presse gelitten.

Diese Bücher hat sie verfasst, um sich in der Öffentlichkeit darstellen zu können. Das führte vorübergehend zur Beruhigung, weil sich die Projektionen und Diffamierungen reduzierten.

2002 wurde sie zur Europäerin des Jahres gewählt. Zwischenzeitlich arbeitete sie für ein Gehalt von 5.000 Euro als Beraterin für das norwegische Entwicklungsministerium und half beim Aufbau von Anti-Korruptions-Stellen in den Ländern, die Entwicklungshilfe von Norwegen bekommen. Sie genießt internationale Anerkennung. Im Juni 2009 wurde sie als französische Abgeordnete ins europäische Parlament gewählt; sie ist Vorsitzende des Ausschusses für Entwicklung.

Psychoanalytische Interpretation

Nach meiner Lektüre gewann ich den Eindruck, dass es sich bei Eva Joly um eine starke, vitale Frau mit einer stabilen, emotionalen Basis handeln müsse. Ihr hohes Engagement, ihre Lernfähigkeit, ihre Fähigkeit zur Teambildung und ihre Warmherzigkeit werden immer wieder beschrieben.

Sie kommt aus einer anderen Kultur und hat sich doch der französischen angepasst. Ebenso hat sie einen französischen Namen angenommen. Aufgrund ihrer Herkunft empfindet sie keine Furcht vor Hierarchien und keinen übertriebenen Respekt für die Elite. Sie hat ein klares soziales Verantwortungs- und Gerechtigkeitsgefühl und ist als Aufsteigerin daran gewöhnt, zu kämpfen. Sie hat sehr viel Durchhaltevermögen.

Durch ihre Heirat und ihr berufliches Fortkommen ist es ihr gelungen, bis in elitäre Kreise vorzudringen. Sie ist fremd zwischen den Abgängern von Eliteschulen und Eliteuniversitäten, die sich untereinander kennen. Zudem ist sie eine Frau.

Was macht Chabrol?

1. Wenn das Fremde zu irritierend ist, stülpt man der Person etwas Vertrautes über, ein Versuch der Kontrolle und Aneignung. Chabrol besetzt die Rolle der blonden, vitalen Norwegerin mit Isabelle Huppert, seiner Lieblingsschauspielerin, ganz Französin, zierlich und dunkelhaarig, zudem unnahbar, schwer fassbar. Die Familie Joly hätte sie von ihrem Äußeren her wohl akzeptiert. Isabelle Huppert ist eine Spezialistin für kühle, erotische Rollen.

Jeanne Charmant Killman entspricht weniger der realen Eva Joly. Sie ist eher ein Konstrukt des Regisseurs infolge eines inneren Verarbeitungsversuches, wie wir ihn im Traum finden, oder – wie eben im Film – ein Verarbeitungsangebot an die Zuschauer. Zweifellos handelt es sich um einen witzigen und ironischen Verarbeitungsversuch, aber wovon? Von etwas Irritierendem, ein Besänftigungsversuch gegen die Beunruhigung, dass eine qua Amt mächtige Frau die mächtigen Männer Frankreichs angreift und trotz Morddrohungen und Diffamierungen ihre Aufklärungsarbeit bis 2002 durchhält. Sie wird reduziert auf innere Bilder und innere Muster, klassische Bilder der Weiblichkeit: Charmant Killman. Die Frau in ihrer tief im Unbewussten sitzenden Doppelrolle als Verführerin und Verderberin; Positionen, die unser Seelenleben konstituieren und sich häufig in Träumen darstellen; Erinnerungen an die mächtige verführerische Mutter, der man sich ausgeliefert fühlte; Bewältigungsversuche dieser frühen und häufig anhaltend irritierenden, inneren Bilder und Fantasien. Diese entstanden in der Kindheit und Jugend und lassen sich schnell reaktivieren, begegnet man entsprechenden Szenen in der äußeren Wirklichkeit.

2. In der Reduktion beraubt Chabrol die Hauptfigur der Fülle menschlicher Seiten. Er nimmt ihr vor allem ihre vitalen, lebendigen, mütterlichen

Anteile. Eva Joly wurde von den Polizisten, mit denen sie im Team arbeitete, zärtlich »Mamma Jo« oder »Ma Dalton« genannt, sie hat zwei Kinder und wurde während des Verfahrens Großmutter. Sie ist eine begeisterte Gärtnerin. Jeanne Charmant Killman scheint kinderlos zu sein, sie kocht nicht, sondern bestellt Pizza beim Pizzaservice, auch noch die karge Pizza Margherita. Der Name Jeanne weckt Assoziationen an Jeanne d'Arc, die Jungfrau von Orléans. Chabrol macht aus Eva, der Verführerin und Urmutter, eine Jungfrau.

3. Die Kameraführung drückt eine gewisse Faszination für die Schauspielerin aus und stellt sie in den Mittelpunkt des Filmes. Ins Auge fallen ihre rote Handtasche, die roten Handschuhe, ihre rote Brille und ihre ausgewählte Garderobe: charmant. Die verführerische Seite entfaltet sie in der Beziehung zum Neffen ihres Ehemannes. Er ist ihr Vertrauter, in den Gesprächen mit ihm ist sie lebendig und verführerisch, die Frau als Verführerin in einer ödipalen Szene, einer Dreiecksszene, die die Generationengrenzen und die Inzestschranken nicht respektiert. Auch der Regisseur scheint an diesem Spiel beteiligt zu sein. Die Rolle ist besetzt mit Thomas Chabrol, einem Sohn des Regisseurs aus der Ehe mit Stephane Audran. So entsteht in der Tiefenstruktur des Filmes ein ödipales Dreieck zwischen dem Regisseur, seinem Sohn und Isabelle Huppert. Es ist auch ein Versuch, die fremde, irritierend andere über den Flirt und die Sexualität zu erreichen. Wird die Unnahbare dadurch zugänglich? Eva Joly konnte aufgrund ihres Richteramtes, durch das sie eine öffentliche Funktion innehatte und zur Verschwiegenheit verpflichtet war, nur sehr begrenzt Auskunft geben. Macht und Unnahbarkeit qua Amt.

4. Killman: Tritt ein erwachsener Mensch einer selbstbewussten Frau gegenüber, die es wagt, anderen Grenzen zu setzen, werden bei diesem Menschen häufig unbewusste Szenen aus der Kindheit geweckt, in denen er sich einer mächtigen, verbietenden Mutter gegenübersieht. Einer solchen Frau sehen sich Manager gegenüber, die im Umkehrschluss – wie man in den ersten Szenen sehen konnte – über die Frauen verfügen. Der Film beginnt mit Szenen, in denen man den Präsidenten von Elf-Aquitaine, von Chabrol »Hameau« genannt, sieht. Er diktiert zwei attraktiven Sekretärinnen und jongliert innerhalb weniger Minuten mit der Zeit und der Zuwendung, die er an seine Mutter, seine Ehefrau und seine Geliebte vergibt. Der Präsident hat hier die Fäden in der Hand und bestimmt über mehrere Frauen. Als er das Bürogebäude von Elf-Aquitaine verlässt, wird er von der Untersuchungsrichterin Jeanne Charmant Killman, die von einigen Männern begleitet wird, verhaftet. Killman lässt

Hameau, als er ins Gefängnis eingeliefert wird, seine Hosen ausziehen – wie einen kleinen Jungen, wenn man dem oben angeführten Vergleich mit der verbietenden Mutter weiterhin folgt.. Er wird in Handschellen in ihrem Büro vorgeführt; sie verbietet das Rauchen, um sich einige Szenen später in ihrem Büro selbst eine Zigarette anzuzünden; sie spricht sein Kaugummikauen an. – Ätzend, diese Mütter. Sie durchwühlt seine Zelle – das ist etwas, was man der Mutter spätestens in der Pubertät entschieden untersagt. Sie wird in dem Film eingeführt wie eine mächtige Mutter, und Hameau, der einflussreiche Präsident von Elf-Aquitaine, gerät in die Kinderrolle.

Neben dem mächtigen Aspekt gibt es einen zurückweisenden: Der Ehemann wird, wie der Film suggeriert, ob der erlebten Ablehnung depressiv und stürzt sich aus dem Fenster. Sie arbeitet, anstatt mit ihm ins Bett zu gehen, zieht sich die Decke bis an den Hals, um jede körperliche Annäherung zu verhindern. Kalt wie Marmor. Wann haben wir nicht schmerzliche Zurückweisungen in unserer Kindheit erlebt, als wir so abhängig waren? Diese Szenen bilden den Urgrund des Seelischen und alle Menschen kennen sie in mehr oder weniger ausgeprägtem Maß.

Zurückweisung führt zu Aggressionen, die sich zuerst in der Eheszene entwickeln. Dann wendet sie der Ehemann in dem verzweifelten Fenstersprung gegen sich selbst.

Zurückweisung führt zu Depression. Die Farben des Filmes transportieren depressive Affekte: das Düstere der ehelichen Wohnung, meist ist der Film in Blaugrautönen gehalten. Lediglich die Rottöne, die Isabelle Huppert trägt, leuchten daraus hervor. Im Karikaturhaften versucht der Regisseur, die depressive Farbwahl aufzufangen und den Zuschauer bei der Stange zu halten – Chabrol will unterhalten. Es gibt gleich zwei depressive Männer: Hameau und den Ehemann. Mit der Darstellung der Frau als Verführerin und Verderberin versucht der Regisseur, Bilder zu finden, die die Depression aufzufangen versuchen. Es ist offensichtlich leichter, die Ursache der Verzweiflung den altbekannten Mustern – nämlich der Frau als Grund allen Übels – zuzuweisen, als anzuerkennen, wie viel Enttäuschung mit der Realisierung einhergeht, dass die führende Elite korrupt ist. Das ganze Elend kann dann dem bekannten weiblichen Komplex angelastet werden, dass Eva schon immer Unglück in die Welt brachte. Auf Hameaus Position bezogen könnte die Depression nicht an moralisch verwahrlosten Verhältnissen wie der Korruption liegen, sondern an der Zurückweisung und der Erniedrigung (z.B. Hose runterlassen) durch die verführerische Frau.

Der Tagesrest – die Tatsache, dass eine Frau es wagt, die mächtigen Männer Frankreichs anzugreifen – weckt unbewusste Szenen einer mächtigen und verführerischen Frau, der wir alle schon mehr oder weniger einmal ausgeliefert waren. Chabrol gelingt es, Szenen für diese Fantasien und Erinnerungsbilder zu finden und so die Ängste, Schmerzen und die depressive Verzweiflung über unsere korrupten Eliten – destruktive Narzissten – in beeindruckende Bilder zu überführen, also ein Verarbeitungsangebot zu machen, wie wir es häufig alleine im Traum suchen.

Ich glaube, dass der Erfolg des Filmes bei den Zuschauern dafür spricht, dass er die tief im Unbewussten und in unseren Träumen sich darstellenden Szenen in eine beeindruckende, für viele gültige visuelle Form überführen konnte.

Literatur

Etchegoin, Marie-France & Aron, Matthieu (2002): Eva ou La justice est un roman. Paris (Editions Robert Laffont).

Joly, Eva (2000): Notre affaire a tous. Paris (Gallimard).

Joly, Eva (2006): Im Auge des Zyklons. Mein Kampf gegen den internationalen Finanzbetrug. München (Goldmann).

IV
Kumulative Traumatisierung

Nichts als Gespenster

Deutschland 2007, 120 Min.
Regie: Martin Gypkens
Hauptdarsteller: August Diehl, Chiara Schoras, Fritzi Haberland, Janek Rieke, Stipe Erceg

Brigitte Ziob

Nichts als Gespenster ist ein Episodenfilm. Die fünf Geschichten basieren auf Erzählungen der Berliner Autorin Judith Hermann, die ihren beiden Büchern *Sommerhaus später* und *Nichts als Gespenster* entnommen sind. Vor allem ihr erster Erzählband wurde von der Kritik hoch gelobt und wegen seines knappen Erzählstils mit den Geschichten von Raymond Carver verglichen. Thema jeder Episode ist die Sehnsucht nach Beziehung und Liebe der Generation der 30-Jährigen in Zeiten von Individualisierung und Globalisierung auf dem Hintergrund von gescheiterten Beziehungen, die wie eine kumulative Traumatisierung wirken. Das sich wiederholende Erleben von Beziehungsabbrüchen führt zur narzisstischen Zentrierung der Protagonisten auf sich selbst, um weiteren Verletzungen aus dem Weg zu gehen. Durch die gekonnte Schwerpunktsetzung des Drehbuchautors und Regisseurs Martin Gypkens sind die Themen und Konflikte, die die Protagonisten im Film bewegen, immer noch aktuell und können als Psychogramm einer Generation gesehen werden.

In Anlehnung an das gleichnamige Buch ist *Nichts als Gespenster* ein Episodenfilm. Durch die Shortcuts-Erzählstruktur, in der die fünf Geschichten immer wieder miteinander verbunden werden, gelingt es dem Regisseur, die Stimmung der Generation der 30-Jährigen exemplarisch festzuhalten und Einblick in deren Seelenleben zu geben. Ausgehend vom 30. Geburtstag stehen die Figuren im Film an einem Wendepunkt zwischen verlängerter Adoleszenz und Erwachsenwerden. Der Film hat als Episodenfilm keinen Plot, sondern er variiert ein Thema: Es kommt zu einer Begegnung, die aufregend und vielversprechend ist, die aber dann versandet, statt sich zu entwickeln. Dem

Wunsch nach Beziehung steht die Angst gegenüber, sich festzulegen und damit zu scheitern. Und die Protagonisten scheuen sich, die Verantwortung für das eigene Leben zu übernehmen. Stattdessen denkt man sich lieber in das Leben der Anderen, wie Nora, die auf Jamaika das Spiel »Sich so ein Leben vorstellen« spielt. Sie lehnt sich zurück und fantasiert unverbindlich: »Stell dir vor, das ist dein Kind, in deinem Arm, es ist müde von einem langen heißem Tag. Cat ist dein Mann …« Während Nora erzählt, macht die Kamera eine Fahrt durch alle Geschichten und verbindet sie so, dass sie auch das Psychogramm eines einzigen modernen Charakters darstellen könnten.

In jeder Episode steht eine junge Frau im Mittelpunkt. Aber anders als in *Sex and the City*, der amerikanischen Erfolgsserie, die sich das Paarungsverhalten der um die 30-jährigen, beruflich erfolgreichen und unabhängigen Frauen zum Thema gemacht hat, die sich umtriebig von einer Affäre in die nächste stürzen und diese aufgeregt besprechen, wird in dem Film *Nichts als Gespenster* viel geraucht, geschwiegen und die jungen Deutschen unterwegs wirken alle einsam und isoliert. Während der Vorspann noch läuft, fällt die erste Einstellung auf Felix und Ellen, die, aufgenommen durch die Scheibe des Vans, durchsichtig und unwirklich erscheinen, wie Gespenster. Und auch die anderen Protagonisten geistern durch den Film, als wären sie heimat- und beziehungslos. Der fließende Schnitt, der von einer Szene in die nächste übergeht, macht uns mit den Protagonisten des Films bekannt: Irene, die vor lauter Flugangst bei der Landung in Reykjavik Jonas' Hand ergreift; Caro, allein im Intercity-Bistro; Marion, die an einem verwüsteten Strand ihren 30. Geburtstag feiert und Christine, Nora und Kaspar auf Jamaika. Diese Montage zeigt, dass alle etwas gemeinsam haben: Sie haben sich auf den Weg gemacht – sie sind voller Erwartung. Hier in den ersten Bildern sind die Augen der Protagonisten besonders hervorgehoben. Blicke, die nicht auf ein Gegenüber gerichtet sind, sondern in die Leere hinausgehen. Die Leere steht für eine innere Verfassung, die sich auch durch die Landschaftsbilder ausdrückt: die amerikanische Wüste, die Schneelandschaft in Island, die Tristesse im Osten Deutschlands und die anonymen Massen in Venedig – kalte, leere und befremdliche Bilder. Sie geben eine Stimmung wieder, die man als Depression verstehen kann. Und der in die Ferne gerichtete Blick symbolisiert eine Hoffnung auf etwas Neues, das noch vor ihnen liegt. Damit wird die Reise zu einer Metapher für die Sehnsucht nach Erlösung in der Begegnung mit einem neuen Objekt.

Irene und Jonas besuchen Jonina und Magnus, um sich zu erholen, denn sie haben beide eine gescheiterte Beziehung hinter sich. Marion erreicht Venedig, um ihre Eltern dort zu treffen, nach einer arbeitsreichen Zeit und einer zerbrochenen Beziehung. Nora und Christine sind nach Jamaika geflogen und machen Urlaub bei Noras Ex-Freund Kaspar. Caro fährt im Intercity in die ostdeutsche Provinz, um ihre beste Freundin Ruth zu besuchen, die ein Engagement an einem Theater angenommen hat. Und Felix und Ellen reisen durch die Traumlandschaften des amerikanischen Westens. Aber die Reise bringt sie nicht näher, sondern es wird immer deutlicher, dass sie ein handfestes Beziehungsproblem haben.

Das Unterwegs-Sein der jungen Protagonisten drückt die Vielfalt von Handlungsmöglichkeiten aus, welche die Festlegung für den Einzelnen auf einen Lebensentwurf schwer macht. Dieses Dilemma wird in der Szene mit der Essensbestellung im Fast-Food-Store noch mal verdeutlicht: Es gibt so viele Variationen, die sich nur wenig unterscheiden, den Einzelnen aber überfordern, was er denn nun wählen soll. Alles ist möglich. Damit wird ein modernes Lebensgefühl thematisiert, das nicht zuletzt auch durch die veränderten Lebens- und Arbeitsbedingungen entstanden ist. Vom Einzelnen wird heute ein hohes Maß an Flexibilität, die Bereitschaft zur Lockerung von Bindungen und zum häufigen Ortswechsel verlangt, wie Richard Sennett in seinem Buch *Der flexible Mensch* beschreibt. Das wirkt bis in die privaten Beziehungen hinein und zeigt sich in dem statistischen Anstieg von Singlehaushalten und Lebensabschnittspartnern, in Einsamkeit und Beziehungsabbrüchen.

Die Protagonisten im Film sind fast alle Singles und die, die keine sind, wie Ellen und Felix, stecken in einer unbefriedigenden Beziehung. Sie haben alle etwas gemeinsam: Sie sind auf der Suche. Dies scheint ein Spiegel der heutigen Realität zu sein, wo sich die emotionalen Beziehungen globalisieren und die beste Freundin auf einem anderen Kontinent lebt.

In jeder Episode findet eine Begegnung zwischen einer Frau und einem Mann statt, wodurch zunächst etwas in Gang gesetzt wird – eine Erwartung, eine Hoffnung, eine Erregung, eine Gefühlsverwicklung:

Ellen trifft auf Buddy, einen bodenständigen Amerikaner, zu dem sie sich spontan hingezogen fühlt. Jonina, die in einer lieblosen Beziehung lebt, verliebt sich in Jonas. Die Deutsche Christine flirtet mit dem schönen Jamaikaner Cat. Caro lernt den Freund ihrer Freundin, Raoul, kennen und verliebt sich in ihn. Und Marion trifft in Venedig auf einen Belästiger, dem sie nichts entgegenzusetzen vermag.

Den »inneren« Wunsch, der die Protagonisten antreibt, beschreibt Ruth in ihrem Monolog aus Molières *Menschenfeind* an dem Provinztheater folgendermaßen: »Nein, so ist die Liebe nicht. Sie möchte stets erhöhen und ihren Gegenstand in schönstem Lichte sehen. Kein tadelnswerter Zug wird ihren Blick verletzen, sie will begeistert sein, bewundern, rühmen, schätzen. Den Fehler wird sie gern als Vorzug anerkennen und obendrein auch noch sehr schmeichelhaft benennen.«

Dieser kurze Text beschreibt den zentralen Punkt der romantischen Liebe: die Anerkennung und Bestätigung des Einzelnen in seiner Einzigartigkeit durch den geliebten Partner.

Die enorme Wichtigkeit der Anerkennung durch ein Gegenüber findet sich schon in der frühen Mutter-Kind-Beziehung: »In der individuellen emotionalen Entwicklung ist das Gesicht der Mutter der Vorläufer des Spiegels … Die Mutter schaut das Kind an und wie sie schaut, hängt davon ab, was sie selbst erblickt«, schreibt der englische Psychoanalytiker Winnicott (1993, S. 129). Dadurch wird dem Kind eine erste Ahnung von sich selbst vermittelt. Das Individuum braucht den anderen Menschen als Spiegel des Selbst, was das Selbstgefühl reguliert. Es ist der Wunsch nach Anerkennung und kommuniziert dem Anderen: »Schau mich an, hör mir zu, beachte mich, bewundere mich, liebe mich« mit dem Ziel, Spuren in dem Gegenüber zu hinterlassen.

Die Vorstellungen von der romantischen Liebe scheinen im Inneren der Protagonisten als feste Wunschbilder zu existieren. Aber gleichzeitig scheinen die Protagonisten daran zu scheitern.

»Das Schlimmste für mich ist, dass Raoul mich nicht erkannt hat«, sagt Ruth unter Tränen, nachdem Raoul abgereist ist. Ihr Wunsch, sich in seinem Blick wiederzufinden, hat sich nicht erfüllt. Diese Beziehung, wie viele andere auch in dem Film, bleibt seltsam an der Oberfläche. Die Liebe zu Raoul gleicht eher einer Schwärmerei. Aber ohne ihm richtig nahezukommen, bleibt sie abwartend und distanziert. Stattdessen kuschelt Ruth wie in einer Mädchenfreundschaft mit ihrer Freundin Caro im Bett und lebt ihr Verliebtsein als Erregung und Aufgeregtheit, mit der sie ihrer einsamen Freundin Caro den Reichtum ihres Lebens vorführt: die Arbeit am Theater, die Aufführung, die Kollegen, den neuen Freund. Sie sonnt sich in den Augen der Freundin, ohne sie nach deren Leben zu fragen. Sie bleibt also narzisstisch auf sich selbst bezogen. So erlebt sie ihre Verliebtheit mit der ganzen Intensität des Augenblicks, abgekoppelt von der tatsächlichen Beziehung zu Raoul, in der es nicht zur Entwicklung einer nahen und intimen Beziehung kommt. Wie sich später herausstellt, ist zwischen ihr und Raoul nichts passiert.

Die Hoffnung und Sehnsucht, ausgelöst durch die unvorhergesehenen Begegnungen, verpuffen in kleinen Affären, im Austausch von Blicken oder vagen Berührungen. Und nichts passiert. Die aufkeimenden Gefühle versanden unmerklich, lösen sich auf. Die Protagonisten laufen davon, reisen ab und suchen weiter.

Wie Christine, die mit ihrer Freundin Nora deren Exfreund Kaspar besucht, alleine gelassen und ausgeschlossen ist, als deren Beziehung wieder auflebt. Zur Stabilisierung des eigenen Selbstwertgefühls und der Zerstreuung ihrer Langeweile sucht sie Anerkennung bei Cat, den sie zunächst mit langen Blicken lockt und in den sie ihre Liebessehnsucht projiziert. Als er sie am Arm fasst und sagt: »One night, only one night«, schreckt sie zurück, da er ihr klarmacht, dass sie für ihn nur eine Trophäe ist.

Jonas, der nach einer gescheiterten Beziehung sein Selbst auf Island wieder stabilisieren möchte, setzt seine aufgeregte Selbstdarstellung wie eine Abwehr der Entwicklung tieferer Gefühle ein. Er zieht narzisstischen Gewinn aus Joninas Blicken. Jonina hat sich in Jonas verliebt, der so lebendig auf die vereiste isländische Landschaft reagiert und einen Gegensatz zu ihrem langweiligen Partner Magnus bildet. Jonas fotografiert die Landschaft und bricht immer wieder in begeisterte Gefühlsstürme aus, ist aber als Person nicht erreichbar. Er spürt Joninas Gefühle, beantwortet sie mit Blicken und geht gleichzeitig eine Beziehung zu Irene ein. Der Liebeswunsch beider Frauen gibt ihm narzisstische Bestätigung. Es wird nichts besprochen, sondern nur agiert. Die Ausgelassenheit der Vierergemeinschaft verdeckt die Gefühle der einzelnen Personen. Der Konkurrenzdruck und die Suche nach Selbstbestätigung drücken sich weitestgehend in gegenseitigen Beobachtungen aus.

Mehrmals zentriert sich der Film auf das Erleben von kurzzeitiger Erregung als sexuelle Spannung – wie bei Christine, die das Auftauchen von Cats Frau wie ein Animationsprogramm lebenshungrig beobachtet, oder wie in Ruths Erzählungen über Raoul. Der »Gefühlshurrikan« wird erwartet, aber es passiert nichts. Stattdessen wird ganz viel beobachtet, bewertet und gedeutet. Das Triebhafte als Naturgewalt zieht vorüber, ohne dass es sich entlädt. So bleibt Christine die Beobachterin des Lebens der Anderen. Neugierig versucht sie, den Wortwechsel zwischen Cat und seiner jungen Frau mitzuverfolgen, die ihn zurückholen möchte. Die Erregung tritt an die Stelle der Langeweile und des

Überdrusses. Mit diesem Gefühl der Lebendigkeit erwartet sie den Hurrikan, der ihr eine spannende Erfahrung zu liefern verspricht. Dabei bleibt sie jedoch ohne Empathie für die existenzielle Bedrohung der Jamaikaner. Sie kann sich mit den Anderen nicht identifizieren. Ihre Erregung tritt hier in die Funktion der »Vorlust«, die aber nicht zum Lusterlebnis führt, sondern egozentrisch der Ablenkung von sich selbst dient. Kaspar drückt dies ungerührt aus: »Der Hurrikan kann Dir Deine Entscheidungen nicht abnehmen.« Und später vereitelt er Christines innere Entscheidung, auf Jamaika zu bleiben und entlarvt ihre Täuschung, die Airline würde nicht fliegen. Sie wird unsanft verabschiedet und reist einsam und alleine ab.

Die Protagonisten ziehen wie Touristen durch das Leben. Bevor ihre Lage ernst wird und die Naturgewalt des »Hurrikans« alles durcheinanderwirbelt, sind sie schon wieder abgereist. Sie hinterlassen keine Spuren. Das heißt auch, dass sie keine Narration hinterlassen, wie Magnus' langweilige Erzählung von der Begattung des Schafs und die Rückfahrt unter dem isländischen Sternenhimmel eher eine Befindlichkeit beschreibt. So steht das »Feeling«, das Gefühl, im Vordergrund. Die ausgelassenen Spiele der Gruppe in dem isländischen Ferienhaus verdecken die Unverbindlichkeit, die Beliebigkeit und die Zufälligkeit des Zusammenseins.

Es entwickelt sich keine Bezogenheit aufeinander, die tiefer geht: Bleiben oder Abreisen – Kopf oder Zahl – alles wird dem Zufall überlassen. Die Beziehung erscheint nun beliebig – mit Anderen an einem anderen Ort fortsetzbar. Aber es geht auch um die Macht über den Anderen: Jonas wirft eine Münze und entzieht Irene spielerisch seine Loyalität, um sie weiterhin »zappeln« zu lassen und ihr keine Sicherheit zu geben. Vielleicht ist das eine Reaktion auf die vorherige gescheiterte Beziehung? Außerdem weckt er subtil Hoffnungen bei Jonina. Dafür bekommt er draußen im Schnee Ärger mit Irene.

Aber auch Felix und Ellen gelingt es zunächst nicht, auf ihrer Reise einander näherzukommen. Stattdessen entfernen sie sich voneinander – in ihrer Beziehung stimmt nichts mehr. Sie reisen in einer leeren Welt, eine Realität vieler Paare: das Alleinsein zu zweit. Ellen versucht immer wieder, die Situation zu überspielen und Eindrücke über Fotos festzuhalten, die sie zu Hause vorzeigen kann. Ein Bild dafür, dass ihre Haltung zum eigenen Leben eher additiv ist und dass dieses nach Plan verlaufen soll: erst Erfahrungen machen, dann Heiraten und Kinder bekommen. Dafür hält sie sich an die vorgegebenen Scenic-Views, die ihr das Gefühl geben, das Richtige zu tun. Felix ist gekränkt darüber, dass er die Landschaften schon alle aus den Filmen kennt. Der Scenic-View erinnert ihn daran, dass ihre Reise nicht individuell ist, sondern vielen anderen folgt, die das Gleiche gesehen haben. Er sucht die Differenz, die Unterscheidung, das Neue und den individuellen Lebensentwurf. Dagegen steht die Erfahrung, dass nichts mehr neu ist und die Eindrücke von der Reise sind Bilder, die »alle schon kennen«. Seine Kränkung zeigt er in Spielchen, die er mit Ellen macht. Eines Morgens erzeugt er eine Situation, die Ellen das Gefühl gibt, er sei schon alleine weitergereist. Wie in anderen Episoden wird nichts besprochen oder nicht gestritten; jeder versucht, seine Gefühle vor dem anderen zu verbergen. So versucht auch Ellen, ihren Rückflug heimlich umzubuchen. Da das nicht möglich ist, kehrt sie niedergeschlagen zum Van zurück. Später, in der amerikanischen Kneipe, sagt Annie zu Felix über die Gespenster im alten Hotel: »Wir wollen versuchen, ihnen in ihrer Heimatlosigkeit beizustehen.« Das ist eine Metapher für die Situation der jungen Reisenden.

Auch Marion wirkt einsam und isoliert. Der 30. Geburtstag scheint sie noch nicht erreicht zu haben. Sie wirkt wie eine Jugendliche in ihrer kurzen Hose und dem Pferdeschwanz. Sie sucht Halt und Geborgenheit bei den Eltern, die in dem Film die vorherige Generation repräsentieren. Um familiäre Nähe zu erleben, muss sie bis nach Venedig reisen. Typisch für ihre Altersgruppe ist die starke Bindung an die Eltern, die einen emotionalen, stabilen Hintergrund versprechen. Aber nach der anfänglichen Wiedersehensfreude laufen die Interessen von Eltern und Tochter aneinander vorbei. Die Eltern, reisende Rentner, wirken ebenfalls entwurzelt und folgen dem Reiseführer für ihre Lebensplanung. Beschäftigt mit der Gestaltung des eigenen Lebens, dem sie individuellen Sinn geben möchten, spüren sie nicht die innere Not ihrer Tochter. Die kann sich selbst nicht schützen und dem ihr folgenden Belästiger nichts entgegensetzen. Der Vater erzählt Marion von dem Suizidtourismus auf dem Markusplatz und spürt nicht, wie gefährdet seine Tochter sein könnte. Die Eltern wirken in ihrer narzisstischen Position der Selbstverwöhnung und der Abwehr des eigenen Alters gefangen, was eine Ablehnung von Verantwortung im Sinne eines Generationsvertrags bedeutet. Wenn Marion im Vaporetto zum Bahnhof sitzt und in Tränen ausbricht, verzweifelt und einsam, wirkt das Verschenken des Stofftiers wie eine Katharsis, der Abschied von der Kindheit.

Isolation und Einsamkeit treiben auch Caro an, sich auf den Verrat an ihrer Freundin einzulassen. Die Worte ihrer Freundin Ruth: »Versprich mir, dass du nie etwas mit ihm anfängst«, stehen für das kränkende Misstrauen der Freundin ihr gegenüber und dafür, dass Beziehungen und Freundschaften taktisch geführt werden, wenn es dem eigenen Vorteil dient. Im Zusammenhang zu ihrer Beziehungslosigkeit wird die wirkliche Einsamkeit Caros filmisch durch die Ankunft in ihrer Wohnung dargestellt, wo sie sich in den Spiegeln ansieht. Caro hat sich in Raoul verliebt und fährt zu ihm, als der ihr eine Fahrkarte schickt. Ein trauriger Abend in einem menschenleeren Chinarestaurant lässt die klamme Atmosphäre zwischen den beiden nicht auflockern. Und auch der sexuelle Akt ohne Liebe und Zärtlichkeit hebt die Fremdheit zueinander nicht auf. Raouls Frage – »Bist du die, für die ich dich halte?« – bekommt eine andere Note und gewinnt die Bedeutung: »Du bist die, die ihre Freundin betrügt.« Und der Betrug scheint zwischen beiden zu stehen. Raoul wendet sich von Caro ab und widmet sich voller Selbstzufriedenheit seiner Arbeit. Einzig die Kinder, die nächste Generation, die gemeinsam fröhlich auf dem Schulweg sind, wirken wie ein Hoffnungselement.

Anders ist es bei Ellen. Sie ist kommunikativ und knüpft Kontakte auf der Reise durch die USA. Felix wiederum ist in sich zurückgezogen. Er befürchtet, Ellen könne beide beschämen, indem sie den falschen Song in der Jukebox drückt. Ellen interessiert sich für Buddy, den Amerikaner, mit dem sie ins Gespräch kommt. Buddy ist ein Mann, der klare Regeln setzt, indem er lautstark verkündet: »No Ghoststuff on the pool-table!«, und damit ein eigenes Wertesystem demonstriert. Buddy hat nicht die Wahlmöglichkeiten der jungen Deutschen und ist noch nie aus seiner Kleinstadt hinausgekommen. Er hat das Naheliegende gemacht und geheiratet. Die Beschreibung der kleinen Nikeschuhe seines Sohnes, sentimental und kitschig, steht dafür, dass Bezogenheit auf jemanden dem Leben eine Richtung geben kann.

Ellen ergreift nach durchzechter Nacht Buddys Hand auf dem Gruppenfoto. Sie sagt: »Ich mag die Vorstellung, das letzte Bild zu sein auf einem Film mit nichts als Gespenstern.« Das Ergreifen von Buddys Hand steht für das Risiko, die das Eingehen auf eine Objektbeziehung in sich birgt: dass man abhängig wird, dass man zurückgewiesen werden kann oder dass man sich festlegt. Am Ende haben Felix und Ellen eine Erfahrung gemacht, die sie für ihr Leben mitnehmen können: Sie möchten ein gemeinsames Kind.

Die Fotos der Geisterjägerin, die sie nach ihrem Rundgang in den oberen Etagen des Hotels zeigt, wirken wie Doppelbelichtungen. Dennoch erklärt sie überall das Vorhandensein der Geister. Sie demonstriert, dass man nur das mit Inhalten füllen kann, was man innerlich besetzt hat und so die Bedeutungen, die für das eigene Leben wichtig sind, selbst schaffen muss. Damit schafft sie ein Bild dafür, dass man keine Beziehung führen kann, indem man sich Auswege zum Selbstschutz vor Trennungserfahrung oder Festlegung offenhält.

Literatur

Sennett, Richard (1998): Der flexible Mensch. Berlin (Berlin Verlag).
Winnicott, Donald W. (1993): Vom Spiel zur Kreativität. Stuttgart (Klett-Cotta).

Man muss mich nicht lieben

FRANKREICH 2005, 93 MIN.
REGIE: STÉPHANE BRIZÉ
HAUPTDARSTELLER: PATRICK CHESNAIS, ANNE CONSIGNY

Angelika Voigt-Kempe

Im Mittelpunkt des Films steht Jean-Claude, ein Mann um die 50. Man gewinnt den Eindruck, dass er seine besten Jahre bereits hinter sich hat, dass er mit dem Leben eigentlich schon abgeschlossen hat und eindimensional in seinem Tagesgeschehen gefangen ist. Er ist geschieden, lebt allein und jede Falte seines mürrischen Gesichts erzählt von einer Enttäuschung. Traumatische Gefühlszustände und unterdrückte Affekte scheinen sich als tiefe Furchen in sein Gesicht eingemeißelt zu haben. Nein, man muss ihn wirklich nicht lieben, diese beigegraue Erscheinung, diesen sperrigen Menschen, der sich noch während des Vorspanns schwer atmend ein tristes Treppenhaus mit mühseligen Schritten hinaufschleppt. Oben angekommen, eröffnet er einer Mieterin, dass ihre Pfändung unmittelbar bevorstehe. Ihrer Verzweifelung kann der Gerichtsvollzieher außer seinem stoischen Gesichtsausdruck nur ein genuscheltes »Das ist nicht mein Problem« entgegensetzen. In seinem Beruf würde Mitleid nur stören. Durch sein gleichgültiges Minenspiel gewinnt man den Eindruck, dass er ein Mann ohne Gefühle ist – durch und durch pflichtbewusst, versteinert und mit professioneller Beherrschtheit vollkommen abgeklärt gegenüber anderer Menschen Elend.

Doch dabei geht es um nicht weniger, als die Leere und Langeweile in seinem eigenen Leben, die verpasste Liebe und die verpassten Chancen. Das Älterwerden kann Jean-Claude nicht mehr verleugnen, als ihm der Arzt unmissverständlich zu verstehen gibt, dass er Herzprobleme habe und sich sportlich betätigen solle. Doch das kranke Herz scheint als Metapher für seine emotionale Erkrankung zu stehen, die Leere und Hoffnungslosigkeit in seinem Leben. Immer wieder erleben wir Jean-Claude beim Treppensteigen, das für den Zuschauer wohl zu einer ähnlichen Qual wird wie für ihn selbst. Man hat das Gefühl, dass er niemals oben ankommen wird. Im Film wird das Treppensteigen zu einem bestimmenden Motiv für die Unfähigkeit, sich Gefühle einzugestehen und sie anderen zu zeigen. Wie in einem Teufelskreis hat er sich offensichtlich selbst von der Außenwelt isoliert.

In Bewegung kommt seine stille Existenz nur, wenn er, wie sein Vater, hinter der Gardine in seinem Büro steht, das Fenster öffnet und Tangoklänge von der gegenüberliegenden Tanzschule hereinwehen lässt. Man spürt seine Sehnsucht, dass sich auch emotional ein neues Fenster in seinem Leben öffnen möge. Er gesellt sich zu den Kursteilnehmern und trifft auf Francoise, die sich als eine Bekannte aus Kindertagen vorstellt. Im Gegensatz zu seinen Terminen als Gerichtsvollzieher steigt er in der Tanzschule keine endlosen Treppenhäuser hinauf. Nein, hier schwebt er mit einem lautlosen Fahrstuhl empor. Doch so kühl und verhalten wie Jean-Claude hat man wohl im Film selten jemanden Tango tanzen sehen. Aber was passiert mit einem Mann, der sich in seinem einsamen Kampf jeglichen Genuss versagt und das eigene Leben wie ein unbeteiligter Stellvertreter seiner selbst zu führen scheint, wenn der Gefühlspanzer plötzlich Risse bekommt?

Der Regisseur zelebriert den Reiz der langsamen Veränderung, indem er uns an den verlegenen Zutraulichkeiten, den versteckten Andeutungen, den kleinen unbeholfenen oder schüchternen Gesten und der Bedeutung von verstohlenen Blicken teilhaben lässt. Die zurückgehaltenen Gefühle der Menschen verraten sich durch Scheu, Räuspern, Herumdrucksen und immer wieder Schweigen. So kommt die zärtlichste Szene des Films auch ganz ohne Musik aus, in der Jean-Claude und Francoise ihre Tangoschritte zu Hause üben und ihre Ängste und Verklemmungen behutsam überwinden. Plötzlich fühlt er das Alleinsein in seiner einsamen Wohnung und wagt, schüchtern und leise zu hoffen.

Doch Francoise steht kurz vor der Hochzeit mit einem Künstler, der allerdings in der Tanzstunde verhindert ist. Eigentlich ist er als Lehrer tätig, aber er träumt davon, seinen ersten Roman zu schreiben. Die beiden wollen heiraten und haben deshalb Tanzstunden belegt. Es wird offensichtlich, dass sich Francoise vernachlässigt und zurückgesetzt fühlt, denn der Verlobte hat nur noch Sinn für seine Arbeit. Nach Aussage ihrer Schwester sollte sie jedoch froh darüber sein, überhaupt noch einen Mann für sich gefunden zu haben. Sie fasst Sympathie zu dem schroffen Einzelgänger Jean-Claude und zweifelt daran, ob sie den Verlobten wirklich heiraten soll. Die Schwester rät ihr zu vernünftigem Handeln, auch der Mutter zuliebe. Diese will vom Brautkleid bis zu den Tischkarten alles regeln. Francoise hat sich offenbar in einem Leben eingerichtet, dass von äußeren Zwängen dirigiert wird. Man bekommt den Eindruck, als habe sie darüber den eigenen Weg aus den Augen verloren. Ihr Leben wirkt wie eines, das auf Sparflamme brennt. Auch ihr möchte man zurufen: Jetzt fang doch endlich an zu leben!

Als Kontrast zur aufkeimenden zärtlichen Gefühlswelt erlebt der Zuschauer die Szenen mit Jean-Claudes Vater, einem bösartigen, verbitterten Tyrannen, der seine Tage vertrödelt und schlechte Laune verbreitet. Hier scheint festzustehen, dass sich nie und nimmer etwas verändern wird. Der Vater bringt es auf den Punkt, wenn er sagt: »Es ist immer das Gleiche.« Obwohl ihn der grantige Vater im Altenheim bevormundet und terrorisiert wie ein kleines Kind, fährt Jean-Claude doch Woche für Woche pflichtschuldig zu ihm. Dabei beherrschen Schweigen, Vorwürfe und unverstellter Hass die Begegnungen zwischen Vater und Sohn. Der Vater lässt kein gutes Haar an seinem Jean-Claude, der noch nicht einmal die richtigen Pralinen kaufen kann. Aber zum Abschied blickt Jean-Claude vom Auto immer noch einmal hoch zum Fenster des Vaters. Der steht oben, beobachtet seinen Sohn und zieht ängstlich die Gardine vor, bevor sein Sohn ihn entdeckt, d. h. seine verborgenen Gefühle entdecken könnte. Im Auto lässt Jean-Claude dann seiner Wut freien Lauf, wenn er brüllt: »Du kotzt mich an.«

Es wird deutlich, dass Jean-Claude seine emotionslose Kälte und sein sauertöpfisches Dasein offenbar in Identifizierung mit dem Vater erworben hat. Ihm dämmert, dass wohl auch sein Sohn auf dem besten Wege ist, ein unterwürfiges, leidenschaftsloses Leben zu führen. Dieser hat immerhin noch Gefühle für seine Pflanzen, die jedoch zunächst in ihrer blühenden Fülle Jean-Claude ein Dorn im Auge sind. Sie erinnern ihn an sein eigenes trostloses Dasein und daran, dass er nichts und niemanden in der Welt positiv besetzen kann. Er kann an den Wochenenden beim Vater sehen, was auch aus ihm einmal werden wird: ein komplett unausstehliches Ekel, dessen einziger Daseinsinhalt noch darin besteht, seine Familie und die Pflegerinnen zu quälen. Doch obwohl Jean-Claude seinen Beruf verabscheut, heißt er seinen Sohn als neuen Kompagnon in seiner Kanzlei willkommen. Dieser wird nach einer kargen Feier wie ein Fremder in sein graues Büro abgeschoben. Als er seinen ganzen Mut zusammengenommen hat, um seinem Vater »Ich kündige« zu sagen, kommt nach langem Herumdrucksen nur heraus, dass er sich Topfpflanzen für sein Zimmer wünscht. Doch angesichts der trostlosen Umgebung wirken die blühenden Pflanzen in ihrer Üppigkeit wohl eher als verzweifelt-komischer Versuch, etwas zu beleben, das zum Scheitern verurteilt ist. Der Sohn scheint ebenfalls durch tiefe identifikatorische Prozesse in einem Wiederholungszwang gefangen. Er traut sich nicht, das miese Erbe seines Vaters und Großvaters zurückzuweisen.

Sicher ist es auch kein Zufall, dass die Männer den Beruf des Gerichtsvollziehers von einer Generation zur nächsten weitergeben. Sie pfänden und treiben Schulden ein. Hierin liegt offenbar eine Verschiebung der Schuldvorwürfe zwischen Vater und Sohn, die jedoch nicht offen ausgesprochen werden dürfen. Wie eine stille Anklage, dem anderen etwas schuldig geblieben zu sein, was dieser womöglich wie ein Unterpfand für sich behält. Und recht haben sie sicher, denn es wird zurückbehalten, was jeder Mensch ganz dringend für seine Existenz benötigt, nämlich die Spiegelung eines emotionalen Ausdrucks als Reaktion auf sein Gegenüber, die Anerkennung seiner eigenen autonomen Existenz.

Besonders deutlich wird diese Verweigerung, Gefühle und Anerkennung zum Ausdruck zu bringen, an der Reaktion des Vaters auf die Nachfrage Jean-Claudes, wo seine Tennispokale verblieben seien. Die Antwort, »die sind wohl im Müll gelandet«, bezeichnet die Lieblosigkeit und Ignoranz, die die gesamte Beziehung zum Sohn auf den Punkt bringt. Der Zuschauer empfindet Wut und Empörung über die weggeworfenen Pokale, die der Vater als Staubfänger bezeichnet, weil er wohl auch spürt, dass hierin die ganze Liebe des kleinen Jungen zu seinem ehrgeizigen Vater hineingetragen wurde. Diese hat er auf den Müll geworfen.

Zu einer Wende im Film kommt es, als der eifersüchtige Mittänzer die Hochzeitspläne von Francoise aufdeckt. Jean-Claude zieht sich wütend und tief verletzt zurück. Beim überstürzten, wortlosen Wegfahren bringt das laute Aufheulen seines malträtierten Motors seine innere Befindlichkeit zum Ausdruck. Ihren Versuch einer erneuten Annäherung weist Jean-Claude zurück. Er spürt seine enttäuschte Wut und kann diese auch zum Ausdruck bringen, indem er sagt: »Ich will dich nicht mehr sehen.« Doch seine innere Welt scheint sich durch die Begegnung mit Francoise verändert zu haben. Er wirkt weicher und nachdenklicher gegenüber seinen Mitmenschen und beginnt sein Leben neu einzurichten. So herrscht er bei der Zwangsräumung einer Wohnung zwei herumalbernde Polizisten an. Und schließlich beginnt er zu hassen. Die Beleidigungen und Demütigungen seines Vaters hat er satt. Er erlebt oder erleidet (muss man vielleicht treffender sagen) einen seiner seltenen Gefühlsausbrüche, und lässt seinen Vater nach einer Generalabrechnung in seiner selbstverschuldeten Einsamkeit zurück. Auch den eigenen Sohn schickt er nach Hause mit den Worten: »Nun geh schon, Du willst doch nicht auch noch in diesem bescheuerten Job hier versauern.« Der Sohn möge sich besser um seine geliebten Pflanzen kümmern und das menschlich Lebendige nach besten Möglichkeiten weiterverfolgen.

Der baldige Tod des Vaters wirkt wie eine logische Folge von Jean-Claudes aggressiver Attacke, als habe er ihn zur Strecke gebracht. Die unbewusste Fantasie scheint sich zu bestätigen, dass Hass – und in der Folge ein eigenes, abgegrenztes Leben – für den anderen tödlich endet. In dieser sehr mächtigen Fantasie scheint auch der Grund zu liegen, warum sich über Generationen hinweg eine tiefe Verstrickung der Menschen nicht auflösen ließ. Der Schlüssel, den er in der Brusttasche, also nahe dem Herzen seines Vaters findet, scheint dann auch der Schlüssel zur inneren Logik ihrer Beziehung. Erst nach dem Tod des Vaters kann er entdecken, wie sehr dieser ihn geliebt hat und wie stolz er auf ihn war; doch besonders, wie unfähig darin, seine Liebe zu zeigen. Dieser Bereich der verstellten Gefühle war offenbar zeitlebens so fest verschlossen wie der Schrank mit den Pokalen.

Jean-Claude gerät im Film in eine Entwicklung, die ihn mit den verpassten Chancen seines Lebens konfrontiert, die unerfüllte Sehnsucht nach Nähe und Liebe, schmerzliche Erinnerungen und ein Gefühl des Mangels deutlich werden lässt. Man kann sagen, dass zunächst sein Beziehungsleben vom Prinzip des Todestriebes beherrscht wird, wie Freud (vgl. Freud 1920) es formuliert hat: einer Kraft, die Destruktion, Auflösung und Tod anstrebt. In diesem Sinne ist der Todestrieb darauf ausgerichtet, sowohl vitale Zeichen von Leben, nämlich weiche Gefühle von Bedürftigkeit, Abhängigkeit, Sorge, Schwäche und Sehnsucht zu zerstören als auch Kreativität und freies Denken zu vernichten. Der Preis dafür besteht im Erleben seelischer Leere und seelischer Taubheit, die sich mit unbewusstem Hass, Entwertung und Verachtung für andere, intensivem Neid auf alles Lebendige und Zerstörungswut mischen. Zugrunde liegt ein unbewusster Fantasieinhalt, der sich mit einem angeborenen Potenzial zur Zerstörung paart. Diese Situation wird z. B. aufgrund frühkindlicher Zustände aktiviert, die auf traumatische Art und Weise die Verarbeitungsmöglichkeiten eines Kindes überstrapazieren, häufig aufgrund traumatischer Verlustgefühle oder mangelnder Fürsorge, was zu unerträglichem seelischem Schmerz führt. Ziel ist es in der Folge vor allem, das Selbst vor diesem intensiven Schmerz zu schützen, der mit dem Gefühl von Mangel, Verlust, Trauer, Getrenntheit und Vergänglichkeit reaktiviert werden kann. Verleugnet wird dabei allerdings ein großer Teil der seelischen Realität; vielleicht der Teil, der wie die Pokale sicher im Schrank verschlossen bleiben muss.

Die Lebenstriebe können sich entfalten, wenn es aushaltbar ist, dass der geliebte Andere nicht nur ein ideales Objekt ist, sondern auch ein Mensch mit Fehlern und Schwächen. Anteilnahme und Versöhnlichkeit gewinnen die Oberhand, auch wenn Wut und Hass mit entsprechenden Schuldgefühlen als etwas realisiert werden können, das die gute Beziehung zum anderen nicht zerstört. So können innere Wiedergutmachungsprozesse (vgl. Klein 1937) in Gang kommen, die von Mitleid, Reue und sozialer Fürsorge für den anderen getragen sind, wenn die Verantwortung für die eigene Aggression nicht zu überwältigenden Schuldgefühlen führt. Das Streben nach innerer Wiedergutmachung in Verbindung mit Erinnerung und Wunsch kann so zu einer der konstruktivsten und kreativsten Bestrebungen eines Menschen werden. Wenn Jean-Claude zum Schluss wieder die Tanzstunde aufsucht, bringt er zum Ausdruck, dass seine Lebenstriebe die Oberhand gewonnen haben und sein Liebesobjekt nicht durch Hass und Enttäuschungswut zerstörbar ist. Damit spricht er seinem Gegenüber eine unabhängige Position zu und gewinnt für sich die Freiheit, zu lieben.

Der Tango gilt angeblich als ein trauriger Gedanke, den man tanzen kann. Der Film bildet einen eleganten Rhythmus aus, der fließende, langsame Bewegungen mit zackigen Schritten und abrupten Wendungen zu kombinieren sucht – polarisiert durch die Begegnungen zwischen Jean-Claude und Francoise und die Begegnungen im Altenheim. Auch die Tatsache, dass Menschen, die über lange Zeit gar nichts sagen, plötzlich aus sich herausgehen und etwas Bedeutsames sagen, bildet diesen Rhythmus ab. So zum Beispiel die Sekretärin, die immer nur an der Tür lauscht, dann jedoch plötzlich sehr entschieden auftritt, sehr persönlich von sich spricht und so den Weg bahnt, dass Jean-Claude doch noch zu seinen Gefühlen stehen kann.

So wird der Film zu einer melancholisch-leichtfüßigen Reflexion über die Notwendigkeit, alte Zwänge und Schuldgefühle zu überwinden, damit in einer zarten Berührung etwas aufblüht und sich öffnen kann. Und am Ende steht nur ein Lächeln, ein Tanz oder ein Versprechen, wer weiß?

Literatur

Freud, Sigmund (1920): Jenseits des Lustprinzips. GW XIII.

Klein, Melanie (1937): Liebe, Schuldgefühl und Wiedergutmachung. In: Cycon, Ruth (Hg.): Melanie Klein, Gesammelte Schriften, Bd. I. Stuttgart (Frommann-Holzboog), 1995, S. 73–151.

Autorinnen und Autoren

Thomas Auchter, Jg. 1948, ist Diplom-Psychologe, Psychologischer Psychotherapeut, Psychoanalytiker (DPV/DGPT), Gruppenanalytiker (AG im DAGG) und Supervisor in freier Praxis in Aachen sowie Dozent und Lehranalytiker am Institut der Psychoanalytischen Arbeitsgemeinschaft Köln-Düsseldorf (DPV). Er ist Mitveranstalter und Mitherausgeber der Reihe »Theologie und Psychologie im Dialog« und veröffentlichte zahlreich zur Klinik und Anwendung der Psychoanalyse. Zusammen mit Laura Viviana Strauss verfasste er das *Kleine Wörterbuch der Psychoanalyse* (2003).

Isolde Böhme, Dr. med., ist Psychoanalytikerin (DPV), Lehr- und Kontrollanalytikerin der DPV, ferner Gruppenanalytikerin (DAGG) und in eigener Praxis tätig. Sie veröffentlichte zur Filmpsychoanalyse, zuletzt zu *Free Rainer* (Hans Weingartner) und *Der Geschmack der Kirsche* (Abbas Kiarostami).

Rupert Martin, Dipl.-Psych., ist Psychologischer Psychotherapeut, Psychoanalytiker (DPV/IPA, DGPT) und Gruppenanalytiker (DAGG) in eigener Praxis. Derzeit schreibt er seine Disseration zum Thema »Wie wird man Psychotherapeut und wie findet man seine psychotherapeutische Schule?« im Rahmen des Forschungsprojekts der IPA *Developing Psychoanalytic Practice and Training (DPPT)*. Er ist Mitautor von *Zwischenwelten. Psychoanalytische Filminterpretationen*, hg. von Sabine Wollnik (2008).

Ingrid Prassel ist Fachärztin für Psychosomatische Medizin, Psychoanalytikerin (DPV/IPV/DGPT) und Psychotherapeutin für Kinder, Jugendliche und Erwachsene, Paar- und Familientherapie sowie Gruppenanalytikerin (DAGG), Dozentin, Supervisorin und Lehrtherapeutin der Psychoanalytischen Arbeitsgemeinschaft Köln-Düsseldorf. Sie ist niedergelassen in eigener Praxis in Köln.

Angelika Voigt-Kempe, Jg. 1964, Diplom-Psychologin, ist tätig als Psychoanalytikerin in eigener Praxis in Köln. Außerdem arbeitet sie als Lehranalytikerin der DPV. Ihre Arbeitsschwerpunkte sind Psychoanalyse und Kunst, Film sowie Behandlungstechnik.

Sabine Wollnik, Dr. med., ist Fachärztin für Psychiatrie, Psychosomatische Medizin und Psychotherapie sowie Gruppenanalytikerin, Psychoanalytikerin (DPV) und Lehrtherapeutin am Köln-Düsseldorfer Institut. Sie arbeitet in eigener Praxis in Köln. Sie veröffentlichte zu Fairbairn, zur Objektbeziehungstheorie, zu Trauma und Dissoziation. In letzter Zeit leitet sie Seminare und Arbeitsgruppen zur Intersubjektiven und Relationalen Psychoanalyse und EMDR. Im Psychosozial-Verlag erschien zuletzt: *Zwischenwelten. Psychoanalytische Filminterpretationen* (Hg., 2008).

Brigitte Ziob, Dipl.-Psych., studierte Psychologie an der Universität Köln und ist jetzt Psychoanalytikerin (DPV/IPV) in eigener Praxis in Düsseldorf. Außerdem arbeitet sie als Dozentin in der psychotherapeutischen Weiterbildung und ist als Supervisorin und Lehrtherapeutin tätig. Sie publizierte zu aktuellen kulturellen und gesellschaftlichen Phänomenen mit einem Schwerpunkt auf psychoanalytischen Filmbetrachtungen.

Psychosozial-Verlag

Mathias Hirsch

»Liebe auf Abwegen«

2008 · 198 Seiten · Broschur
ISBN 978-3-89806-842-0

In den vergangenen Jahren ist das Kino immer mehr ins Interesse der Psychoanalytiker gerückt. Der Zuschauer kann sich berühren lassen und den Film als verschlüsselte Narration des eigenen Unbewussten verstehen. Er kann aber auch beruhigt das Eigene als Fremdes auf der Leinwand belassen. Dies ist ein Sinn des Voyeurismus. Der Film wird den unbewussten Motiven, Begierden, auch den Ängsten des Zuschauers entsprechen, ihn aber nicht dauerhaft verändern. Insofern ist Guattaris Spruch, das Kino sei »die Couch der Armen«, nicht mehr als ein witziges Bonmot.

Alle Filme, die in diesem Buch vorgestellt werden, führen uns in die Abgründe und Abwege der Liebe, die auch in uns als menschliche Möglichkeiten enthalten sind: Der Weg geht von der Mutterliebe, dem Inzest, der einen oder anderen Form der Perversion, der Ehe und der Selbstliebe bis hin zur Liebe in der Psychotherapie.

Parfen Laszig, Gerhard Schneider (Hg.)

Film und Psychoanalyse

2008 · 262 Seiten · Broschur
ISBN 978-3-89806-807-9

In den letzten Jahren ist eine Reihe psychoanalytischer Filminterpretationen erschienen, in denen die Filme als Indikatoren soziokultureller Befindlichkeiten verstanden werden. Das legt den Versuch nahe, der kulturpsychoanalytischen Perspektive in der Filmpsychoanalyse einen Ort einzuräumen und die Betrachtungsweise Siegfried Kracauers aufzunehmen. Er verstand Filme als »Spiegelbild« jener »Tiefenschichten einer Kollektivgesinnung, die mehr oder minder unterhalb der Bewusstseinsschwelle liegen«, und konnte so eine Geschichte der Befindlichkeiten der Weimarer Zeit schreiben. Analog dazu werden im vorliegenden Buch Gegenwartsfilme als Oberflächenphänomene vor- und unbewusster soziokultureller Befindlichkeiten der sich globalisierenden spätkapitalistischen Welt aufgefasst.

Walltorstr. 10 · 35390 Gießen · Tel. 0641-96 99 78-18 · Fax 0641-96 99 78-19
bestellung@psychosozial-verlag.de · www.psychosozial-verlag.de

Andreas Jacke

Stanley Kubrick

2009 · 359 Seiten · Broschur
ISBN 978-3-89806-856-7

Stanley Kubrick (1928–1999) gehört zweifellos zu den wichtigsten Regisseuren der zweiten Hälfte des 20. Jahrhunderts. Doch sind seine Filme voller Rätsel: Was bedeutet der Monolith in »2001: A Space Odyssey« (1968)? Warum stürzt eine Blutwelle aus der Fahrstuhltür in den Flur eines Hotels in »The Shining« (1980)? Weshalb erschlägt Alex in »A Clockwork Orange« (1971) eine Frau mit einem riesigen Plastik-Phallus? Was hat der Arzt Bill Hartford in »Eyes Wide Shut« (1999) nachts maskiert bei einer dekadenten Sex-Orgie verloren? Das Buch möchte versuchen, diese Fragen zu beantworten, und beschreibt das gesamte Werk eines Mannes, dem es gelungen ist, zwischen Kunst und Kommerz, zwischen Arthaus-Kino und Hollywood über Jahrzehnte hinweg immer wieder perfekte Filme zu drehen, die einen ganz eigenen Ausdruck haben.

Theo Piegler

Mit Freud im Kino

2008 · 262 Seiten · Broschur
ISBN 978-3-89806-876-5

Das Buch lädt den Leser ein, Filme Seite an Seite mit dem Begründer der Psychoanalyse zu erleben und zu genießen. Diese Perspektive ist in besonderer Weise geeignet, den ganzen Reichtum von Filmen zu erfassen. Neben einer Darstellung der Beziehung von Film und Psychoanalyse werden internationale Filme der letzten fünf Jahrzehnte aus psychoanalytischem Blickwinkel betrachtet. Beiträge des Stuttgarter Psychoanalytikers Peter Kutter und des Berliner Filmemachers Christian Schidlowski runden das Buch ab.

Der Text verbindet in gut verständlicher Form Film und Psychoanalyse und kann so nicht nur als Einstieg in die Psychoanalyse, sondern auch als psychoanalytische Interpretationshilfe beim Betrachten von Filmen genutzt werden.

Walltorstr. 10 · 35390 Gießen · Tel. 0641-969978-18 · Fax 0641-969978-19
bestellung@psychosozial-verlag.de · www.psychosozial-verlag.de

Psychosozial-Verlag

Yvonne Frenzel Ganz, Markus Fäh (Hg.)

Cinépassion

Eine psychoanalytische Filmrevue

2010 · 226 Seiten · Broschur
ISBN 978-3-8379-2033-8

Im Rahmen des Zürcher psychoanalytischen Filmprojekts Cinépassion stellen Psychoanalytikerinnen und Psychoanalytiker unterschiedlicher Provenienz einem breiten Publikum ausgewählte Filme vor. Die vorliegenden Beiträge tragen die jeweilige Handschrift der Autoren: Persönliche Erfahrungen und theoretische Präferenzen machen sie unverwechselbar. Angestrebt wird nicht eine umfassende und abschließende Deutung der Filme, sondern ein öffnender Einblick in die Vielfalt psychoanalytischen Denkens. Diese breit gefächerte Revue, die Klassiker wie Merian C. Coopers *King Kong*, Trouvaillen wie Aleksandr Rogoshkins *Kukushka* und Erstlingswerke wie Steven Spielbergs *Duel* umfasst, richtet sich an alle Filmliebhaber und will zu weiterem Nachdenken anregen.

Sabine Wollnik (Hg.)

Zwischenwelten

Psychoanalytische Filminterpretationen

2008 · 268 Seiten · Broschur
ISBN 978-3-89806-742-3

Filme eignen sich wie vielleicht keine andere Kunstform zur psychoanalytischen Interpretation. Dies mag nicht zuletzt daran liegen, dass zwischen Filmen und den Äußerungen des menschlichen Seelenlebens Ähnlichkeiten bestehen. Die Autoren, Psychoanalytiker in freier Praxis, eint eine Liebe zum Kino. Sie haben sich in einer Gruppe zusammengeschlossen und diskutieren ihre Filminterpretationen mit einem größeren Publikum in zwei Kinos. Aus dieser Arbeit entstand das Buch, dessen Ziel es ist, mithilfe einer psychoanalytischen Interpretation einen erweiterten Blick auf den jeweiligen Film zu ermöglichen. Die einzelnen Autoren verfolgen unterschiedliche theoretische Konzepte und geben dadurch etwas von der Bandbreite der heutigen modernen Psychoanalyse wieder.

Walltorstr. 10 · 35390 Gießen · Tel. 0641-96 99 78-18 · Fax 0641-96 99 78-19
bestellung@psychosozial-verlag.de · www.psychosozial-verlag.de

Psychosozial-Verlag

Theo Piegler (Hg.)

»Ich sehe was, was du nicht siehst«

Psychoanalytische Filminterpretationen

2010 · 233 Seiten · Broschur
ISBN 978-3-8379-2034-5

Wir leben in einem Medienzeitalter, in dem Filme eine herausragende Rolle spielen. Sie fesseln nicht nur Individuen, sondern erzeugen auch kollektive Fantasien und Werte. Die Autoren, erfahrene Psychoanalytiker und/oder tiefenpsychologisch fundiert arbeitende Psychotherapeuten in Hamburg, legen 13 bekannte Spielfilme der letzten 50 Jahre auf die Couch, u.a. *Das verflixte 7. Jahr*, *Das Fest*, *Der Herr der Ringe*, *Mary Shelleys Frankenstein* und *Das Parfum*. Die fundierten psychoanalytischen Interpretationen erschließen den ganzen Reichtum der Filme und eröffnen einen spannenden Zugang sowohl zum Film als auch zur Psychoanalyse. Den Themen »Suizid im Film« und »Psychoanalyse der Komödie« wird ebenfalls Platz eingeräumt.

Andreas Jacke

Roman Polanski – Traumatische Seelenlandschaften

2010 · 297 Seiten · Broschur
ISBN 978-3-8379-2037-6

Roman Polanskis Filme zeigen poetische Seelenlandschaften, deren Ursprünge in persönlichen traumatischen Erfahrungen liegen: Als Kind überlebte der polnische Regisseur den Holocaust, der ihm seine Mutter nahm. Ende der 60er Jahre wurde seine hochschwangere Ehefrau Sharon Tate von der Charles-Manson-Bande ermordet und in den 70er Jahren wurde er wegen Vergewaltigung eines 13-jährigen Mädchens angeklagt, weshalb er im Herbst 2009 verhaftet worden ist. Er hat in seinen Filmen immer wieder versucht, diese traumatischen Erlebnisse zu verarbeiten. Andreas Jacke hat es sich zur Aufgabe gemacht, die wesentlichen Motive in Polanskis Werk vor dessen biografischem Hintergrund zu analysieren.

Walltorstr. 10 · 35390 Gießen · Tel. 0641-969978-18 · Fax 0641-969978-19
bestellung@psychosozial-verlag.de · www.psychosozial-verlag.de

www.ingramcontent.com/pod-product-compliance
Ingram Content Group UK Ltd.
Pitfield, Milton Keynes, MK11 3LW, UK
UKHW040023200726
13854UKWH00001B/331

9 783898 068628